DAS KONZEPT
DER GLOBALEN
ERNEUERUNG

Ein Projekt
von
Arthur Thillmann

Verfasser: Arthur Thillmann

Herausgeber: Arthur Thillmann

Herausgegeben im April 2001, neu im August 2001.

Herstellung: Books on Demand GmbH

Titelbild: „Die Geistesexplosion"
Idee und Gestaltung von Arthur Thillmann

ISBN 3-8311-1210-X

Was?
Wunder?
Es gibt nur das,
was der Mensch selbst
für sich und andere schafft!
Du Brauchst eine Bestätigung!?
Dann lies dieses Projekt bis zum Ende!
Dort angelangt, bist Du ein anderer Mensch.

Am Sonntag, dem 12. März 2000 wurde in den 19 Uhr Nachrichten des ZDF gezeigt und darüber berichtet, wie das Oberhaupt der katholischen Kirche – Papst Johannes Paul II. als Götzendiener, wie alle seine Untertanen, ein Götzenholz (Christus am Kreuz) als seinen Gott, sowie die Menschen dieser Welt für die Vergehen der Kirche um Vergebung bat.

Warum tat dieser Heuchler das?

Und wie kommt er plötzlich auf diese Idee?

Ganz einfach, weil dieses, Dir vorliegende Buch etwa einen Monat zuvor, noch bevor es vollständig war, dem katholischen Pfarrer von 86863 Langenneufnach, sowie einem der treuesten Kirchendiener im gleichen Ort, jeweils auf einer Diskette ausgehändigt wurde.

Dies lässt wieder einmal ganz klar erkennen, wie flexibel und prompt die Kirche auf jeden Windrichtungswechsel reagiert. Und genau das zu beweisen, war meine Absicht.

INHALTSVERZEICHNIS

Abschnitt 6
„Der Senkrechtstart aus der Sackgasse"

KURZÜBERSICHT

Dieses Buch ist zwar nicht umfangreich, doch sein Inhalt wird die gesamte Welt verändern. Das Konzept der Globalen Erneuerung ist ein Projekt, ist eine Offenlegung der erdrückenden Wahrheit über die nicht nur wirtschaftlichen Probleme der Welt, wie diese zu Stande kommen, über die Verdummung und Versklavung des Massenmenschen durch seine Mitmenschen. Ist der Weg aus dieser prekären und **scheinbar** ausweglosen Situation.

Dieses Projekt besteht aus zwei Teilen in insgesamt sechs Abschnitten.

Im ersten Teil, bestehend aus den Abschnitten 1 – 5 werden die Probleme offengelegt. Im zweiten Teil, durch Abschnitt 6 werden sie gelöst, beseitigt.

Im ersten Teil erleben wir, wie wir uns selbst aus dem Nichts, um nichts, für nichts Probleme schaffen. Im zweiten Teil erleben wir, wie sich die Probleme gegenseitig auflösen. Allenfalls werden wir erkennen, dass wir selbst uns all unsere Probleme schaffen, um bei deren Lösung zu erkennen, dass es so ist.

Vieles, von dem, was ich Euch zu sagen und zu geben habe erscheint den meisten von Euch zunächst als viel zu abgehoben. Idealisten, Entdecker und Erneuerer erschienen ihren jeweiligen Zeitgenossen schon immer als wirr und abgehoben. Warum sollte es jetzt anders sein? Es erscheint Euch ganz einfach deswegen zu abgehoben, weil es Euer Bewußtseinsvermögen übersteigt. Weil Ihr noch keine Gelegenheit hattet, darüber nachzudenken. Sobald Ihr es annehmt und beginnt darüber nachzudenken, werdet Ihr begreifen, verstehen und dann auch begeistert sein.

Teil 1

Abschnitt 1
Informiert über den Sinn des Projektes, gibt ein Ziel vor und zeigt den Weg zu diesem Ziel.

Abschnitt 2
Der Urknall ist eine Annahme und ein Begriff der Wissenschaft, der lediglich dem Beweis dient, dass die Wissenschaft einen Knall hat. Den Urknall. Abschnitt 2 vergegenwärtigt uns die große Entfernung der Wissenschaft von

der Realität. Liefert die Erklärung und die Beweise über den Sinn des Lebens. Dass diese Welt eine Illusion, eine Ebene der Präsentation ist, wo sich unsere Gedanken manifestieren und uns als dreidimensionale Bilder aus grobstofflicher Materie präsentieren. Woran auch immer wir fest glauben, von dessen Wahrheit werden wir uns selbst überzeugen, und was immer wir als Wahrheit kennen, wird Wirklichkeit werden. So machtvoll sind unsere Schöpferkraft und unser Wille. Warum sagte der Gekreuzigte „Denn sie wissen nicht, was sie tun!"? Was hat er damit wohl gemeint? Sind die Menschen dumm, blind oder tief und fest schlafend? Ist Erleuchtung ein Lernprozess, ein Aufwachen, oder Beides?

Abschnitt 3

„Religion ist Diktatur"   Seite 95

Du weißt nicht, wer Du bist, darum weißt Du auch nicht, was Du tust, in dem, was Du tust. Abschnitt drei Beinhaltet das, was ich als das Innere des Kerns meiner Untersuchungen und somit auch als Ur - Sache aller Probleme dieser Welt herausfand. Ist die Aufklärung darüber, und offenbart die Beweise dafür, dass Gott zu Menschen wurde und, wie die zu Menschen gewordenen Götter von einigen nun Mitmenschen, also Priestern, Propheten und Schamanen verblödet und versklavt wurden. Was ist Religion und wer hat sie geschaffen? Wie gingen und gehen die Kirchenfürsten, die allesamt Sektierer sind, bei der Versklavung der Menschen vor? Brauchen die Menschen die Kirche, oder braucht die Kirche die Menschen? Die Religionsführer dieser Welt sind Feudalherren, sie herrschen über sechs Milliarden Sklaven.

Nur ohne Religionen = Sekten ist wieder Friede unter den Menschen möglich.

Abschnitt 4

„Die Gegenwart und ihre Probleme"   Seite 117

Die Welt ist unproblematisch und daher vollkommen problemlos. Aus diesem Grund können unsere vermeintlichen Probleme, wie die der restlichen Welt auch, nur hausgemachte Probleme sein. Dieser Abschnitt zeigt uns die Unzulänglichkeit unseres Systems, welche es ermöglicht, dass die Welt von den Dümmsten „regiert" wird, sowie die Probleme dieses Systems. Wie und warum der wirtschaftliche Niedergang zu Stande kommt. Wer die Hauptdrahtzieher unseres Niedergangs sind?

Abschnitt 5
„Der gesellschaftliche Selbstmord" Seit 145

Ein tödlicher Irrtum grassiert in der Welt und führt, wenn er nicht schon bald von allen als solcher erkannt wird, zum gesellschaftlichen Selbstmord. Wahr - nehmen, das bedeutet in der Gegenwart subjektiv etwas als persönliche Wahrheit zu erkennen und anzunehmen. Jedoch die Objektivität des Augenblicks erkennen, dies kann nur jemand, der gegenwärtig ist. Dies kann nicht jemand, der ständig bestrebt ist, die Vergangenheit zu erhalten, beziehungsweise diese wiederzubeleben. Abschnitt 5 zeigt uns, auf welche Weise die Vergangenheit uns in der Gegenwart all unsere Probleme verursacht, ermöglicht und auch schafft. Woraus das Zustandekommen der Probleme der Gegenwart resultiert. Zeigt aber auch den Weg zur Lösung aller Probleme dieser Welt.

Teil 2

Abschnitt 6
„Der Senkrechtstart aus der Sackgasse" Seite 175

Ist eine Schatztruhe. Ist die endgültige Animation zum Umdenken. Ist die Ideensammlung und somit das eigentliche Konzept, ohne welches kein einziger, der von mir angeschriebenen Machtstreber mit meinen Botschaften bisher etwas anfangen konnte. Dieses Konzept ist der Einstieg in die globale Erneuerung und zeigt die Vorgehensweise und somit die Richtung auf dem einzig gangbaren Weg dieser Welt aus der Wohlfahrt in den Wohlstand, durch den Austausch der Systeme. Gibt ganz klar vor, wie wir unsere und die Probleme der Welt zu unserem größten Nutzen aller Zeiten umwandeln. Was zu tun ist, in welcher Reihenfolge und was dabei herauskommt. Die Ideen dieses Konzeptes als Vorschläge sind so einfach und so wirkungsvoll, dass es geradezu schmerzhaft ist, das Gegenwärtige zu sehen und zu ertragen. Es sind Vorschläge, die trotz, beziehungsweise gerade wegen ihrer Einfachheit schon im Ansatz eine Effizienz erkennen lassen, die jegliches bisheriges menschliches Vorstellungsvermögen bei weitem übersteigt, ja geradezu sprengt. Vorschläge, von denen jeder einzelne für sich allein bereits eine Systemänderung bedeutet.

TEIL 1
ABSCHNITT 1

EINLEITENDES UND EINLADENDES VORWORT

Mediale Menschen schreiben, was ihnen Wesenheiten aus höheren Dimensionen diktieren. Ich interpretiere, was ich persönlich aus den und durch die gelesenen Botschaften empfangen und verstanden habe. Teilweise übernehme ich diese sogar wörtlich, weil ich sie als Wahrheit nachvollziehen kann und um sie nicht zu verfälschen. Und nur das, was mir mein eigenes Leben als Wahrheit zeigt und bestätigt, kann ich als Solche nachvollziehen und miteinander kombinieren.

Immer, wenn ich bestimmte Texte gebraucht habe, ohne mir dieses Bedarfs überhaupt bewusst zu sein, kam das entsprechende Buch zu mir, in welchem ich diese gefunden habe. Die Bücher wurden mir von Menschen gebracht, mit deren Seelen die meine verabredet war. Dessen bin ich mir heute bewusst.

Hoffnung und Schicksal der Welt

Es gibt viele Vorhersagen zu dem nun bevorstehenden Neubeginn, aber nur wenige, mit denen ich einverstanden bin. Doch diese treffen den Nagel auf den Kopf.

Die Apokalypse des Abraham und das Buch Henoch zum Tage der Erlösung: „An diesem Tag werden all die Geheimnisse, die jetzt noch den Eingeweihten und Mystikern vorbehalten sind, allen Menschen bekannt gegeben werden. Alles wird enthüllt werden."

Mit dem Tag meiner Erscheinung, beziehungsweise der Erscheinung meiner Botschaften in der breiten Öffentlichkeit beginnt die Enthüllung der Wahrheit, aller Wahrheit. Ich bringe Licht in die Dunkelheit und den Wind der Erneuerung auf allen Gebieten. Ich mache vor nichts Halt, nicht vor der Wissenschaft, die glaubt, dass sie das Wissen schafft. Nicht vor der seelenversklavenden Religion, gleich welcher Konfession. Nicht vor der schrecklich dummen Politik. Und auch nicht vor der total fehlgeleiteten Wirtschaft. Wie der Wind durchforste ich alle Bereiche. Und als Erneuerer komme ich für jeden als das, was er erwartet.

Für die Suchenden bringe ich die Erlösung. Ich erlöse sie aber nicht, wie es sich die meisten vorstellen und erwarten, denn das kann niemand. Niemand kann einen anderen erlösen. Niemand kann für einen anderen erleuchtet werden, beziehungsweise einen anderen erleuchten. Es kann nur jeder sich selbst erlösen. Der Mensch glaubt, leider nicht immer, aber überwiegend nur das, was er erlebt. Es hätte also wenig bis gar keinen Sinn, wenn eine Wesenheit aus der siebten Ebene sich verkörpern und uns erzählen oder auch vorexerzieren würde, dass der Mensch eigentlich ein Gott ist und die gleichen Fähigkeiten besäße, wie er selbst. Das könnte niemand glauben. Darum werde ich meine eigene Erlösung als Beispiel und für alle wahrnehmbar vorleben, wie schon Jesus vor zweitausend Jahren und viele zuvor. Denn erst wenn sich ein Mensch unter Menschen für alle Menschen sichtbar wieder zu Gott verwandelt, wenn das Ego zum Selbst, Jesus zum Christus, beziehungsweise der Mensch wieder zu Gott wird, wird es für alle glaubhaft, akzeptabel und nachahmenswert.

Den Kirchen, welche mich als Tier bezeichnen, mich als Schreckensherrscher, Antichrist und Satan erwarten, bringe ich tatsächlich den Garaus, denn ich mache sie durch meine Wahrheit mundtot. Hier bin ich, ich bin das Tier. Doch ich bin weder ein Schreckensherrscher, noch der Antichrist, noch der Satan. Ich wurde durch das Geschlecht Davids gezeugt und als dessen Sohn am 28.07.1942, also im Zeichen des Löwen geboren. Ich bin der Löwe und als solcher verkörpere ich das Symbol für Liebe, Kraft und Weisheit, begleitet von einem tiefen Mitgefühl für meine Mitmenschen.

Und schon jetzt sollen es alle wissen, wer Christus nachfolgen will, muss dem Christentum den Rücken kehren.

Edgar Cayce, der schlafende Prophet: „Aber Freiheit, Freiheit! Dass jeder Mensch für seinen nächsten leben wird! Das Prinzip ist da. Es wird Jahre brauchen, bis es sich herauszukristallisieren vermag, aber dennoch wird aus Russland die Hoffnung der Welt kommen."

Im Jahre 1958 bin ich aus Russland heimgekehrt und seit 1985 bemühe ich mich, mich herauszukristallisieren. Und jede andere Interpretation ist falsch.

Er war auch der Überzeugung, dass die Naturkatastrophen, die sich zwischen 1958 und 1998 ereignen würden, Vorboten der Wiederkunft des Christus sein würden: „Diese Veränderungen werden in der Zeit zwischen 1958 und 1998 **beginnen,** da diese als Periode verkündet wird, wo sein Licht in den Wolken zu sehen ist."

Und auf die Frage, wann Christus wiederkehren werde, antwortete er: „Wenn jene, die sein sind, den Weg für ihn bereitet haben. Glaubt nicht, dass es keine Unruhe geben wird."

Mit beinahe allem, was er sagte, hatte er Recht! Wie vor einer Geburt eines Kindes, werden auch vor der Geburt eines neuen Zeitalters die **sogenannten** Katastrophen als Geburtswehen immer häufiger und intensiver. Und es ist wörtlich zu nehmen, wenn er sagte, dass diese Veränderungen zwischen 1958 und 1998 erst-, beziehungsweise nur **beginnen** und eigentlich der Anfang aller Veränderungen sind. Wenn wir die Augen nicht verschließen, können wir tatsächlich beobachten, dass die sogenannten Katastrophen in den unterschiedlichsten Bereichen unseres Seins nach 1998 wahrlich immer häufiger und intensiver wurden und auch noch weiterhin werden, bis zur endgültigen Wende, bis zur Geburt des Kindes mit dem Namen Wassermann. Die Wende bedeutet auch – die Sonne geht etwa dort auf, wo sie jetzt untergeht, wo Wüsten sind, wird Wasser sein, wo Wasser ist wird neues Land geboren. Es liegt also an uns allen, ob diese Wende für die Menschheit insgesamt eine Katastrophe- oder ein harmonischer Spaziergang als Übergang in eine neue Welt sein wird. Dies hängt ganz allein davon ab, ob ich von der Mehrheit angenommen oder abgelehnt werde.

Unrecht hatte er insofern, wenn er missverständlicher Weise sagte, dass Christus wiederkehrt. Es kehrt nicht der zum Christus, beziehungsweise wieder zu Gott gewordene Jesus wieder, sondern ich, Arthur erlange das Christusbewusstsein und werde dadurch zum Christus. Es wird also nicht Christus wiederkehren, sondern wieder ein Christus in Erscheinung treten. Er hatte aber insofern recht, wenn seine Aussage so verstanden wird, dass das Christusbewusstsein auf der Erde wieder wahrgenommen wird. Diesmal werden viele Menschen zum Christus, jedoch kann es nur einen geben, der schon vor seiner Erlösung in der Lage ist, die Erneuerung einzuleiten. Und das bin ich. Und es lässt sich sicher nicht darüber streiten, dass mein, beziehungsweise das Erscheinen meiner Botschaften, den alles entscheidenden, größten, schnellsten, weltumfassendsten, lautesten, unruhigsten und dennoch friedlichsten Umbruch der Geschichte einleiten wird. Ich bin also absolut sicher, entsprechend der Vorhersage von Edgar Cayce, für Unruhe und Aufregung gesorgt zu haben.

Am 11. August 1999, im Zeitraum, beziehungsweise im Haus des Löwen habe ich die totale Sonnenfinsternis gesehen. Die Sonne steht als Symbol für das Ego und der Mond für das Selbst, die Seele. In dem der Mond sich genau vor die Sonne schob, ist die Sonne vollkommen hinter dem Mond verschwunden. Symbolisch verdeckte die Seele das Ego. Für mich persönlich habe ich erkannt, dass mein Ego gestorben und somit in der Seele verschwunden ist. Es dominiert also nicht mehr das Ego, sondern die Seele. Die Seele übernahm den Sitz auf dem Thron des Egos. Ich bin davon überzeugt, dass genau das geschieht und ich kann regelrecht darauf warten. Ich Ego sterbe, die Seele übernimmt wieder voll die Regie meines Seins und ich bin nicht mehr ich, sondern der „ICH BIN". Jesus, in diesem Fall Arthur ist zum Christus und ich der Mensch bin wieder zu Gott geworden.

Sich zu wandeln ist grenzenlos. Bleibt mir also nur noch abzuwarten, bis ich in der Lage bin, meinen Körper zu wandeln. Dann bin ich grenzenlos und wieder bewusst ein individueller, souveräner Gott. Seit langer Zeit hat man uns Menschen versprochen, wir würden Gott zu unseren Lebzeiten sehen. Bei Jesus hat dies niemand erkannt, denn er gab sich als Opferlamm. Doch dank seiner Vorarbeit, wird das in diesem Leben für die Meisten Wirklichkeit werden.

James Stephenson sah unter Anderem: „....das Zeichen des Erlösers wird, wenn die Gruppe sich noch im Zeichen der Fische müht, über der Aura der Gruppe zu sehen sein." Damit übereinstimmend weiß ich, wenn von vier Punkten die Mitte getroffen wird, werden Euch die Augen geöffnet. Wird alle, den Massen vorenthaltene, Wahrheit enthüllt werden.

Mein Zeichen also war am 18 August 1999, 7 Tage nach der Sonnenfinsternis über der Aura der Gruppe zu sehen. An diesem Tag wurde von vier Punkten die Mitte getroffen. Die Planeten in den feststehenden Zeichen des Tierkreises – im Stier, Löwe, Skorpion und Wassermann bildeten ein Kreuz. Die Konstellation der Planeten zeigte die Sphinx = das fixe Kreuz. Und das Kreuz ist das Symbol für die Erlösung. Für meine Erlösung und diese wird zum Wegweiser für die Erlösung aller.

Noch bin ich als Mensch nicht vollkommen, aber ich weiß, ich bin auf dem besten Weg, die Vollkommenheit zu erlangen. Und dank der Meinen, welche mich immer mehr mit allem, was ich benötige unterstützen und versorgen, bin ich nun in der Lage, mich aus dem Meer kommend zu erheben und in Erscheinung zu treten.

Ich bin die Hoffnung der Welt, aber alle zusammen sind wir ihr Sein und Schicksal!

Die Wirtschaft dieser Welt befindet sich in der Sackgasse.

Und Du glaubst, dass es aus der Sackgasse keinen Ausweg gibt? Das ist falsch! Niemals gerät der Mensch in eine ausweglose Lage, solange er bereit ist, das von seinen Mitmenschen angebotene Wissen in Anspruch zu nehmen. Auch aus jeder sogenannten Sackgasse gibt es einen Ausweg, den Weg nach oben, den Senkrechtstart. Und da die Wirtschaft ein Teil des menschlichen Daseins ist, gilt für diese das Gleiche.

Der wirtschaftliche Senkrechtstart ist sogar blitzartig möglich, aber nur dann, wenn die Mehrheit der Massen diesen auch wirklich will. Um eine Entscheidung herbeiführen zu können, müssen alle Bundesbürger die volle Wahrheit erfahren. Aber auch die gesamte Menschheit dieser Erde muss die Möglichkeit erhalten, zu lesen, zu hören und zu sehen, was zur Zeit geschieht, was abläuft, was davon nicht förderlich sein kann, um vergleichen zu können zwischen dem, was ist und dem, was sein könnte. Zu diesem Zweck habe ich das vorliegende Projekt ausgearbeitet, das uns in sechs Teilen, beziehungsweise Schritten zum Ziel = **Arbeit, Wohlstand, Glück und Erleuchtung** für alle Menschen dieser Welt führt.

Dieses Projekt ist die Manifestation der Apokalypse des Abraham und des Buches Henoch zum Tage der Erlösung: „An diesem Tag werden all die Geheimnisse, die jetzt noch den Eingeweihten und Mystikern vorbehalten sind, allen Menschen bekannt gegeben werden. Alles wird enthüllt werden." Nun ist es soweit. Mit dem Tag meiner Erscheinung, beziehungsweise der Erscheinung meiner Botschaften in der breiten Öffentlichkeit beginnt die Aufklärung und das Erwachen der Menschheit.

Ich schenke Dir alle Wahrheit über Dich und Deine Welt und zeige Dir den Weg aus der wirtschaftlichen Misere dieser Welt. Ich zeige Dir nicht nur, wie die wirtschaftlichen und allgemeinen Probleme dieser Welt zu Stande kommen, sondern auch, wie diese sehr leicht und schnell wieder gelöst werden können.

Der Gekreuzigte sagte vor zweitausend Jahren: „..... denn sie wissen nicht, was sie tun." Und ich lehre Dich, was er damit gemeint hat und vieles mehr. Ich will, dass alle Menschen erfahren, was ist und was möglich ist. Dann werden wir Deutschen der deutschsprechenden Nationen Deutschland, Österreich und der Schweiz beginnen gemeinsam, neu zu denken und reißen

18

den Rest der Welt mit. Wir verhelfen dieser Welt zu einem Neubeginn, zu ihrer Wiedergeburt.

Mein lieber Mitmensch, mein lieber junger Mitmensch, mit und in diesem bestehenden System hast Du keine Zukunft. Entweder Du findest Dich damit ab oder Du nimmst Dein Schicksal selbst in die Hand und gestaltest Dir Deine Welt der Zukunft selbst. Ich liefere Dir bedingungslos jedes erdenkliche und auch von Dir noch nicht erdenkliche Wissen. Du brauchst es nur abzurufen und zu nutzen. Wenn Du wissen und auch selbst darüber befinden willst, was Dich bei Annahme dieses Konzeptes erwartet, was es zu bieten hat, dann lese. Nur bitte überspringe nichts, lese alles und in der vorliegenden Reihenfolge. Und Du wirst am Ende feststellen, warum ich dies so empfehle. Du wirst auch feststellen, dass dieses, Dir vorliegende Projekt **entgegen** der Behauptungen aller Politiker, es gäbe kein Patentrezept gegen unseren wirtschaftlichen Niedergang, wirklich und wahrhaftig eines ist. Es ist zwar nicht patentiert, jedoch durchaus patentfähig. Aber bitte lese, wäge ab und entscheide selbst.

Als REFA – Techniker und EKS – Stratege, mit den Fähigkeiten und der Zuversicht, nun alle Probleme eines jeden Unternehmens lösen zu können, wollte ich mich als selbständiger Unternehmensberater nützlich machen. Doch auf der Suche nach den Ursachen und dem Zusammenhang einzelner Probleme fand ich so viel Freude und Interesse an meinen Entdeckungen, dass ich nicht mehr aufhören konnte, immer noch tiefer zu bohren. Auf diese Weise fand ich nicht nur die Ursache und den Zusammenhang der Probleme einzelner Unternehmen, sondern auch Deutschlands, Europas und der Welt. In diesem Augenblick war die Freude an der Sanierung einzelner Unternehmen wie verflogen. Ich war freudig überrascht über diese Entdeckung, aber auch gleichermaßen fürchterlich entsetzt. Denn nun wusste ich, dass unsere Probleme nicht nur in den Unternehmen und deren Missmanagement, sondern vor allem in unserer Denkweise und in dem daraus resultierenden Staatssystem ihren Ursprung haben.

Wir suchen immer nur nach schwerwiegenden, unübersichtlichen und unüberwindlichen Problemen, wenn wir nicht weiter wissen. Dabei übersehen wir, dass unser größtes Problem darin liegt, das Einfachste wahrzunehmen, um dieses bei Problemlösungen mit einzubeziehen. Allenfalls haben wir nicht eine Wirtschaftskrise, sondern eine Systemkrise zu überwinden. Und eines ist sicher, wenn nicht schon sehr bald alle Menschen von dem Arbeitsplätze fressenden Monster, dessen Namen ich an dieser Stelle noch nicht nennen darf, erfahren und sich dessen entledigen, steht uns der Kollaps schneller ins Haus, als wir uns einen solchen überhaupt vorstellen können. Nach dem Erkennen und Überwinden des Systemfehlers durch Teil 1, die Abschnitte zwei bis fünf erledigt sich die sogenannte Wirtschaftskrise von selbst, in dem die Wirtschaft schlagartig beginnt, sich zu erholen. Erst nach der Beseitigung des Systemfehlers ist echte Innovation, also Teil 2, Abschnitt sechs anwendbar und dadurch Expansion möglich.

Bei Anwendung meiner Ausarbeitungen wird jeder das Empfinden und die Gewissheit haben, durch eine neue Denkweise in eine neue Ära überzuwechseln und, wie wichtig es ist, dabei zu sein, um bei diesem Wechsel mitzuwirken. Jeder wird von mir das Gefühl und die Sicherheit erhalten, dass unsere- und die Wirtschaft der sich uns anschließenden Welt nun einen solchen Höhenflug angeht, dass vielen vor der eigenen Courage Angst und Bange wird. Dadurch erhält auch jeder das Gefühl, wie und was man empfindet, wenn man beginnt zu erkennen.

Für viele wird es sehr schmerzlich sein, zu erfahren, dass sie sich mit ihrer Denk- und Handlungsweise noch weit in der Vergangenheit befinden und ihnen daher nicht bewusst ist, dass und wie sehr die Zeiten sich verändert haben. Früher bestimmte der König, welche Medien zugelassen wurden, heute bestimmen die Medien, wer König wird. Es muss sich also niemand darüber ärgern oder gar schämen, weil er bisher unwissentlich gehandelt hat, das tun Milliarden andere Menschen trotz besseren Wissens auch noch weiterhin.

Die Welt verliert ein beinahe heiliges Ideal, doch sie erhält dafür eine Vision für ein höheres. Als Engpass und Verursacher allen Übels werden wir unseren Denkfehler erkennen, welcher dieses fehlleitende System ermöglicht und so sehr offen - sichtlich ist, dass wir ihn alle übersehen. Dieses Phänomen der Krankhaftigkeit unseres Systems, vom Virus unseres Denkens verursacht, blieb uns bisher wegen seiner zu großen Nähe verborgen. Weil es uns eigentlich zu vertraut war und so sehr unser eigen, dass wir es nicht entdecken konnten. Und es ist durchaus eine allzu menschliche Eigenschaft, etwas zu sehen, ohne es wahrzunehmen. Gegenwärtig sein ist auch bewusst sein, aber bewusst sein ist nicht auch gegenwärtig sein. Gegenwärtigkeit schließt unser Bewusstsein mit ein, jedoch unser Bewusstsein noch nicht wieder die Gegenwärtigkeit. Gegenwärtigkeit ist – zu wissen, was man tut in dem, was man tut. Jesus sagte aber vor zweitausend Jahren: „...denn sie wissen nicht, was sie tun." Hat sich daran etwa nichts geändert? Nein! Bis heute nicht. Diese Aussage entspricht heute, wie vor zweitausend Jahren noch der Wahrheit und ich werde Dir im Laufe der Zeit vermitteln, was sie bedeutet. Schon sehr bald werden wir alle wissen, was wir tun, in dem, was wir tun in dieser Welt der Symbolik. Wir müssen nur aufwachen. Und ich will und werde Euch aufwecken. Auch wenn es dem Einen oder Anderen am Anfang ein wenig weh tut, dies ist eine ehrenvolle Aufgabe, welche meine alte, reife Seele sich zu Eigen gemacht hat.

Aus unserer gewöhnlichen Sichtweise scheint es unmöglich zu sein, dass ein einzelner Mensch die Lösung aller Probleme kennt. Und ich gestehe, es ist so gut, wie unfassbar, dass 5.999.999.999 Menschen schief gewickelt sein sollen und nur einer, der 6.000.000.000. dieses bemerkt, sich selbst nicht einwickeln lässt und sich pausenlos, ohne irgendwelche Mühen und Kosten zu scheuen bemüht, auch alle seine Mitmenschen über ihre Lage zu informieren.

Doch es ist eine unumstößliche Tatsache, **ES IST SO.**

Und so war es schon immer. Zu jedem Übergang in ein neues Zeitalter gab es **nur einen,** der mit einer ergiebigen Mischung von Liebe, Kraft, Wissen, Ausdauer und Geduld gerüstet, über die erforderliche Qualifikation verfügte, den Weg der Erneuerung zu erkennen. Dieser Eine fand auch immer, jedem zeitgemäßen Herodes zum Trotz den Weg, seine Erkenntnisse seinen Mitmenschen rechtzeitig mitzuteilen. Wie schon immer, nimmt der Eine viele Anläufe auf vielen verschiedenen Wegen und erlebt ebenso viele Enttäuschungen. Doch jeder neue Anlauf, jede neue Enttäuschung dient der Ent – Täuschung = Befreiung von der Illusion und somit der Erweiterung der eigenen Einsichten. Der Werdegang dieses jeweiligen Einen kann schon beinahe als grausam bezeichnet werden. Dennoch strebt er unermüdlich und furchtlos seinem Ziel entgegen. Und erst wenn die Qualität der Zeit seiner Qualität und seine Qualität der Qualität der Zeit entsprechen, dann ist er mit der Zeit, also rechtzeitig und am Ziel.

Warum das so ist? Was da eigentlich geschieht? Wie das möglich ist?

Der Mensch betrachtet die Welt, und wenn sein Bewusstsein ihren Ist - Zustand zu übersteigen vermag, entwirft er Konzepte und Vorstellungen zu ihrer Verbesserung. Haben diese Vorstellungen und Erkenntnisse für ihn die subjektive Chance zu ihrer Realisierung, mobilisieren sich in seiner Seele dynamische Kräfte, die sein Bewusstsein zu dieser Realisierung drängen. Er erkennt, dass das Bewusstsein das Sein bestimmt, also macht er sich zur Aufgabe, das Bewusstsein seiner Mitmenschen zu verändern, zu erweitern, um auf diese Weise die eigenen Erlebnisse, Erfahrungen, Erkenntnisse und Einsichten zu erweitern.

Bist auch Du jemand, dessen Bewusstsein, vielleicht auch nur in Ansätzen, den Ist - Zustand der Welt zu übersteigen vermag? Du erkennst dies bereits an Deiner Nonkonformation mit und in dem bestehenden System! Wirst auch Du innerlich gedrängt, Dich an der Neugestaltung Deiner Welt zu beteiligen? Dann erweitere Dein Bewusstsein ebenfalls, in dem Du andere veränderst!

Wenn man in sich selbst nicht die Klarheit oder Berufung hat, große Ziele und Projekte zu formulieren, so sollte man sich nicht aus Gründen persönlicher Eitelkeit oder Stolzes davon abhalten lassen, sich vorgeschlagenen Zielen und Ideen anzuschließen und seine Kräfte in den Dienst ihrer Realisierung zu stellen. Auch der kleinste Beitrag ist wichtig zur Verwirklichung des Ganzen, und auch übertriebene Bescheidenheit, die, die eigenen Talente zurückhält, ist eine Form von Eitelkeit. Der eigene Einsatz wird verlangt. Der Erfolg der gemeinsamen Sache, und damit der eigenen Bemühung, wird schließlich die eigene Haltung bestätigen und ihr zur gebührenden Anerkennung verhelfen. Wer sich nicht entscheiden kann und trotz des Gebots der Stunde keines der angebotenen Ziele als wert erachtet, sich in seinen Dienst zu stellen, der findet sich schließlich ohne Aufgabe und damit ohne Bedeutung wieder. Seine Fähigkeiten und Talente dienen keinem Zweck, zum eigenen und zum Schaden aller.

Auch ich selbst verwende nicht nur sogenanntes eigenes Wissen. Ich bin lediglich in der Lage, Lüge und Wahrheit zu unterscheiden und somit alles, was ich bisher erlebt, erfahren, gehört, gesehen und gelesen habe zu filtern, zu analysieren und zu kombinieren. Ich tue also nichts weiter, als das verstreute Allgemeingut – Wissen zu kombinieren und zu konzentrieren, um es auf diese Weise wiederum als gebrauchsfähig aufbereitetes Allgemeingut der Allgemeinheit zur Verfügung zu stellen. Ich habe für dieses Projekt auch aus einigen Büchern, die auf keinen Fall jetzt bereits erwähnt werden dürfen, Texte übernommen. Warum habe ich das Getan? Ich schätze mal ganz grob, dass nur 1% aller Menschen esoterische Bücher lesen, weil diese von den Kirchen verboten sind. Und von diesem 1% wissen wiederum maximal nur 1%, welche der gelesenen Bücher, für einen nach Erleuchtung Suchenden, einen Wert haben. Andererseits bin ich derjenige, den die Welt erwartet. Du und nach Dir die Welt werdet mich an meinem Projekt auch unschwer als denjenigen erkennen. Und wenn ich nun in Erscheinung trete und verkünde, welche Bücher mir zu meiner Erleuchtung verholfen haben und das in diesen Büchern Geschriebene als augenblickliche Wahrheit bestätige, dann werden diese Bücher zu Schulbüchern und die Kirche hat ihr Ende gefunden. Somit habe ich die, aus anderen Büchern übernommenen, Texte nicht gestohlen, sondern ausgeliehen, um auf diese Weise, auf sie aufmerksam zu machen. Andererseits jedoch ist es unwichtig, woher die Worte stammen, wichtig ist doch wohl nur, dass sie ins Gesamtkonzept passen und vermitteln, was ich zu sagen und zu geben habe. Weil ich meinem eigenen Ego nicht schmeicheln will, erwähne ich dies und weil ich auch keinem anderen Ego schmeicheln will, erwähne ich nicht, von wem was ist. Außerdem gibt es ab sofort kein Copyright mehr auf Wissen. Wissen ist ganz einfach Allgemeingut und gehört daher in die Köpfe aller Individuen dieser Gesellschaft, um der Lösung deren Probleme zu dienen. Wie am Ende eines jeden Zeitalters befindet sich die gesamte zivilisierte Menschheit der Erde gegenwärtig in einer Situation, in der das kollektive Unbewusste mangels klarer Bestimmung, homogener Leitbilder und konstruktiver Bezüge zur konkreten Wirklichkeit die praktische Entwicklung der Gesellschaft behindert, sie im gegenwärtigen Stadium konserviert, ihr keine wirkliche Perspektiven und Gestaltungsmöglichkeiten lässt. Die Stagnation ist auf mangelnden Kommunikationsfluss sowie allzu isolierte Grundeigenschaften seiner Mitglieder zurückzuführen und bedarf einer konsequenten Umgestaltung der Bedingungen, um die Kräfte nicht brach liegen zu lassen und die vorhandenen Grundlagen dem Verfall und der Auflösung preiszugeben. Dieser Stillstand, diese Stagnation sollte zur Besinnung zwingen mit dem Ziel, neue Inhalte und Ziele zu definieren für den längst fälligen Aufbruch in eine neue gesellschaftliche Zukunft, in der Wachstum und Entfaltung, kollektiv wie individuell, geistig wie materiell, wissenschaftlich wie künstlerisch, wieder möglich sind.

Die Verfallserscheinungen sind zu offenkundig geworden, als dass die falschen Bedingungen der allgemeinen Organisation noch verborgen bleiben könnten. An den Wirkungen erkennt man die Ursachen und ihre Urheber werden sich immer mehr dessen bewusst. Die hemmenden Grundlagen der Situation haben sich durch ihre destruktive Wirkung selbst offenbart. Durch bewusstes, entschiedenes Handeln können sie problemlos beseitigt und durch bessere, fruchtbare Beziehungen der verschiedenen gesellschaftlichen Kräfte ersetzt werden. Durch die Erkenntnis sowohl der Ursachen der Stagnation, als auch der Bedingungen einer besseren Ordnung, finden unsere Bemühungen sicher auch allgemeine, weltweite Unterstützung und führen erfolgreich in eine neue Wirklichkeit, von deren Möglichkeiten alle Profitieren.

Mein Wille ist nicht auf Gericht, Zerstörung und Beseitigung negativer Wirklichkeiten gerichtet, sondern auf die eindrucks- und machtvolle Etablierung Konstruktiver Prinzipien. Die können wohl Althergebrachtes über den Haufen stoßen, dienen aber in erster Linie ihrer eigenen Propagierung, der Verbesserung, Veredelung und Belebung der Welt. Es besteht die Notwendigkeit der Innovation, der Freisetzung neuer Ideen und geistiger Werte, um den Verfallserscheinungen der Gesellschaft zu begegnen. Der Impuls zur geistigen und damit praktischen Erneuerung muss von einem oder mehreren klar denkenden Menschen ausgehen, die, die starre Situiertheit des Establishments durchbrechen, auf die Gefahren und Verfallserscheinungen hinweisen und deren Beseitigung organisieren durch Freisetzung, Ermutigung des unterdrückten, geistig kreativen Potentials. Dadurch bewahrt man sich und andere vor dem sonst unabwendbaren Verfall der geistigen und materiellen Organisation des Lebens und öffnet der schon von Niedergangserscheinungen gezeichneten Kultur neue Perspektiven der Veränderung, des Wachstums, der Blüte. Und sei es auch gegen den Willen derer, die lieber mit Altvertrautem untergehen, als mit neuen Ideen zu leben.

Nur wer Dummheit und Armut für sich selbst und andere beansprucht, stellt sich gegen dieses Projekt.

Nichts ist so frustrierend für Menschen, wie die Enttäuschung, sich für ein falsch verstandenes Ziel engagiert zu haben – und nichts ist so befriedigend, wie die Einsicht in die Notwendigkeit jedes eigenen Beitrags für ein bekanntes, erstrebenswertes Ziel, auf das man in bewusster Vereinigung mit Gleichgesinnten hinarbeitet.

Bist Du wirklich glücklich mit all dem, was zur Zeit in Deiner Heimat, in Europa und in der ganzen Welt abläuft? Für mich unvorstellbar. Du kannst unmöglich glücklich und zufrieden sein mit all dem, was Du scheinbar wehrlos täglich auf Dich einwirken lässt.

Hinzu kommt, und dies ist eine unumstößliche Tatsache, dass jeder Mensch dieser Welt in jedem Augenblick, zwar meistens widerwillig, aber dennoch nur das tut, was andere von ihm erwarten. Warum das so ist? Warum uns dies nicht bewusst ist? Weil sowieso kein Mensch weiß, was er tut in dem, was er tut. Ach, das glaubst Du nicht? Dann muss der Gekreuzigte vor zweitausend Jahren ja gelogen haben, in dem er sagte: „...... denn sie wissen nicht, was sie tun."!? Er hat nicht gelogen, er hat die volle Wahrheit gesagt. Du weißt nicht, wer Du bist, darum weißt Du auch nicht, was Du tust in dem, was Du tust in dieser Welt der Symbolik. Und wenn Du auch das nicht glaubst, beziehungsweise keine Vorstellung davon hast, dass und warum es so ist, dann wage den Einstieg in die Wahrheit und lies das Dir vorliegende Projekt.

Du wirst durch den Inhalt gleichzeitig schockiert und überrascht, jedoch dadurch wiederum erweckt und erleuchtet. Darum wünsche ich Dir viel Freude bei Deiner Entdeckungsreise in die Wahrheit.

Weißt Du, was Wahrheit ist? Dass es sie nicht gibt? Sie ist das Fließen der Veränderung und gilt nur für den Augenblick der Wahrnehmung. Darum ist alles Wahrheit, auch die Lüge, weil diese der Wahrheitsfindung dient.

TEIL 1
ABSCHNITT 2

DER AUFBRUCH
ZUM NEUEN DENKEN

Der Mensch, ein sich unbekanntes Wesen, hat die Orientierung verloren, weil er vor langer Zeit vergaß, wer er wirklich ist. Es ist jedoch unmöglich einen tiefschlafenden Menschen sanft wach zu wiegen. Erst nach einem Schock ist er
bereit, seine Trägheit aufzugeben und das Neue, im Augenblick vielleicht auch noch schockierende anzunehmen. Ich
will und werde Dich schockieren und aufwecken, um Dich
wieder auf den Weg, zurück zu Deinem Ursprung zu bringen.

Sind wir oder sind wir nicht?

Alles, was ich behaupte, kann und werde ich beweisen. Doch ich behaupte absichtlich nicht, dass ich die Wahrheit sage. Eine Pauschale Wahrheit, die für die gesamte derzeitige Menschheit verständlich wäre und zu gelten hätte, gibt es nicht. Wahrheit ist, was ein Mensch, also jeder Mensch individuell im Augenblick, also in jedem Augenblick seines Seins entsprechend dem Stand seines Bewusstsein als seine Wahrheit wahr – nehmen kann. Wobei schon der nächste Augenblick diese Wahrheit als Absurdum stempelt. Das bedeutet, dass alles und auch nichts Wahrheit ist.

Ich schreibe ein wenig von dem, was mir gelehrt wurde und werde beweisen, dass diese Welt eine Illusion ist, und dass der Mensch nur **das** Leben als außerhalb von sich wahrnimmt, was er selbst ist und nur das, was sein Ego zulässt. Damit will ich erreichen, dass der Mensch aufhört zu glauben und beginnt zu denken und zu erkennen.

Und genau das sind die Merkmale des Wassermann – Zeitalters.

Die meisten Menschen glauben, der Sinn des Lebens liegt darin, unsere wahrgenommene Realität so weit, wie nur irgend möglich zu erforschen, uns wissenschaftlich und wirtschaftlich so hoch, wie nur möglich zu entwickeln und zu rationalisieren.

Wir sind vollkommen vom Weg unserer Entwicklung abgekommen, Denn alles das, was wir glauben neu zu entdecken, zu entwickeln und zu erforschen, holen wir aus unserem Gedächtnis, aus dem Gedächtnis unseres Selbst hervor, weil wir alles schon einmal taten, hatten und gewesen sind. Jetzt bringen wir es lediglich von innen nach außen. Die Erweiterung unseres sogenannten geistigen Horizonts ist nichts weiter, als die Festigung unseres verfälschten Egos. Unser Ego jedoch kennt und versteht nur grobstoffliche Materie und weigert sich, die geistige Grundlage aller Materie zu erkennen und anzuerkennen. Unser Ego ist der Widerpart – der Widerstand in uns gegen eine geistige Höherentwicklung. Ist der Widerstand in uns, der eigenmächtig verhindert, dass wir uns an unser Selbst erinnern. Und je weiter wir uns in der Materie verlieren, je größer die Teleskoprohre werden, um so weiter entfernen wir uns von unserem göttlichen inneren Selbst, der wirklichen Ewigkeit und Grenzenlosigkeit, um so fester und sicherer wird unser Ego.

Der Urknall ist eine Annahme und ein Begriff der Wissenschaft, der lediglich dem Beweis dient, dass die Wissenschaft einen Knall hat. Den Urknall. Der gesamte Abschnitt 2 dient als Beweis für den Irrweg, jedoch nicht als Angriff, sondern als Bereicherung der Wissenschaft.

Die Wissenschaft glaubt, dass es nichts schnelleres gibt als das Licht und das ist schlicht und ergreifend falsch. Gegen die Geschwindigkeit der Gedanken ist das Licht eine sogar verkrüppelte Schnecke. Gedanken fliegen in einem Bruchteil einer Sekunde, also in Überlichtgeschwindigkeit zum Beispiel zum Andromeda – Nebel. Die Zeit läuft bei Überlichtgeschwindigkeit rückwärts. Was wir durch unsere Augen wahrnehmen läuft auch in Überlichtgeschwindigkeit ab. Wenn wir zum Beispiel mit bloßem Auge den Fixstern sehen, sehen wir ihn ja sofort und nicht erst in vielen Jahren. Das bedeutet, dass das, was wir sehen und unser Gehirn als Augenblick signalisiert, nur etwas aus der Vergangenheit sein kann, da ja die Zeit bei Überlichtgeschwindigkeit zurückläuft. Reale Gedanken bewegen sich somit immer in der Vergangenheit. Wir sehen in den Sternen und Galaxien nicht eventuell längst vergangene Einheiten, sondern unsere überlichtschnellen Gedanken erkennen eine Vergangenheit. Dies ist ein Ergebnis lediglich unserer Wahrnehmung. Bei Lichtgeschwindigkeit steht die Zeit still? Dann ist alles starr, fest. Somit ist alle fühlbare und ersichtliche Materie in sich in Lichtgeschwindigkeit befindlich. Da der Mensch aber alles in Überlichtgeschwindigkeit wahr – nimmt, ist das, das es - er wahrnimmt in Wirklichkeit entweder Vergangenheit, beziehungsweise wahr – scheinlicher überhaupt nicht existent. Zeit gaukelt also Raum vor und umgekehrt. Dies ist bis jetzt lediglich ein Beweis dafür, dass Welt tatsächlich Illusion ist. Jetzt wissen wir aber, weshalb das so ist. Vergangenheit ist somit im herkömmlichen Sinne tatsächlich nicht existent. Zukunft auch nicht. Realität ist das Jetzt. Und real ist in diesem Fall lediglich, dass es ein Bewusstsein gibt, das etwas wahrnimmt, das es so nicht geben kann.

Nun Wissenschaftler, ein wenig schockiert? Und auch schon ein wenig Angst? Wunderbar!!! Und das ist erst der Anfang. Warum ich Dich, den Wissenschaftler als ersten anspreche? Weil Du als Wissenschaftler verstehst und daher nachvollziehen kannst, was hier geschrieben steht. Du weißt, dass es wahr ist und darum kannst Du mir nur zustimmen. Bedenke, Erleuchtung bedeutet Aufwachen. Aufzuwachen bist Du aber erst bereit, wenn Du vor Angst aus der Realität Deines Traums flüchten willst. Durch Angst bist Du in diesen Zustand des Traums, der Abwesenheit in der vermeintlichen Anwesenheit geraten und nur nach Schocks, also durch Angst bist Du auch bereit diesen Zustand wieder zu verlassen. Weil ich weiß, dass das möglich ist, will und werde ich Dich dazu bewegen, denn Du kannst unmöglich tiefer und fester Schlafen, als ich es tat.

Das Mysterium Ebbe und Flut

Die Wissenschaft glaubt, dass Ebbe und Flut durch die Gravitation des Mondes ausgelöst, beziehungsweise beeinflusst wird. Man nimmt an, dass der Mond über eine derart starke Anziehungskraft verfügt, dass er das Wasser der Ozeane anzieht. Das ist schlicht und einfach falsch. Das Salzwasser unserer Meere besitzt eine relativ starke elektrische Leitfähigkeit und ist nicht Magnetisch. Also kann es vom Mond auch nicht angezogen werden. Würde der Mond tatsächlich über eine so starke Anziehungskraft verfügen, dass er unsere Meere bewegt, dann wäre dies nur möglich, in dem er den Meeresgrund, der wiederum stark eisenhaltig sein müsste, anhebt und so das Wasser in Bewegung bringt. Dann allerdings wäre diese Anziehungskraft wesentlich stärker, als die der Erde. Dann würde der Mond jedes eisenhaltige Metall von der Erde an sich reißen. Es gäbe auf unserer Erde überhaupt keine Eisenmetalle mehr. Und wer Magnetismus kennt, der weiß auch, dass die Kraft des Magnets nicht langsam anzieht, sondern blitzartig, so schnell, wie das Licht. Wenn also die Theorie der Wissenschaft stimmen würde, dann wären Erde und Mond schon längst wieder ein Planet, nein sie hätten sich gegenseitig durch die Aufprallgeschwindigkeit zerschmettert.

Es gibt keine magnetische Anziehungskraft zwischen den einzelnen Himmelskörpern. Die Sonnen und Planeten werden nicht durch irgendeine Gravitation im gleichen Abstand und somit auch im Gleichgewicht zueinander gehalten, sondern durch die kolloidale Zusammenhangskraft des energetischen Ganzen. Und weder der Mond noch sonst irgendwelche Sonnen oder Planeten üben eine physische oder gar psychische Wirkung auf uns Menschen, beziehungsweise die Erde aus. Sie dienen uns lediglich dazu, die jeweilige Qualität der Zeit zu erkennen. Zu erkennen, wann sich wer und was – wie verhält. Und jeder, auch Astrologe, der das Gegenteil behauptet, ist ein Dummkopf. Denn alles, was ist, haben wir selbst geschaffen. Wie könnte also etwas von uns geschaffene auf uns Einfluss nehmen?

Andererseits haben wir an unseren Gestaden im sechs Stunden Rhythmus Ebbe und Flut. Der Tag hat aber vierundzwanzig Stunden. Wie also ist die Ebbe bei Mondschein zu erklären? Und wie ist Ebbe und Flut möglich, wenn sich der Mond auf der gegenüberliegenden Seite der Erde befindet? Wieder einmal nur eine unbewiesene graue Theorie der Wissenschaft? Was passiert aber wirklich? Wie entsteht Ebbe und Flut?

Lege Dich in die Badewanne, lasse so viel Badewasser ein, dass Dein Körper im halbeingeatmeten Zustand gerade mit Wasser bedeckt ist. Nun atme tief ein und voll aus. Wiederhole dies mehrmals. Genau das, was Du jetzt beobachten kannst, ist Ebbe und Flut. Wenn Du einatmest, ist Ebbe und wenn Du ausatmest ist Flut.

Auch die Erde ist ein Lebewesen und atmet, so wie der Mensch, nur eben in einem anderen Rhythmus. Und so, wie Du die Atemluft räumlich, wie zeitlich ungleichmäßig in Deiner Lunge verteilst, tut dies auch die Erde. Wann und wo die Erde einatmet, ist Ebbe und wann und wo sie ausatmet, ist Flut.

Und dass es so ist, hast Du eigentlich bereits erkannt, es ist Dir nur noch nicht bewusst geworden.

Als Wissenschaftler schickst Du Satelliten in eine Erdumlaufbahn und hast auch schon festgestellt, dass diese die Erde nicht in einer geraden Bahn umkreisen, sondern wellenförmig. Es scheint als hätten die Satelliten mal mehr und mal weniger Abstand von der Erde. Dieser Eindruck täuscht. Denn auch hier kommt die Kolloidalwirkung zur Geltung und der Satellit verhält sich dem Atmen der Erde entsprechend. Hat die Erde eingeatmet, ist er weiter vom Mittelpunkt der Erde entfernt und hat die Erde ausgeatmet, ist er diesem näher. Deswegen schwankt aber niemals sein Abstand von der Erdoberfläche.

Die Sonne ist kein Herd

Die Sonne ist ein Spiegel und lediglich ein Symbol, wie alles auf unserer grobstofflichen Ebene rein symbolischen Charakters ist. Es ist ein wahrhaft großer Irrtum zu glauben, dass die Oberflächentemperatur der Sonne etwa 5500° Celsius beträgt und auch, dass die Sonne Wärme ausstrahlt. Und wenn es der Fall wäre, bin ich davon überzeugt, dass nicht einmal die Wissenschaft es sich vorstellen kann, wie die Wärme über diese Entfernung und auch noch durch einen luftleeren Raum von der Sonne zu uns gelangen sollte, könnte. Die Sonne ist ein Reflektorspiegel und nicht ein Verbrennungsherd, beziehungsweise Kernreaktor wie die meisten Wissenschaftler, Astronomen und Astrogen glauben. Ein Spiegel, der uns das Licht unserer inneren, für uns nicht mehr und noch nicht wieder sichtbaren geistigen Sonne reflektiert, wie der Mond das Licht der Sonne. Die Sonne steht symbolisch für unser Ego und unser Ego verbrennt ja auch nichts. Es ist einfach da. Und manchmal, wenn wir uns mal von der geistigen Sonne, unserem göttlichen, inneren Selbst leiten lassen, liefert uns dieses über den Spiegel – unser Ego Wissen, beziehungsweise Kombinationsfähigkeiten, die manchmal nicht einmal das Ego selbst versteht. Und die sogenannten Sonneneruptionen sind nichts weiter, als wenn wir Ideen haben. Sind nichts weiter, als das, was auch wir als Lichtblitze bezeichnen, oder auch die Vulkantätigkeit der Erde. Wir erkennen also unschwer die Analogie der Symbolik, denn Geist wird zu Licht und Licht wird wieder zu Geist. Es kommt lediglich auf die Schwingungsfrequenz an und diese ist vom Ausgangspunkt und der Richtung der Schwingungsänderung abhängig. Absteigend von Luft nach Feuer, nach Wasser, nach Erde, was auch der Analogie – geistige Sonne, Sonne, Mond und Erde entspricht, aber auch geistiges Licht, „heißes" oder helles Licht, „kaltes" oder dunkles Licht und die Erde als Dunkelheit. Oder aufsteigend – Erde, Mond, Sonne, geistige Sonne = Luft. Diese Symbole sollen uns dazu dienen, dass wir als Götter unseren Weg des Abstiegs und Wiederaufstiegs erkennen. Mehr dazu unter der Überschrift „Die Quadratur des Kreises". Die Schwingungsfrequenz verringert sich in der absteigenden- und beschleunigt sich in der aufsteigenden Richtung. Alles, was ist, ist Schwingung, auch das, was wir als Materie bezeichnen, ist Schwingung in der Niedrigsten Frequenz. Einige Wissenschaftler registrieren die Schwingung als Wellen, andere als Partikelchen. Durch die Beschleunigung der Frequenz wird Materie zu Elektrizität, dann zu sichtbarem Licht, dann zu noch hellerem für uns noch unsichtbarem, geistigen Licht, in dem wir uns alle befinden, das alles umgibt und auch als Kosmischer Leim zusammenhält, und wird schließlich wieder zu Geist = Gedanke, genannt Gott.

Wie ist das zu verstehen? So, wie jedes Atom von einer Aura umgeben ist, so besitzt jede Schwingung, jedes Mineral, jede Zelle, jede Pflanze, jedes Lebewesen, jeder Planet, jedes Sonnensystem, das ja auch nichts weiter, als ein Atom in Großformat ist, die Milchstraße, jede andere Galaxie usw. jeweils eine mehrschichtige Lichtaura unterschiedlicher Lichtintensität, beziehungsweise unterschiedlicher Wellenlängen, verschiedener Farben. So, wie jedes einzelne Atom durch seine eigene Aura in sich stabil und zusammengehalten wird, so wird eine Einheit von Atomen zum Beispiel durch die Aura einer Zelle, Zellen im Verband durch die Aura des Körpers, Körper im Verband durch die Aura des Planeten, Planeten im Verband durch die Aura des zum Beispiel Sonnensystems usw., usw., usw. in sich sowie im Systemverband stabil und auch in einem sogenannten Gleichgewicht zusammengehalten. Licht, gleich welcher Wellenlänge, ist somit der kosmische Leim, der alles, was ist als eine energetische Ganzheit zusammenhält. Licht entsteht aus dem Gedanken, somit ist der Gedanke Licht in seiner höchsten Schwingungsform. Ist Gott? Und woher kommt der Gedanke, wer denkt?

Wie alle anderen Sonnen, ist auch unsere Sonne ein Planet, wie alle anderen Planeten auch. So, wie aus unserer Sicht, der Mond das Sonnenlicht reflektiert, so reflektiert die Sonne das für uns noch unsichtbare geistige Licht der geistigen Sonne, der Ur – Zentral – Sonne – der URKA = UR – KRAFT = Gedanke. Und nur weil die Wissenschaftler, wie die Astrologen dem Irrtum unterliegen, dass die Sonne Wärme ausstrahlt, meinen sie auch, sie müssten beweisen, wie diese zu Stande kommt. Sie behaupten ganz einfach, dass im Kern der Sonne in einer Art Kernreaktion seit Milliarden von Jahren Wasserstoff in Helium umgewandelt wird. Und um auch noch ihren Irrtum als Wissen zu beweisen, aber auch um sich selbst und der Menschheit die Angst vor einem eventuellen Erlöschen der Sonne zu nehmen und um Sicherheit zu suggerieren, behaupten sie weiterhin, dass der Vorrat an Wasserstoff für noch etwa Zehnmilliarden Jahre reicht. Nichts als Irrtümer und, für einen beweglichen Geist, unvorstellbare Theorien.

Doch auch Wärme liefert uns die Sonne, aber nicht auf die Weise, wie Du als Wissenschaftler es Dir vorstellst. Durch die Kolloidalwirkung fördert die Sonne die erdinnere Wärme an die Erdoberfläche. Das glaubst Du nicht? Dann messe doch bitte einmal um 12 Uhr mittags über dem Äquator gleichzeitig in Höhen von 0,5 -, 1 -, 10 -, 100 -, 1.000 -, 5.000 -, 10.000 -, 15.000 – und 20.000 m die Lufttemperatur. Und was hast Du festgestellt? Kein Kommentar. Die Temperaturdifferenz ist uns allen bekannt. Wir alle wissen, dass auch über dem Äquator in zwanzigtausend Metern Höhe frostige Temperaturen vorherrschen. Und dies, obwohl wir uns um eben diese zwanzigtausend Meter der Sonne genähert haben?

Und noch ein Beweis, reiner weißer Schnee und reines Eis schmelzen nicht von der Oberfläche her ab, sondern von unten weg. Warum? Weil die Wärme von unten her ansteht. Weil andererseits das Licht der Sonne durch das reine Eis hindurchscheint, wie durch Glas, ohne es zu erhitzen. Und reiner weißer Schnee weist das Sonnenlicht ab, er absorbiert es. Wenn Eis und Schnee von oben abschmelzen, dann nur durch die Anwesenheit von Schmutzpartikelchen, welche durch das Licht der Sonne erwärmt werden und Eis und Schnee, auch bei Temperaturen unter Null, in ihrer Umgebung zum schmelzen bringen.

Die Sonne sendet also keine Wärme, sondern lediglich Licht aus. Das Licht bringt die Molekularteilchen jeglicher Materie in Schwingung. Durch diese Schwingung reiben sich die Teilchen aneinander und es entsteht Wärme, die wir empfinden. In konzentrierter Form bringt allein das Sonnenlicht Mineralien zum schmelzen und verbrennt diese sogar. Dunkle Materie ist lichtanziehend, adsorbiert Licht und erhitzt sich dadurch schneller. Weiße Materie, beziehungsweise Licht ist lichtabstoßend, absorbiert also Licht und erhitzt sich dadurch langsamer bis gar nicht, je nach Weiß- beziehungsweise Lichtintensität. Ist dies alles nicht ein – und erleuchtend? Aber eigentlich ist doch schon längst alles bekannt. Es hat sich scheinbar nur noch niemand getraut, alles in einem Zusammenhang zu bringen.

Was ist- und wie entsteht magische Kraft?

Warum gibt es diese Welt, das Universum, die Galaxien und alles das, was wir als Wirklichkeit wahr – nehmen? Weil unser Ego sich eine Vorstellung davon macht.

Wahrheit ist niemals das, was der Mensch als seine Wahrheit wahr – nimmt, was ihm seine Wahr(heits)nehmung suggeriert, sondern das Gegenteil. Der Aufstieg ist der Fall! Dynamik = Bewegung ist Statik = Starre, denn erst durch Dynamik = Bewegung kommt Statik = Starre zu Stande. Statik ist die in sich Bewegung. Alles ist Dynamik, alles ist Bewegung, alles ist Schwingung. Und wie kommt diese Schwingung zu Stande? Wer erzeugt eine solche Schwingung, die aus dem Nichts grobstoffliche Materie = Statik entstehen lässt? Es ist Gott, der wirklich allmächtige. Es ist der Mensch dank der Kraft seiner kreativen, schöpferischen Gedanken und Gefühle. Wobei das, was wir uns als Gott denken, das sogenannte Nichts ist, aus dem kraft unserer Gedanken und Gefühle jegliche Intelligenz = Bewusstsein = Energie = Materie freigesetzt wird, und zu dem wird, was der Mensch denkt und fühlt ohne, dass es selbst Energie, beziehungsweise Materie ist, das Nichts. Jedes kleinste Teilchen, der von uns vermeintlich verbrauchten Energie neutralisiert sich durch die Gegensätze und kehrt auf diese Weise als Harmonie in die Harmonie des Nichts = Neutralität zurück. So auch der Mensch, sobald er durch Gegensatzvereinigung wieder in Harmonie mit seinem Selbst ist. Durch das Denken erzeugt der Mensch eine Schwingung in einer, seinem Denken entsprechenden Frequenz. Befasst sich der Mensch über eine geraume Zeit mit einem Gedanken, versetzt er die Schwingung seiner Umgebung, beziehungsweise des Ortes, wo sein Gedanke gerade weilt in Resonanz mit der Schwingung seines Gedankens. Diese Resonanz zieht aus dem gesamten Kosmos alles an, was die gleiche Schwingungsfrequenz aufweist, wie der Gedanke des Denkenden. Somit realisiert sich jeder Wunsch oder Gedanke je nach Intensität des Denkens auf einer Ebene = Schwingungsbereich = Realität = Dimension = Himmel und bei höchster Gedankenintensität auf der grobstofflichen Ebene des Denkers, obwohl dieser nichts davon weiß. Wie schade. Wüsste er davon, könnte er bewusst gestalten.

Nun Wissenschaftler, habt Ihr dieses Phänomen schon erkannt und erforscht? Wo sind Eure geheimen Forschungsergebnisse. Hört meinen Rat, hört auf Energie und Mittel zu verschwenden, um Dinge zu erforschen, die gar nicht sein können. Universum, All, Kosmos, Materie, alles Dinge, die Ihr Euch selbst vorgaukelt. Das Universum erweitert sich mit dem Bewusstsein derer, die es erforschen. Ist Euch das schon aufgefallen? Nein? Viele von Euch Physikern haben bereits 1992 erkannt, dass sich die kleinsten Materieteilchen immer so bewegen, und so reagieren, wie es das jeweilige bewußte Wissen und Denken des Forschenden zulässt (Siehe PM 10/92, Seiten 98 – 104). Diese Wissenschaftler stellen sich natürlich die Frage, weshalb dies so ist. Sie können noch nicht erfassen, dass unsere Geist und Seele, unser Denken und Fühlen die Materie beherrscht und nicht umgekehrt. Habt Ihr Euch schon einmal überlegt, wo die Kraft herkommt, die alles das geschaffen hat und nun im Gleichgewicht hält? Die Kraft, die Euren Körper, bestehend aus etwa durchschnittlich 75 Billionen einzelnen Zellen zusammenhält? Die Kraft, die über das Zentralnervensystem bestimmte Signale aussendet, die wiederum in bestimmten Muskeln die Spannung erzeugen, um eine bestimmte körperliche Betätigung auszuführen, um Euch zum Beispiel aufrecht und im Gleichgewicht zu halten? Die Kraft, die, die Erde und die vielen anderen Planeten und Sonnen zunächst geschaffen und nun in sich zusammen – und untereinander in einem bestimmten Abstand und somit im Gleichgewicht hält? Was ist das für eine Kraft, die Euch atmen lässt? Die Kraft, die Eurem Herzen den Rhythmus beziehungsweise den Takt vorgibt? Die Kraft, die Euch Wahrnehmung ermöglicht, die Euch empfinden lässt? Die Kraft, die Euch die positive, beziehungsweise negative Stimmung liefert, je nach dem, wie Ihr gerade denken wollt? Was ist das für eine Kraft, die Euch lieben, weinen und überhaupt denken und fühlen lässt? Ist Euch bekannt, dass wir alle sieben Jahre einen komplett neuen Körper haben? Wann, warum und wie werden Neue Körperzellen geboren? Wovon leben diese, wie ernähren sie sich? Was sind die Nerven? Die Telekom? Ein Netz, das der Datenübermittlung an alle Zellen dient? Woher kommt der Strom für diesen Datenfluss? Wer erzeugt ihn und wer regelt seine Spannung? Wer, beziehungsweise was versetzt die Spannung in eine dem jeweiligen Gedanken entsprechende Frequenz? Ist Euch die Parallele schon aufgefallen zwischen einer Körperzelle unseres Körpers und unserem Körper als einer Zelle eines größeren Körpers? Dass der Mensch sich genauso verhält, wie seine Körperzellen – er wird geboren, lebt, er regeneriert sich, in dem er für Nachwuchs sorgt und stirbt? Dass der Mensch als Mikrokosmos eine Zelle eines Makrokosmos ist und er selbst mit seinem Körper einen Makrokosmos seiner Körperzellen darstellt? Und dass sich diese Abhängigkeiten multidimensional in den Mikro- wie auch in den Makrobereich fortsetzen? Wie wäre es mit etwas weniger Schulwissen, Dr. und Prof. - Titeln und mit etwas mehr Leben, Denken und Realität?

Fazit ist, solange die Wissenschaft sich mit Thesen, Theorien und Annahmen zufrieden gibt, tappt sie nur im Dunkeln und wird niemals wirkliches Wissen erlangen. Wissen aus der Wissenschaft ist Dummheit. Intelligenz kommt nicht durch Wissen zu Stande, sondern ist Kreativität, die vom inneren, göttlichen Selbst ausgeht. Somit ist eine Idee nicht eine Eingebung, sondern eine Ausgabe aus unserer inneren, alles umfassenden Bibliothek. Also merke Wissenschaftler, erst wenn sich Physik und Mystik vereinen, werden wir fortschrittlich.

Überlegt Euch, was Euch jetzt auf Anhieb begreifen lässt, dass ich tatsächlich den Wind der Erneuerung bringe! Und überlegt Euch auch, ob Ihr in der Lage seid, Fragen zu formulieren, die mein Wissen abrufen! Was, Ihr wollt nicht? Dann wartet meine Antworten ab, vielleicht werdet Ihr dann die Fragen darauf formulieren wollen!

Die Quadratur des Kreises

Wiederholt hörte ich aus dem Mund von Journalisten bei Gesprächen mit Politikern den Ausdruck „Quadratur des Kreises". Und ich fragte mich jedes Mal, warum sie diesen Begriff verwenden? Mir ist nicht bekannt, dass ein Journalist oder ein Politiker jemals einen Kreis hatten, geschweige denn geistig in der Lage wären, diesen zum Quadrat umzuwandeln. Wissen diese neunmalklugen Menschen überhaupt, wovon sie reden? Und wissen sie auch, dass sie, auch wenn sie es selbst wissen, von nur schätzungsweise maximal 10% der Bevölkerung verstanden werden?

Was bedeutet diese „Quadratur des Kreises"? Der Kreis steht für die Perfektion des Geistes, eines Gedankens oder auch einer Idee, die bereit sind ihre Quadratur zu realisieren. Wobei das Quadrat für die Realisierung oder auch Manifestation einer Idee in grobstofflicher Materie steht. Der Kreis wird zum Quadrat, der Geist wird zu Materie.

Was und wo auf dieser Erde dient und ist erkennbar als ein mächtiges Symbol für die Quadratur des Kreises? Es ist die Kombination Sphinx und Cheopspyramide in Ägypten. Dieses Symbol versinnbildlicht uns unseren Werdegang. Es zeigt uns, woher und auf welche Weise wir kommen, unseren Werdegang hier auf dieser grobstofflichen Ebene und wie wir durch Erfahrungen gereift zurückkehren können, wenn wir erkennen können und wollen, dass diese durch die Verzögerung der Zeit begrenzte Ebene nicht unsere wahre und einzige Heimat sein kann. Sie zeigen uns auch die letzten siebentausend Jahre, unseres Seins auf dieser Erde.

Auf welche Weise sprechen diese beiden Monumente zu uns?

Zunächst einmal die Sphinx.

Die Sphinx ist eine aus vier verschiedenen Tierkreis - Körperteilen zusammengesetzte Form. Aus dem Kopf und Gesicht des Wassermannes, dem Rumpf des Stiers, den Beinen des Löwen und dem Schwanz des Skorpions. Dies ist das Symbol für das fixe Kreuz, beziehungsweise das Quadrat im Tier**kreis.** Das Quadrat im Kreis symbolisiert die Quadratur des Kreises und beschreibt, wie der heutige Mensch seinerzeit, noch vor der Zeit, als eine Einheit, als ein Gott aus dem Nichts der Ganzheit zum Quadrat, also zu Materie wird. Er steigt ab, beziehungsweise verdichtet sich **über den** Wassermann = Luft = Geist = Gedanke **zum** Löwen = Feuer = Licht = Wille **zum** Skorpion = Wasser = Gefühl = Elektrizität = grobstofflicher Äther = feinstoffliche Materie **zum** Stier = Erde = grobstoffliche Materie = Form = dreidimensionale Präsentation und Erlebnis der eigenen Schöpfungen.

Die Seele – der Punkt, der Mensch – der Kreis, das Selbst im Punkt! Die Sphinx zeigt uns den Weg aus der Ruhe über die Bewegung – die Schwingung zur Verdichtung, aber auch umgekehrt, den Rückweg, der übrigens nicht der einzige Weg der Wiedervergeistigung, wieder Gott zu werden ist. Erkennt der Mensch sich wieder als Gott, kann er bereits aus dieser grobstofflichen Ebene als Gott mit seinem Körper aufsteigen und sich dann auf allen Ebenen = Himmeln nach belieben bewegen und betätigen.

Die Pyramide symbolisiert den bereits quadrierten Kreis – das Quadrat, = den kristallisierten Geist = die materialisierte oder auch manifestierte Idee = den erfüllten Gedanken oder auch Wunsch, aber auch den zum Menschen gewordenen Gott. Sie beinhaltet seinen Müßiggang und auch die Überwindung der Materie durch die Überwindung seines Ego.

Betrachten wir eine Seite der Pyramide im rechten Winkel, dann erkennen wir ein auf der Basis stehendes gleichseitiges Dreieck, das stabile Krafteck, aber auch die zur drei gewordene eins, und ein Viertel des Kreises, denn 3 ist ¼ von 12. Multiplizieren wir die drei mit der vier, dann ergibt sich daraus, was wir erkennen, wenn wir die Pyramide von oben betrachten – das Quadrat = der quadrierte Kreis und auch wieder das fixe Kreuz, welches sich aus den vier nun rechtwinklig und gleichschenklig erscheinenden Dreiecken ergibt. Diesmal als Symbol für die Erlösung, denn aus der drei wurde die vier. Die Vier ist das Zeichen des Kreuzes und das Kreuz ist das Symbol für die Erlösung.

Die Einheit = die 1 schuf aus sich selbst die 2 und die 3, diese schaffen die 4 und aus der 4 wird wieder die 7. Das bedeutet unser Weg ist aus der 1 über die 4 wieder zur 7 und dies ist wieder die 1 = die Einheit, die Ganzheit bewusst, die wir eigentlich nie verlassen haben.

Schon allein die ursprüngliche Höhe der Pyramide ist eine aus der 1, der 4 und der 7 bestehende Zahl 147 m und sagt aus, dass die Pyramide die Kristallisation einer Idee symbolisiert, die Quadratur des Kreises, denn 1 + 4 + 7 ergibt die 12 Zeichen des Zodiaks – des Tierkreises.

Die 147 ist eine sehr viel aussagende Zahl. Die 1 steht für die Einheit, die 4 steht für Bewusstsein und die 7 steht für die kreative Schöpferkraft, die wir als Gott bezeichnen.

Wie ist das zu verstehen?

Die 1 steht für die Einheit = Ganzheit = Gott, aber auch für eine Einheit = Gott den wirklich allmächtigen, der aus der Einheit geboren, sich alles, was wir heute wahrnehmen und noch vieles mehr, was wir noch nicht wieder wahrnehmen, schuf und sich dann mit einem Körper umgab, den er sich ebenfalls selbst schuf, um alles, was er schuf auch selbst erleben und erfahren zu können. Und das ist das Mysterium der Mysterien, das einzige, das dem Menschen wirklich ins Bewusstsein dringen muss, dieses Mysterium der Mysterien, das Bewusstsein, sein Bewusstsein, das alles durchdringende Bewusstsein, das in allen Dimensionen lebendige, mit Tatendrang sich manifestierende Bewusstsein des einzelnen Menschen, den es als einzelnen so nicht gibt.

Dieses Bewusstsein formt das Weltall, die Galaxien und alle Erkenntnisse von Außerirdischen bis zur Amöbe und es erkennt, dass es das, was es geformt hat, nicht ist. Und so strebt es weiter und weiter und formt und formt neue Gedankenbilder, neue Ideen, neue Erkenntnisse und wird immer und immer wieder feststellen, dass es das, was es in seiner immer noch währenden Ursprünglichkeit ist, nicht ist.

Und so sucht es nach einem Identifikationspunkt und es findet diesen Punkt auch immer wieder, bis es erkennt, dass es dieser Identifikationspunkt auch nicht ist. Und so bildet es Wesen und neue Mysterien, Religionen und Atheismen in allen Variationen, Glaubenssätze und Regelungen und es mordet wieder und wieder. Es Streitet sich um „Gut und Böse" und es ringt nach der rechten Erkenntnis, immer wieder zu diesem Zwecke, sich sichtbare und fühlbare Symbole aufbauend, um wiederzufinden, was es so nicht finden kann – sich selbst. Denn dieses Selbst war vor dem Bewusstsein, das es schuf, noch ohne Bewusstsein.

Die 1 schuf also aus sich die 2 und die 3, also die Polarität. Die 2 als eine negative, passive Energie steht für Weiblichkeit, Introvertiertheit und Südpol. Die 3 als eine positive, aggressive Energie steht für Männlichkeit, Extrovertiertheit und Nordpol. Als die Götter sich Körper schufen, gaben sie der 2 – dem Weiblichen die Prinzipien der 3, das Positive – Aggressive und der 3 – dem Männlichen die Prinzipien der 2, das Negative – Passive, damit sie sich selbst im jeweils anderen Geschlecht erkennen können. Denn nur sich selbst fühlt ein Geschlechtspartner im und durch den anderen. Irgendwann vergaßen die nun zu Menschen gewordenen Götter, dass sie Götter sind und auch, dass alles eine 1 = eine Einheit (versus unum) ist und dies führte zur Unbewusstheit. „Denn sie wissen nicht, was sie Tun." Dieser Satz birgt eine große Wahrheit. Diese Unbewusstheit und Ganzheitsvergessenheit führte dazu, dass wir Gott – Menschen durch viele tausend Leben auf dieser grobstofflichen Ebene, beziehungsweise auf diesem ersten Himmel alles erfahren und erleben konnten, was diese Ebene zu bieten hat. Durch diese dauerhaften und ständigen Erfahrungen und Erlebnisse schufen wir die 4 = das Bewusstsein. Durch dieses Bewusstsein sind wir in der Lage tatsächlich bewusst zu denken, zu beurteilen, zu planen, zu wählen, zu entscheiden und zu bestimmen. Vorausgesetzt natürlich, wir sind bewusst. Wir sind kreativ und durch unsere Kreativität schaffen wir uns in jedem Augenblick, die meisten von uns noch unbewusst, unsere Umgebung und unsere

Welt selbst. Das Einzige, das den meisten noch nicht bewusst ist, ist die Tatsache, dass der Mensch selbst Gott, der wirklich allmächtige ist. Sobald uns diese Tatsache bewusst wird, wird aus der 4 die 7 geboren, die bewusste, göttliche, kreative Schöpferkraft. Aus der 4 wird die 7. Ist die 7 erreicht, besitzt die 4 keine Gültigkeit mehr. Die 4 war jedoch notwendig, um die 7 zu erreichen. Die 7 ist dann die andere Dimension, in der die Zeit als liebenswerte Illusion einer anderen Dimension erkannt wird. Dann sind wir uns unserer Göttlichkeit bewusst, dann sind wir wieder Götter der 7. Ebene, Dimension oder auch des 7. und damit höchsten Himmels und können uns bewegen, wohin wir wollen und tun und sein, was wir wollen.

Was unterscheidet uns dann von der Einheit, die unser Ursprung ist, die wir als unseren Gott – Vater bezeichnen? Diese Einheit betrachtete sich nur zufällig selbst und dadurch sind wir zu Lichtfunken, zur Bewegung = Schwingung geworden. Die Einheit kann nicht denken, nicht urteilen und nichts von all dem Kreativen, das den Gott – Menschen auszeichnet. Die Einheit ist die absolute Leere, das Nichts, die absolute Harmonie. Sie wurde durch uns zu unserem, uns noch unbewussten Bewusstsein, das zu all dem wird, was der Gott – Mensch durch sein Denken und Fühlen aus ihm macht. Diese Einheit entwickelt und erweitert sich mit und durch unser Denken und Fühlen und kann genau so wenig, wie wir Götter jemals vollkommen werden. Es ist unser gutes Recht, als Menschen vollkommen zu werden, damit wir uns als Götter wieder erkennen, aber als Götter werden wir niemals vollkommen. Denn wären wir eines Tages als Götter in der Einheit mit der Einheit vollkommen werden, würde dies den sofortigen Stillstand der Evolution, der Entwicklung = Auswicklung = Ausdehnung, auch allen Bewusstseins, bedeuten. Sage also niemals jemand, Gott wäre vollkommen!

Die Sphinx sowie die Pyramide wurden von uns selbst mit Hilfe der Kraft unserer Gedanken und Gefühle und ohne Hilfsmittel und technischen Aufwand vor sechstausend Jahren erbaut, damit wir daraus und daran unsere wahre Kraft und Größe, sowie unseren Werdegang erkennen können.

Die Pyramide symbolisiert eine Gehirnzelle. Sie birgt in ihrem inneren Labyrinth die Idee ihrer Entstehung und war niemals als Grabstätte gedacht. Einige Wissenschaftler haben dies bereits erkannt und beschrieben. Doch ich kann mich mit keiner einzigen Deutung, der von ihnen erkannten Symbolik anfreunden, denn sie sind alle mit der Bibel verzahnt und können dadurch nur falsch sein.

Um nur einige Beispiele ohne Namen der Autoren zu nennen:

Sie sprechen von den Gesetzen Gottes. Gott unser Ursprung, der hier gemeint ist, kann keine Gesetze schaffen, er ist dazu nicht in der Lage. Könnte er dies und würde er welche schaffen, dann würde er dadurch uns in unserer Willensfreiheit und damit uns und sich selbst in der Entwicklung begrenzen. Er würde durch Gesetze statt eines Anfangs ein Ende schaffen.

Sie sprechen davon, dass wiederum dieser Gott am Ende die Einen für ihre guten Taten belohnen und die Anderen für ihre schlechten Taten bestrafen wird. Erstens, gibt es niemals ein Ende und zweitens, kann Gott nicht beurteilen, folglich also auch nicht verurteilen, was belobigen oder bestrafen bedeutet. Dazu ist nur der Gott – Mensch in der Lage.

Sie sprechen vom Tode eines Messias. Auch das kann nicht sein, denn sobald ein Mensch sich wieder als Gott erkannt hat, hat er den Tod überwunden, er stirbt nicht mehr, genauso, wie Jesus, Buddha und viele vor diesen nicht gestorben, sondern mit ihren Körpern aufgestiegen sind.

Sie sprechen davon, dass Adam, wiederum am Ende, seiner Vollkommenheit verlustig wird und stirbt. Sie deuten die Pyramide als Symbol für Christus und machen Adam zu seinem Widerpart. Auch diese Interpretation ist genau so falsch, wie alle anderen.

Die Pyramide steht für eine Idee, für den Gott – Menschen. Und ihr Inneres zeigt den Müßiggang des Menschen und seinen inneren Kampf des Egos gegen das göttliche Selbst im Menschen auf seinem Weg, der letzten siebentausend Jahren. Wobei am Ende dieses Kampfes das Ego den Kampf verliert und stirbt, in dem das göttliche Selbst den Sitz des Egos übernimmt.

Und wenn da in der Bibel geschrieben steht, Jesus hätte mit dem Satan gerungen, der an ihn herangetreten war, um ihm Königreiche und goldene Berge zu versprechen, um ihn auf seine Seite zu gewinnen, dann ist das symbolisch gesehen richtig und entspricht der Wahrheit, aber wirklich nur symbolisch. Was geschieht in Wirklichkeit? Der letzte Kampf des Menschen, des Jesus nach dem er das Göttliche in sich erkannt hat und bevor er zum Christus werden kann ist die Selbstüberwindung, die Überwindung der Angst. Es ist das sich vollkommene Fallenlassen ins Vertrauen zum göttlichen Selbst. Ist der Kampf mit sich selbst, gegen das eigene Ego. Es ist nicht mehr, aber auch nicht weniger, als dass man immer und immer wieder vor Entscheidungen steht, sich von Menschen und Dingen zu trennen, von denen man abhängig zu sein glaubt. Alles aufzugeben, was einem lieb und teuer war und ist. Alle materiellen Angebote und die gutgemeinten Ratschläge seiner Mitmenschen in den Wind schlägt. Dass man sich von ihrer und der allgemeinen Denkweise der Gesellschaft distanziert. Es ist der Augenblick, natürlich ein zeitlich über Jahre gedehnter und aus vielen tausend furchtbaren Momenten bestehender Augenblick, wo man sich entscheiden muss, ob man den alten Zustand beibehält, oder ob man sich von diesem trennt. Es ist der Augenblick, wo man glaubt, dass die Welt zusammenbricht und es nicht mehr weitergeht. Sehr oft steht man vor der Frage nach dem

Sinn eines solchen Lebens. Wenn man von allen Verwandten, Freunden und Bekannten verstoßen wird. Wenn sich alle, sogar die liebsten Menschen, wie Ehefrau und die eigenen Kinder von einem abwenden, weil diese einen nicht verstehen. Man steht vor der Frage, ist man selbst, oder sind alle anderen sechs Milliarden Menschen Verrückt. Vor der Frage, sein, oder nicht sein. Vor der Entscheidung, dem Selbstmitleid des Egos nachzugeben, oder der Gewissheit, dass Leid der Weg zum Glück ist, zu folgen. Und schließlich immer wieder vor der Erkenntnis, dies war wieder einmal ein Moment, in dem ein schwächerer Charakter Selbstmord begangen hätte. Der Weg eines Menschen zum Christusbewusstsein beinhaltet die grausamste Aus − und Weiterbildung, die sich eine Seele bei ihrer Inkorpierung auferlegen kann. Denn der Kampf gegen das eigene Ego ist so grausam, wie kein anderer. Doch der Sieg ist möglich und ist eine wundervolle Befreiung. Dass der Sieg möglich ist, wird immer und immer wieder bewiesen. Auch ich werde dies beweisen. Und der Sieg über das eigene Ego, ist der Sieg über den Satan.

Ich bin der Letzte Mensch auf dieser Ebene, der den Weg eines sogenannten Messias gewählt hat. Der gewählt hat, allein gegen die Dummheit der ganzen Welt anzutreten. Der gewählt hat der Welt zu demonstrieren, dass der Mensch ein Gott ist. Wenn meine Einsichten einmal als Erkenntnisse und Wahrheit in dieser Welt verankert sind, und akzeptiert werden, und dies wird nach meiner Wandlung der Fall sein, dann werden es die Menschen leichter haben. Denn sie müssen nicht mehr den Weg eines Christus beschreiten. Den Weg der Erleuchtung von Milliarden, denn das, was einer Denkt, geht in das Denken aller ein, wobei das Denken aller gegen diesen Einen gerichtet ist. Sondern sie gehen nur noch den Weg der eigenen Erleuchtung. Dieser Weg der eigenen Erleuchtung wird zu einer Leichtigkeit, sobald die Selbsterkenntnis zur Allgemeinbildung dieser Gesellschaft geworden ist. Man wird sich gegenseitig unterstützen und nicht mehr verachten und bekämpfen, wie bisher. Dann wird der Weg der Erleuchtung, der Weg wieder Gott zu werden zum Vergnügen, zu einer breiten erleuchteten und erleuchtenden Straße. Tausend Jahre lang nach der kommenden Wende. Die Sphinx, die Mutter bewacht die Pyramide, die elende Form, die den Geist des Vaters verbirgt. Elend jedoch ist sie nicht mehr, wenn sie das Verschlungene nicht mehr verschlingt und der Sturz, der Fall des Ich in das Selbst eintaucht und für immer verschwindet. Die Suche ist geschehen, das Glück vollkommen in der Harmonie des göttlichen nichtseienden Selbstes. So findet, das nie suchte, das aus sich gegangene. So ist jenes, das war als es noch nicht war, wieder der Ursprung vor dem Sprung, das ewig seiende, große Ganze im Nichts.

Das Ich, unser Ego verschwindet im Selbst, nach dem sich das Selbst mit Hilfe des Ego und durch den Menschen, seiner Selbst, also als Gott wieder bewusst wurde. Das Selbst wird zum Ego und dadurch der Mensch wieder zu einem individuellen, souveränen Gott. Wir wollen uns damit erst einmal zufrieden Geben. Wer interessiert ist, wird die Gelegenheit erhalten, alles, was er benötigt detailliert zu erlernen. Die Lehre meiner Augenblickswahrheit beginnt ja erst, aber nur für diejenigen, die aufhören zu glauben und beginnen zu denken. Doch bitte, keine Angst, niemand kommt zu spät! Bedenke aber auch – niemand stellt seine Uhr zurück, damit Du pünktlich bist!

Kundalini, die enträtselte Schlangenkraft?

Wohl kaum! Und schon gar nicht, wenn dieser elektrische Strom von 0,000007 V, der ausreicht, um Berge zu versetzen, als Schlangenkraft bezeichnet wird. Und diese sogenannte Kundalini – Energie steigt auch nicht von unten nach oben, wie angenommen wird, sondern dieser Strom wird im Gehirn ausgelöst. Wenn Gedankenladungen das Gehirn erreichen, wandern sie zunächst zur linken oberen Hälfte des Großhirns, wo die intellektuellen und logischen Funktionen sitzen und das verfälschte Ego Ausdruck findet. Jede Gedankenfrequenz, die das verfälschte Ego ins Gehirn hineinlässt, wird in einen elektrischen Strom umgewandelt und in den Teil des Gehirns geschickt, den die Hypophyse = siebentes Siegel = Scheitelchakra angeregt hat, damit er diese Frequenz speichere. Dieser Teil des Gehirns verstärkt dann den Strom und schickt ihn zur Zirbeldrüse = sechstes Siegel = Stirnchakra.

Die Zirbeldrüse regiert das Zentralnervensystem. Sie sammelt jede Gedankenfrequenz, die an sie weitergegeben wird, verstärkt sie und befördert sie durch das Zentralnervensystem, das sich wie eine Schnellstrasse für Gedankenelektrizität durch die Wirbelsäule zieht. Der elektrische Strom aus der Zirbeldrüse fließt durch die wässrige Flüssigkeit des Zentralnervensystems die Wirbelsäule entlang und weiter durch jeden Nerv zu jeder Zelle des Körpers. Jede Zelle des Körpers wird durch die Blutbahn mit Gas versorgt, das aus der Einwirkung von Enzymen auf die Nahrung entsteht. Der elektrische Strom der Gedanken betritt die Zelle als Lichtfunke. Es läuft der gleiche Prozess ab, wie bei und nach der Befruchtung einer Eizelle in der Gebärmutter. Der Funke entzündet die Zelle und bewirkt, dass das Gas sich ausdehnt, und die Zelle sich in einem Cloning – Prozess verdoppelt – sie schafft eine weitere Zelle und regeneriert sich dadurch selbst. So wird der ganze Körper durch diesen einzelnen Gedanken Genährt. So verlaufen die Prozesse des Lebens in den molekularen Strukturen des Körpers – als Auswirkung all der Gedanken, die der Mensch in jedem Augenblick seiner Existenz in sich hineinlässt. Und so ist auch der Zustand unseres Körpers, entsprechend unseren Gedanken, gesund oder krank. Daraus resultiert also, dass unsere Ärzte bei einem kranken Menschen die Symptome erkennen und bekämpfen, aber nicht die Krankheit selbst. Symptome sind lediglich körperliche Gebrechen, welche auf die eigentliche Krankheit hinweisen sollen, auf unser krankhaftes Denken. Jedes körperliche, geistige und seelische Leiden, sowie jedes, auch anscheinend von außen auf den Menschen einwirkende Leid, ist eine vom Menschen bewusst wahrnehmbare Disharmonie zwischen dem göttlichen Selbst, der Seele und dem Geiste des bewussten Ich, dem Ego. Der Mensch leidet an seinen eigenen Widersprüchlichkeiten, die er sich ins Äußere projiziert, ohne dabei zu bemerken, dass es nur die eigene, innere Not ist, die sich ihm widerspiegelt. Sobald der Mensch weiß, dass er mit dem Vater eins ist, wird er niemals mehr krank. Wenn der Mensch das Göttliche in sich erkannt hat, ist er auch in der Lage, mit diesem zu kommunizieren. Zuerst wird er von seinem Selbst angesprochen, es macht auf eine wunderbare Weise auf sich aufmerksam. Und fortan wird das Ego von diesem Selbst geleert, gelehrt, geleitet und geführt. Bei Harmonie reagiert es mit Ekstase, bei Disharmonie manchmal auch sehr schmerzhaft. Doch sobald der Mensch, beziehungsweise das Ego versteht, was da vorgeht, dass er das Göttliche in sich trägt, dass er ein Gott ist, kann er bewusst mit seinem göttlichen Selbst kommunizieren und er kann diesen, als Kundalini – Energie bezeichneten, elektrischen Strom bei vollem Bewusstsein und ohne zu meditieren innerhalb von wenigen Sekunden erzeugen. Es ist, wie eine Ekstase, wenn dieser Strom vom Kopf aus, den Rücken hinunter, in die Beine, bis in alle Zehenspitzen schießt und einem, im Gehen oder Stehen, die Knie regelrecht zum Einknicken bringt. An der Innenseite der Füße fließt er unterhalb der Fußknöchel an den Fußsohlen zu jedem einzelnen Zeh. An der Außenseite fließt er ebenfalls unterhalb der Knöchel, verteilt sich auf dem Rist und fließt ebenfalls wiederum zu jedem einzelnen Zeh. Herrlich, derartiges zu erleben und zu wissen, was da mit und in einem geschieht!

Das Geheimnis der Erleuchtung gelüftet?

Wer das glaubt, wird selig? Wer von denjenigen, die sich noch auf dieser Ebene befinden, will nachvollziehen können, was wirkliche Erleuchtung bedeutet? Wer weiß und kann nachvollziehen, dass er ein Gott ist? Der Erleuchtung ist es eigentlich gleich, wie man sie erlangt. Wer diese jedoch durch Meditation herbeiführen will, überlässt sich dem Zufall. Meditation allein erleuchtet nicht, im Gegenteil, sie stumpft ab, sie verdummt. Nur weil etwas aus dem fernen Osten kommt, kompliziert, geheimnisvoll und mystisch anmutet, entspricht es noch lange nicht der Wahrheit. Es muss nicht unbedingt nützlich und kann sogar schädlich sein. Meditation ist jedenfalls Zeitverschwendung und entwicklungshemmend. Auch wenn Meditation entspannend wirkt, macht sie diejenigen dumm, die glauben, durch Meditation Erleuchtung zu erlangen. Viele meinen, sie müssten sich bestimmte Lehrmeinungen und Techniken aneignen – Rituale, Gebete, Gesänge, Fastenzeiten und Meditationen, um mit Gott, wer das für diejenigen auch sein mag, Verbindung aufzunehmen und erleuchtet zu werden. Doch je mehr jemand diese Dinge tut, um so mehr überzeugt er seine Seele, dass er nicht das ist, was er (wieder) zu werden versucht. Oder kann mir jemand auch nur einen ostasiatischen Erleuchteten, beziehungsweise Christ nach Buddha nennen? Und Buddha hat nicht meditiert und Jesus auch nicht. Erleuchtend ist das Leben, das Beobachten, das Lernen, das Denken, das Erkennen, das Wissen und nur auf diese Weise und bei vollem Bewusstsein kann der Mensch wieder Gott werden. Niemals durch Abschalten.

Meditation ist eine Erfindung der buddhistischen Mönche, die genauso, wie alle anderen Priester dieser Welt Lügner und Betrüger sind. Sie wissen, dass der Mensch am leichtesten mit etwas schwierigem, das er nicht versteht, zu beeinflussen und zu überzeugen ist. Auch das Karma haben sie erfunden, um Opfergaben als eine Art Ablasszahlungen zu bekommen.

Fühlt beim Lesen der angeblichen Lehren Buddhas, ob dies, was da geschrieben steht, wirklich von einem bewusst Göttlichen sein kann. Buddha hat nämlich, wie Jesus auch, niemals etwas aufgeschrieben. Alles, was in Bibeln oder anderen Lehrbüchern geschrieben steht, wurde von meistens geltungssüchtigen, machtgierigen und fanatischen Anhängern der eigentlichen Lehrer aufgeschrieben und von nachfolgenden Priestern, Pharisäern und Schriftgelehrten noch dazu absichtlich verfälscht.

Solange der Mensch von seinem Ego geleitet, geführt und verführt wird, kann er nicht wieder Gott werden. Er kann Jahrtausende lang meditieren, es passiert gar nichts. Der Mensch muss sich selbst brechen, er muss sich seines Egos entledigen. Und dies geht nur durch Gegensatzvereinigung. Um alle Gegensätze zu vereinigen, muss der Mensch alles das, das er in all seinen Leben jemals durch Wertungen aus sich herausgestellt hat, wieder in sich vereinigen. Dies bedeutet wiederum, er muss sich mit allem, was und mit jedem, der seine Aufmerksamkeit, gleich ob im positiven oder im negativen Sinne auf sich lenkt, identifizieren. Er muss sich in allem und in jedem als Selbst erkennen. Der aller erste und wichtigste Schritt dabei ist absolute Ehrlichkeit sich selbst gegenüber. Auch wenn die Wahrheit noch so schmerzhaft ist, man muss am Anfang und fortlaufend lernen sich selbst ertragen zu können. Selbsterkenntnis tut sehr weh und man kann sich nicht an den Schmerz gewöhnen. Man muss sich einfach ertragen, wenn man wieder einmal sich selbst im anderen wahrnimmt und erkennen will.

Jedes emotionsgeladene Missverständnis, jede Auseinandersetzung und jeder Streit resultiert aus der Verweigerung einer Gegensatzvereinigung. Resultiert aus der Verweigerung der Annahme dessen, was der Eine als Spiegel des Anderen, eben dem Anderen unbewusst Geben will. Das heißt, der Eine oder Andere weigert sich im jeweils Anderen seine eigenen Aspekte zu erkennen und somit sich selbst mit dem jeweils Anderen zu identifizieren. Doch **nur** sich selbst erkennt ein Mensch im Anderen und **nur** im Anderen erkennt ein Mensch sich selbst.

Wenn Du einen Anderen für etwas verdammst, verdammst Du nur Eigenschaften von Dir selbst, die Du in ihm siehst. Nur deshalb kannst Du sie so leicht ausmachen, nur deshalb wird Deine Aufmerksamkeit auf diese Punkte gelenkt. Der andere dient nur als Spiegel Deiner eigenen, inneren Werturteile, als Werkzeug, durch das Du lernen kannst, die Werturteile über Dich selbst, die Dir andere eingeimpft haben, zu durchschauen und zu erkennen. Du verdammst an einem anderen nur das, was Du an Dir selbst nicht akzeptieren kannst. Wenn Du alle Situationen gelebt und mit ihnen Frieden geschlossen hast, dann ist es leicht, jedermann zu verstehen und ihn ohne Bewertung sein zu lassen, weil Du er gewesen bist und weißt, dass Du nur über Dich selbst urteilst, wenn Du ihn bewertest. Dann hast Du die Reinheit wahren Mitgefühls erreicht, und die tiefe Liebe wird in Deiner Seele sein. Dann bist Du wahrhaftig ein Christ, denn Du verstehst, liebst und vergibst Deinen geliebten Brüdern, wie Dir selbst.

Die menschlichen fünf Sinne stellen die Erlebnisquellen der Wahrnehmung dar. Alles, was die menschliche Wahrnehmung als Außen, beziehungsweise außerhalb von sich wahrnimmt, hat seine Existenz im Innenbereich des Menschen, ansonsten diese Wahrnehmung im Außen gar nicht stattfinden könnte. Was der Mensch zum Beispiel mit seinen Augen sehen, durch seine Nase riechen, mit seinen Ohren hören kann, sind Symbole des Inneren nach außen projiziert, um anhand dieser Symbole sein inneres erkennen zu können. Das Innere belebt das Leben des Äußeren, damit die Stille des inneren Lebens im Außen sich erkennen kann. Gilt es da die Form zu verbessern, die Welt zu verbessern? Oder gilt es zu sehen und zu erkennen, was sich hinter dieser Form verbirgt und was dies dem Menschen zu sagen hat?

Erst wenn das ICH die Illusion erkannt hat, dass nichts außerhalb des ICH existiert, wenn also alles, das der Mensch als Nicht – ICH empfindet im ICH integriert ist, dann, erst dann wandelt sich das ICH zur Heimat des Unwandelbaren Göttlichen, zur Einheit. Der endgültige Tod des ICH ist somit die Geburt und der Wandel des Menschen in das göttliche Sein. Dies ist das Ziel des Menschen. Durch die scheinbare Polarität zur Einheit zurückzufinden, wieder Gott zu werden. Wieder Gott zu werden, heißt alles zu werden, heißt sich mit Allem zu identifizieren. Doch dies macht erst Sinn, wenn man Gedanken fühlen kann. Und Gedanken sowie alles andere in sich zu fühlen lernt man nur durch Ehrlichkeit sich selbst gegenüber.

Besiege Dich also selbst, überwinde Dein Ego – den Widerpart in Dir und besinne Dich Deiner Göttlichkeit, der wirklich allmächtigen. Das musst Du einfach tun, wenn Du an der nun entstehenden neuen Wissenschaft, Forschung und Entwicklung teilhaben willst!

Meine Lehrer werde ich im Augenblick noch nicht nennen, denn es gibt ja noch viele andere, die nicht genannt werden würden. Diese Lehrer, die ich meine, können nicht gekränkt werden, denn sie besitzen kein eifersüchtiges Ego unserer Art mehr. Ich will im Augenblick nur noch niemanden zu der Annahme verleiten, er hätte nicht den richtigen Lehrer. Jeder hat den für ihn im Augenblick richtigen Lehrer. Auch wenn er zehnmal der falsche ist, ist er erst recht der richtige, damit jener erkennt, dass er den falschen Lehrer hat. Erkunde einfach, wie es sich anfühlt, was Du lernst, dann weißt Du auch, ob Du das Richtige Lernst.

Wenn Dich also etwas begeistert, dann werfe alles Andere weg.

Meinen Lehrern und allen, die schon früher einmal versucht haben, uns zu leeren, um uns das richtige zu lehren, gegenüber empfinde ich eine solch tiefe Dankbarkeit, wie man sie nicht mit Worten, sondern nur durch Tränen der Ergriffenheit zum Ausdruck bringen kann.

Der Weg der Erleuchtung

Denn sie wissen nicht, was sie tun, in dem, was sie tun? Du weißt nicht wer Du bist, darum weißt Du auch nicht, was Du tust? Wie ist das zu verstehen? Zunächst ist es wichtig zu verstehen und zu wissen, dass wir in einer Welt leben, die nur symbolisch ist und eigentlich schon längst nicht mehr ist. Alles, was wir wahrnehmen, ist nicht das und so, was und wie wir es wahrnehmen, sondern ist eine Botschaft, die wir in dem, was wir wahrnehmen erkennen sollen, dürfen, können. Das klingt paradox, ist es auch. Wir werden von der Paradoxie beherrscht, von der Gegensätzlichkeit alles Realen. Wir sind im Denken verdreht, gewendet. Alles, was wir wahrnehmen, ist das Gegenteil von dem, was wirklich ist. Wie ist das zu erklären? Wie kann man das begreifen? Der erste Schritt zur Erkenntnis der Paradoxie allen Seins auf dieser grobstofflichen, durch die Zeit verzögerten Ebene führt über die Erkenntnis unserer eigenen Verhaltensweise. Wir müssen, nein, dürfen, beziehungsweise sollten erkennen, dass lediglich unsere Seelen miteinander kommunizieren, wobei unser Ego, unser Intellekt das Gegenteil wahrnimmt und auch so versteht.

Diese ganze Welt wird von uns verkehrt, beziehungsweise anders wahrge-nommen, als sie ist. Links ist rechts und rechts ist links, oben ist unten und unten ist oben, außen ist das Innere und außen gibt es nicht, denn ich selbst bin alles Leben, das ich als außerhalb von mir wahrnehme. Alles ist in mir. Das kann jeder von uns sagen, denn in einem ist alles. In jedem ist alles. Unsere Augen sehen alles auf dem Kopf. Die Bäume hängen in der Erde, alles hängt, steht und bewegt sich kopfüber. Der Himmel ist unten, die Erde ist oben, das Schiff ist unten und der Ozean ist oben. Somit schwimmt der Ozean auf dem Dampfer, beziehungsweise der Dampfer hängt am Ozean. Woran erkennen wir in der Natur, dass wir gewendet sind? Am besten an der Natur selbst. Die Pflanzen tragen aus unserer Sicht ihre Geschlechtsor-gane nach oben und haben den Kopf, also den, durch die Wurzel symboli-sierten Geist in der Erde, die Tiere tragen Beides waagerecht zueinander und wir Menschen haben den Kopf oben und die Geschlechtsorgane unten. Unser Gehirn wendet alles so, dass wir es wahrnehmen, wie wir es begrei-fen möchten. Was ist nun richtig, das was wir sehen, oder was wir wahr-nehmen? Natürlich das, was wir sehen und nicht das, was wir wahrnehmen. Und wenn wir das begreifen wollen, müssen wir langsam aufwachen und ganz klein beginnen.

Ich schlage vor, wir beginnen am besten damit, unsere Gespräche und Ver-haltensweise während der Kommunikation mit anderen zu analysieren und dadurch uns selbst zu erkennen. Ehrlichkeit sich selbst gegenüber ist dafür die Grundvoraussetzung. Wir beginnen also damit, unsere Sinne zweckge-richtet und nicht mehr wie bisher, zweckentfremdet einzusetzen. Wir müs-sen damit beginnen, alles, was unsere Aufmerksamkeit in irgend einer Form erregt, so und als das zu nehmen, wie und was es ist, ohne es zu bewerten, zu bewundern oder zu hassen. Wir müssen uns daran gewöhnen, dass alles, was wir wahrnehmen an sich und uns gegenüber unschuldig ist, denn es ist das, was wir selbst durch unser Denken und Fühlen geschaffen und dort, wo wir selbst es gewollt haben. Erst dann können wir auch richtig beobachten. Dann beginnen wir unsere Gespräche und den Umgang miteinander zu ana-lysieren. Und an dieser Stelle kommt das Gebot und die Weisheit zum tra-gen: „Liebe Deinen Nächsten, wie Dich selbst und auch - was Du Deinem Nächsten tust, das tust Du Dir selbst." Denn bedenke, Dein Nächster bist Du und Du ist Dein Nächster, den es überhaupt nicht gibt. In Deiner Welt gibt es nur Dich allein und Deinen Traum, Dein Seelenleben, das Du als außer-halb von Dir selbst wahrnimmst.

Der beste Weg, bei jeder Begegnung und bei jedem Gespräch sich selbst zu erkennen, und damit wollen wir ja beginnen, ist – die Worte und das Verhalten von uns selbst und unseres Gesprächspartners schon während des halten von uns selbst und unseres Gesprächspartners schon während des Gesprächs zu analysieren. Doch da wir am Anfang noch auf wackligen Beinen stehen, sollten wir zumindest gut beobachten und das Gespräch anschließend jeder für sich allein analysieren. Niemals mit einem Anderen zusammen analysieren, denn es ist schwer genug die eigenen „Schwächen" sich selbst, dem eigenen Ego gegenüber einzugestehen, geschweige denn in Gegenwart eines Anderen, beziehungsweise einem Anderen gegenüber.

Um nun sich selbst und, den Gesprächspartner als nichtvorhanden, zu erkennen sowie den wahren Inhalt des Gesprächs ermitteln zu können, sollte man die nachfolgenden Vorgaben als Regeln annehmen und beachten.

1. Wir sprechen und handeln grundsätzlich und ausschließlich vollkommen unbewusst. Wir wissen buchstäblich nicht, was wir tun, in dem, was wir tun.

2. Alles, was ich Dir, gleich in welcher Form, ob Lob oder Tadel über einen Dritten erzähle, beziehungsweise vermittle, vermittle ich Dir über mich selbst. So kann ich mich durch Zuhilfenahme eines Dritten über mich selbst auslassen, ohne dass Du mich darin erkennst. Zeige niemals mit dem Finger auf einen Anderen, denn der, beziehungsweise jeder Andere bist immer Du selbst. Merke also, tuscheln über einen Dritten , ist tuscheln über sich selbst, denn auch den Dritten gibt es nicht. Das Richten eines Anderen bedeutet somit, sich selbst zu richten. Nun verstehst Du auch, warum Jesus sagte: „Richtet nicht, auf dass Ihr nicht gerichtet werdet!"

3. Alles, was ich Dir von mir und über mich erzähle, erzähle ich Dir über Dich selbst. Ich erzähle Dir etwas aus meiner Vergangenheit oder über meine Verhaltensweise in bestimmten Situationen, in denen Du Dich selbst erkennst. Nur deshalb hast Du stets den Drang und das Bedürfnis, dem von mir gesagten beizupflichten und immer wieder zu sagen, ja, ich auch, mir ging es genau so, das habe ich auch erlebt. Wenn aber Du ich bin? Wie ist denn das schon wieder zu verstehen? Jeden einzelnen gibt es so, wie er sich wahrnehmen möchte in seiner eigenen Welt, in seinem eigenen Traum. Und der Traum aller ist das Denken der Einheit, das Kollektivbewusstsein. Wenn ein Mensch in einer bestimmten Situation denkt und handelt, denken und handeln gleichzeitig viele Menschen gleichermaßen. Wenn ein Mensch erfindet, erfinden viele Menschen gleichzeitig Gleiches, wenn auch in einer etwas anderen Ausführung. Warum das so ist? Wir alle sind bewusstseinsmäßig Zellen einer Einheit und sind nicht von einander getrennt.

4. Alles, was ich an Dir tadele, tadele ich an mir selbst, ist das, was ich an mir selbst nicht ausstehen kann. Weil ich meine „Schlechtigkeiten" an mir selbst nicht ertragen kann, projiziere ich diese auf Dich. Nur so kann mein dummes, altes Ego sich an Dir austoben und braucht die, an Dir erkannten Aspekte nicht als die eigenen zu erkennen.

Liebe Deinen Nächsten, wie Dich selbst? Liebe Deine Feinde? Wenn wir in unserem täglichen Leben für den Anfang nur mal diese vier Regeln beachten, werden wir schon sehr bald feststellen, dass unsere größten Feinde eigentlich unsere größten Freunde sind. Sie stellen sich uns zur Verfügung, in dem sie uns unsere eigenen Aspekte zeigen. Dadurch können wir uns an Ihnen reiben und uns selbst erkennen. Wahre Freunde sind also nicht Menschen, mit denen Du Dich bestens verstehst. Diese sind ebenso Heuchler, wie Du selbst. Diese heucheln Dir ebensoviel vor, wie Du ihnen. Wahre Freunde sind Menschen, die Dir weh tun. Sie geben Dir die Wahrheit über Dich selbst, welche ja bekanntlich weh tut.

An dieser Stelle sei ein hilfreiches Beispiel angebracht:
Auf der ganzen Welt sind die Juden als Schmarotzer bekannt und verschrieen. Man sagt, sie erkaufen sich Freunde und machen sich diese langsam aber sicher, ohne dass es die Betroffenen merken, zu ihren Sklaven. Ich selbst bin weit in der Welt herumgekommen. Doch mir ist noch nirgendwo ein körperlich arbeitender Jude begegnet und ich habe auch noch niemals von einem solchen gehört. Ich habe die Juden vor allem in Russland, wo sie ganz besonders unbeliebt sind, persönlich kennengelernt. Sie sind immer und überall die Organisatoren und besetzen ausschließlich leitende Positionen, weil sie durchweg alle über die gleichen Eigenschaften verfügen – Korruption, Geiz, Geldgier, Falschheit, Hinterfotzigkeit, Verlogenheit, Verschlagenheit, Kaltschnäuzigkeit und Herzlosigkeit unter dem Deckmantel und Oberbegriff Geschäftstüchtigkeit. Die Russen sagen, die Juden ziehen dem Nackten auch noch die Haut ab, um ihm diese anschließend als Pelz zu verkaufen, weil er friert.
Auf der ganzen Welt ist die Bezeichnung Jude ein Schimpfwort. Beinahe jeder von uns hat irgendwann einmal einen Freund aus Spaß, oder auch bösartig einen Fremden, der ihm eine oder auch mehrere der „jüdischen" Eigenschaften zu erkennen gab, Jude genannt und dabei übersehen, dass er ja nur sich selbst gemeint haben kann.
Wegen der Eigenschaften, die wir scheinbar überwiegend am Juden erkennen ist der Jude jedoch kein schlechterer Mensch, als jeder Andere. Und ich

warne jeden davor, diesen wegen „seiner", von Dir erkannten Eigenschaften zu verurteilen. Auch die Juden gibt es so, wie sie sind nur aus einem einzigen Grund – damit wir irgendwann uns selbst in ihnen erkennen, denn all die „jüdischen" Eigenschaften sind unsere eigenen, sonst könnten wir diese an ihnen nicht erkennen. In uns selbst, in jedem von uns ist auch ein Jude. Jeder von uns ist ein Jesus und auch ein Judas. Jeder Mensch ist in jedem anderen. Darum kann jeder Mensch sich auch nur in einem anderen erkennen.

Weitere Beispiele:

Wenn Du einen Menschen verändern, korrigieren oder verbessern willst, dann willst Du Deine eigene Vergangenheit verändern, nicht erkennen oder nicht wahrhaben. Das bedeutet zum Beispiel – immer, wenn Du einen Gesprächspartner dabei ertappst, dass er Dich belogen oder betrogen hat und Du Dich nun bemühst, diesen zur Wahrheit zu bewegen, zu erziehen, so denke daran, er wollte Dich lediglich an Deine Vergangenheit und zwar an den Augenblick erinnern, als Du selbst jemanden belogen oder betrogen hast. Wichtig ist für Dich also nicht, Deine Mitmenschen zu verändern, beziehungsweise sie zu erziehen, wichtig für Dich ist einzig und allein, Dich selbst in ihnen zu erkennen, Dich an Deine eigene Vergangenheit zu erinnern. Jedes Mal, wenn Du Dich selbst, Deine eigenen Aspekte in einem anderen Menschen erkannt hast, darfst Du Dich mächtig freuen, denn in diesem Augenblick sind Deine sogenannten negativen Aspekte bereits Vergangenheit. In diesem Augenblick hast Du diesen, irgendwann aus Dir herausgestellten Aspekt wieder in Dir integriert und Deine Seele wieder einmal um genau diesen, irgendwann aus Dir herausgestellten Aspekt vervollständigt. Du siehst also, Du brauchst auch Dich selbst in keinster Weise mehr zu verändern oder zu verbessern, sondern „nur" erkennen. Und dies ist schmerzhaft genug.

Wenn ich sage, dass ich selbst das Leben bin, das ich als außerhalb von mir wahrnehme. Und wenn ich sage, dass in einem alles ist. Dann ist dies wörtlich zu nehmen, denn wahrhaftig ist in jedem von uns wirklich und sprichwörtlich Alles. Nicht nur die Aspekte dessen, der Dir begegnet, der Deine Aufmerksamkeit auf sich lenkt, sondern auch dieser selbst. Das Haus, in dem Du wohnst, wie jedes andere Haus, der Wohnort, in dem Du lebst, wie jeder andere Wohnort, die Statt, das Land, der Staat, der Kontinent, die Erde, unsere Welt, das Sonnensystem, die Sterne und Planeten des Himmels, das gesamte Universum, alles ist in einem. Alles äußere Materielle ist der Spiegel unseres geistigen Inneren. Und alles, was ich als das Meine, beziehungsweise als mich selbst erkenne, kann ich nur deswegen erkennen, weil es Aspekte, beziehungsweise Formen aus meiner Vergangenheit sind. Das bedeutet, dass ich alles, was ich als das Meine erkenne bereits transzendiert habe, sonst könnte ich es nicht erkennen, um es anschließend auch noch zu erfühlen, um es auf diese Weise wieder in mir zu integrieren.

Wenn mir ein gelähmter begegnet, so erkenne ich in diesem meine eigene geistige Lähmung. Wenn mir ein gehbehinderter begegnet, so erkenne ich in diesem meine eigene Behinderung in meiner geistigen Entwicklung, in meinem geistigen Weiterkommen. Wenn mir ein taubstummer begegnet, so erkenne ich in diesem meine eigene Unfähigkeit mich auszudrücken, mich Anderen gegenüber verständlich zu machen. Erlebe ich einen Sturm, so erkenne ich an diesem meinen inneren geistigen Sturm, meine geistige Erneuerung. Und sehe ich anschließend, dass dieser Sturm ganze Wälder umgebrochen hat, so erkenne ich darin meinen eigenen inneren, geistigen Umbruch und ich erkenne, dass mein altes Denken dem neuen Platz machen muss. Sehe ich per Television eine Überschwemmung, so erkenne ich darin meine eigene, innere Überschwemmung, meine Gefühlsduselei – zum Beispiel Mitleid für etwas, das ich nicht als das Meine erkennen wollte, aber auch, wie das veraltete Umgebrochene verschüttet, beziehungsweise weggeschwemmt wird. Sehe ich eine Dürrekatastrophe, so erkenne ich darin meine eigene, innere, geistige Dürre. Sehe ich in diesen Dürrekatastrophen Menschen verhungern, so erkenne ich darin, wie meine eigenen Körperzellen den Geistigen Hunger sterben. Denn der Mensch lebt nicht nur von Brot allein und jedes Teilchen, das ich als außerhalb von mir wahrnehme, ist ein Teil von mir selbst. Somit kann ich auch sagen, dass jeder Mensch, jedes Wesen meiner äußeren Wahrnehmung ein Teil meines geistigen Selbst ist. Und wenn wir nun diese ausgedörrten, verhungernden und verdurstenden Gestalten sehen und wenn wir von den Dümmsten aus unserer Mitte zur Hilfe aufgerufen werden und diese Hilferufe in uns eine mächtige Gefühlsduselei auslösen, die unsere Seele zu überschwemmen droht, dann, spätestens dann sollten wir anfangen zu denken. Warum gibt es dieses Elend auf dieser Welt? Warum muss ich mehr darunter leiden, als die Betroffenen selbst? Dann kommt auch die Antwort und diese lautet – die Betroffenen stellen meinen inneren, geistigen Zustand dar. Es gilt also nicht zu sehen und in Selbstmitleid zu zergehen, sondern zu sehen und gleichmütig zu bleiben, was nicht auch gleichgültig bedeutet. Nur gleichmütig sind wir in der Lage klar zu denken und auch dem entsprechend zu handeln. Es gilt also nicht zu helfen, sondern zu erkennen. So lange wir unseren Spiegelbildern nur helfen wollen, sie ernähren und unterstützen, so lange erhalten wir diese auch am Leben. Und um so größer wird ständig das gemeinsame Leiden. Sobald wir jedoch beginnen, in unserem Äußeren unser Innenleben zu erkennen, verändert sich unser Innenleben und als Spiegelbild dessen beginnt sich auch unsere Welt des Äußeren zu verändern. Und je mehr wir beginnen zu erkennen, um so schneller vollzieht sich der Wandel unserer Welt des Äußeren. Dann haben wir auch keine Feinde mehr. Denn sobald Du Dich selbst in Deinem sogenannten Feind erkannt hast, beginnst Du ihn zu lieben. Es kann bei Dir nicht anders sein, als bei mir. Und wenn Du während eines Gesprächs Deinen Gesprächspartner, wie Dich selbst so richtig belauschst, kannst Du nach ein wenig Übung vielleicht sogar erfahren, was Du demnächst erleben wirst. Was Du Deinem Nächsten rätst, rätst Du Dir selbst. Was Du dem Anderen vorhersagst, erlebst Du selbst. Was Du selbst vorhast und aussprichst, erlebt der Andere u.s.w. und umgekehrt. Denke immer daran, Dein Nächster bist Du und Du ist Dein Nächster. Wenn Dein Nächster zu Dir spricht, dann spricht Deine eigene Seele zu Dir Ego über ein Spiegelbild, welches Dein Nächster ist. Es gibt nur Dich selbst. Und Du selbst bist all das Leben, das Du als außerhalb von Dir wahrnimmst. Du selbst bist der Schöpfer, die Schöpferkraft und auch Dein eigenes Geschöpf. Du selbst also bist der Drehbuchautor, das Drehbuch, das Schauspiel, das Theater, die Bühne, die Szene, die Kulisse, der Regisseur, der Schauspieler, der Zuschauer und somit auch Dein eigener Fan und Widersacher.

Benötigst Du immer noch ein sogenanntes Theater, um in diesem Symbol Dich selbst zu erkennen?

Der Weg der Erleuchtung ist der Weg der Selbsterkenntnis, der Gotteserkenntnis in sich selbst. Selbsterkenntnis ist schwer bis grausam dem eigenen Ego gegenüber, denn man muss sich während der Selbsterkenntnis ja auch selbst ertragen können, man muss die im Anderen erkannten Aspekte als die eigenen er- und anerkennen. Das ist sehr schwer und man kann sich nicht daran gewöhnen. Aber es ist nicht unmöglich. Diesen Weg der Erleuchtung zu gehen, erfordert viel Ausdauer und Geduld mit sich selbst.

Wer aufgibt, dessen Ego hat gesiegt!

Warum schlagen Eltern ihre Kinder

Warum schlagen Eltern ihre Kinder, die sie doch abgöttisch lieben? Warum schlagen sie diese herzallerliebsten Wesen mit ihren hab – mich – lieb – Gesichtchen. Warum kriegen sich Liebende von einem Augenblick auf den anderen in der Wolle? Warum prügeln sich Erwachsene, die zuvor vielleicht sogar Freunde waren? Wie kann man überhaupt jemanden schlagen, den man liebt und warum tut man dies? Das erscheint Dir paradox, oder vielleicht sogar Absurd, und dennoch ist es war. Denn sie alle wissen nicht, was sie tun, in dem, was sie tun. Was läuft da ab, wenn zum Beispiel ein Vater sein Kind, sein kleines Mädchen schlägt. Er schlägt es nicht in dem Augenblick, wenn er es umarmt, liebkost und mit ihm schmust, sondern nach dem das Kind ihn aus der Fassung brachte. Das Kind hat etwas getan, das den Vater dermaßen verärgert hat, dass er die Beherrschung über sich selbst verliert. Er wehrt sich ganz einfach gegen das noch vor kurzem geliebte Kind, um es sich von der Pelle zu halten. Nach dem er das Kind geschlagen hat, sitzt dieses nun in seiner Kuschelecke und weint ganz bitterlich und weiß nicht, was sein geliebter Papa, Pupin, Püpilin, Paps, Dad oder auch ganz einfach Arthur plötzlich gegen es hat. Dem Vater blutet das Herz. Er möchte am liebsten hingehen, sich zu dem Kind setzen, es in die Arme nehmen und mit diesem weinen. Doch das dumme alte Ego sagt nein. Dieses dumme, alte Ego hat ganz einfach Angst, in seinem Stolz verletzt zu werden, wenn es von dem geschlagenen Kind abgewiesen wird. Und aus diesem Grund versteckt es sich hinter der Entschuldigung – dieses Balg soll daraus lernen, damit es zukünftig weiß, was es zu tun und zu lassen hat.

Was aber kann ein naives, unschuldiges Kind seinem Vater antun, das ihn so aus der Fassung bringt. Es ist doch noch viel zu klein, zu jung, zu unerfahren, um dem Vater böswillig Schaden zu wollen, geschweige denn zu können. Was also hat es dem Vater getan, das diesem so weh tun kann. Was dem Vater weh tun kann, kann doch nur etwas vom Vater selbst sein? Und was kann des Vaters sein und ihm dennoch weh tun. Weh tun kann doch bekanntlich, sofern kein physischer Schmerz zugefügt wird, nur die Wahrheit? Das Kind hat also dem Vater eine seiner Wahrheiten, seiner Aspekte aus der Vergangenheit wiedergegeben, anschauen lassen. Die Seele des Vaters wollte ja auch von der Seele des Kindes daran erinnert werden, sonst wäre diese Seele nicht zu seinem Kind geworden. Doch der Vater weiß noch nicht, dass es so etwas gibt. Er kennt die Sprache seiner Seele noch nicht. Er will sich in dem, was sein Kind ihm geben will nicht erkennen. Das Kind in seiner Unschuld und Naivität zeigt seinem Vater unbewusst immer wieder den gleichen Aspekt, vielleicht auch nur in anderen Fassetten. Und der Vater, der diese nicht als seine eigene Vergangenheit erkennen will, schlägt das eigentlich geliebte Kind auch noch dafür, nur weil die Seele seines Kindes, also das Kind unbewusst ein Versprechen einlösen will und der Vater davon noch nichts versteht.

Denn sie wissen nicht, was sie tun? Dies gilt im jeweiligen Augenblick des Geschehens auch für den Erleuchtetsten, solange er das Christusbewusstsein noch nicht erlangt hat. Erst wenn der Vater beginnt die Sprache der Seelen zu verstehen, beginnt er auch zu begreifen, was ihm sein kleines Mädchen derzeit vermittelt hat, beginnt er voller Dankbarkeit seinem Kind gegenüber, seine aus sich herausgestellten Gegensätze zu vereinigen. Denn gegen jemanden zu kämpfen, jemanden zu schlagen bedeutet, gegen die eigenen

Aspekte aus der Vergangenheit zu kämpfen und damit auch – sich selbst in der Vergangenheit zu schlagen. Versuche also nicht, an der Vergangenheit etwas zu bekritteln, oder gar ändern zu wollen. Alles, was ist und war, ist in der Ordnung. Und der Mensch macht niemals etwas falsch.

Lieber Mitmensch, versuche bitte nur ein einziges Mal, Dir selbst gegenüber ehrlich zu sein, dies ist die Voraussetzung für das Gelingen, und erkenne in dem, was Du an Deinem Gegenüber hasst Dich selbst, Deine eigenen Aspekte aus der Vergangenheit. Erinnere Dich, was Du ihm alles vorgeworfen hast, was Du ihn alles genannt hast. Dabei ist er doch nur ein unschuldiger Spiegel, in dem Du Dich erkennen kannst, darfst, aber nur wenn Du Dir selbst gegenüber wirklich ehrlich bist. Du hast den Weg der Erkenntnis gewählt, doch Du hast es bisher vermieden, diesen zu beschreiten. Du machst andere für etwas verantwortlich, das Du selbst durch Deine Weigerung zu verstehen heraufbeschwörst. In jedem Augenblick unserer Begegnungen ist jeder von uns der Vater und jeder von uns auch das Kind. Wir begegnen uns einzig und allein aus dem Grund, weil wir uns etwas zu geben haben.

Alle Eltern erleben mit ihren Kindern genau das, oder sehr ähnliches, was ihre Eltern zuvor mit ihnen selbst als Kindern erlebt haben. Alle Menschen bekommen von anderen Mitmenschen, welche ihnen begegnen, alles das wieder, was sie selbst irgendwelchen anderen Menschen in der Vergangenheit angetan haben. Komme nach dieser Aussage aber niemand auf die Idee, an Karma zu denken, denn es gibt keine Schuld und Sühne, es sei denn, man hat sich diesen Aberglauben zu eigen gemacht, dann erlebt man ihn auch. Es ist ganz einfach so, dass wir in allem, was wir jemals erleben, uns selbst wiedererkennen dürfen. Wir werden durch diese Erlebnisse an unsere Vergangenheit erinnert. Daran, was wir selbst irgendwann einmal von uns gegeben – aus uns herausgestellt haben. Sobald wir das, was wir im Anderen als unser Eigenes erkennen und anschließend fühlen, ist es wieder in uns integriert und damit erledigt. Dies nennt man Gegensatzvereinigung.

Bitte überwinde Dich ein einziges Mal, ich bin Dir auch gerne dabei behilflich. Wenn Du es nur ein Mal geschafft hast, Dich selbst in Deinem Gegenüber zu erkennen, dann wirst Du den Weg der Gegensatzvereinigung niemals mehr verlassen. Denn dies ist der wahre Weg der Erleuchtung. Dann wirst Du auch wissen, dass Dein vermeintlicher Feind in Wirklichkeit Dein Freund ist. Dann werdet Ihr miteinander auskommen, oder Euch vielleicht auch trennen, weil Ihr Euch nichts mehr zu sagen oder zu geben habt. Aber Ihr werdet nicht mehr gegeneinander kämpfen. Es sei denn, dein Partner hat noch mehr für Dich aus Deiner Vergangenheit auf Lager. Doch denke immer daran, je mehr Dein Partner Dir als Spiegel dient und Dir Aspekte aus

Deiner Vergangenheit liefert, um so mehr erkennst Du Dich selbst, um so mehr frohlockt Deine Seele, um so mehr wirst Du ihn lieben. Aber nicht weil Du ihn lieben willst sondern, weil es ganz einfach so ist.

Weißt Du nun, warum die Eltern ihre Kinder schlagen? Warum sich Erwachsene herumprügeln? Warum die Menschen unter und durch einander leiden? Das Leid der Kinder, sowie das Leid der Erwachsenen unter und durch einander resultiert aus der Blindheit = Unwissenheit der sogenannten Erwachsenen. Und die Eltern schlagen ihre Kinder nicht, weil sie Freude daran haben, sondern weil sie ihre Kinder in diesem Augenblick so sehr hassen, dass sie ausflippen. Weil sie ihre eigene Vergangenheit im Anderen nicht erkennen wollen. Sie wissen nicht, dass sie in der Vergangenheit ihr derzeitiges Leben gestaltet haben. Sie wissen ganz einfach nichts davon, dass sie selbst in jedem Augenblick ihr zukünftiges Leben gestalten.

Hast auch Du nun dieses Phänomen verstanden? Dann gib das Verstandene an alle Menschen weiter, damit sie endlich wieder wissen, was sie tun. Gib es auch an alle Psychologen, Psychiater und sonstigen „Gelehrten und Wissenschaftler" auf diesem Gebiet weiter. Damit auch diese zu verstehen lernen, was ihre eigenen Familienmitglieder einander zu geben haben. Was in der eigenen Familie, sowie in allen zwischenmenschlichen Beziehungen abläuft. Sie sollen zunächst einmal ihre eigenen Familien durchforsten, in sich selbst und in ihren Familien Frieden und Ordnung schaffen. Und wenn auch sie wirklich verstanden haben, dann werden sie auch schon sehr bald damit aufhören, sich in die Angelegenheiten anderer Familien einzumischen. Dann werden sie auch schon sehr bald wissen, dass sie selbst, wie auch alle ihre Einrichtungen irreführend, überflüssig und nur belastend sind, wie ein Kropf. Und die Vorstellung der sogenannten Erziehung wird eine vollkommen andere sein. Man wird die Kinder, beziehungsweise einander nicht mehr erziehen wollen, sondern nur noch verstehen. Dann haben auch schon bald alle Menschen dieser Ebene das Ziel ihres Seins auf dieser Ebene erkannt. Und dies führt wiederum dazu, dass die Menschheit schon bald aus lauter Erleuchteten Individuen bestehen wird.

Ich wünsche einen guten Neuenanfang.

Der Kampf gegen sich selbst

Dieser Artikel, in zwei Episoden bestehend aus mehreren „schrecklichen" Erlebnissen, soll dem Nachweis dienen, wie sehr wir Menschen uns gegen unser eigenes Wachstum sträuben, wie sehr ich selbst mich geweigert habe, den jeweils neuen Weg zu gehen, wie er mir von den Beteiligten Menschen, welche ich zum Teil sogar geschlagen und verletzt habe, gezeigt wurde. Soll dem Nachweis dienen, dass wir im Augenblick der Handlung wirklich nicht wissen, was wir tun, in dem, was wir tun. Soll aber auch dem Nachweis dienen, dass ein Christus nicht bereits als solcher geboren wird, sondern, dass ein Mensch mit einer alten, reifen Seele sich das Christusbewusstsein sehr schwer, ja zum Teil sogar durch grausames Ständiges Kämpfen erarbeiten muss. Er wird zwar durch seine Mitmenschen, die ihm begegnen ständig geleitet und geführt, doch da ihm dies nicht von vornherein bewusst ist, glaubt er, sie alle hätten etwas gegen ihn und er müsste gegen sie kämpfen. Die Namen, der an diesen zwei Episoden beteiligten Privatpersonen deute ich lediglich mit den Anfangsbuchstaben an. Obwohl sich diese am Ende dieses Artikels durch mein Verständnis der Dinge berechtigt, rehabilitiert und sogar erhoben finden werden.

Jeden Monat geschieht mit mir und um mich herum an einem vierer Tag, an einem 4., 13., 22., oder 31. etwas schicksalhaftes, worauf ich keinen Einfluss habe. Am 22. Juli 2000 hatte ich die Erkenntnis, dass dieses Buch nicht vollständig sein kann ohne den Beweis dafür, dass und wie ich selbst erlebe und irgendwann analysiere und erkenne, was meine Seele für ihr Wachstum benötigt. Obwohl ich das Skript bereits am 21.02.2000 zur Veröffentlichung angeboten habe, erkannte ich, dass es unvollständig ist und auch, dass diese Unvollständigkeit dafür verantwortlich ist, warum die Veröffentlichung durch viele Stolpersteine dermaßen verzögert wurde und auch weiterhin wird, bis der Zeitpunkt der Veröffentlichung gekommen ist.

Der Terror
Auch ohne Kommentar und auch wenn mir die Schreiben der Rechtsanwälte nicht mehr zur Verfügung stehen, wird jeder Leser erkennen und verstehen, dass es sich bei dieser ersten Episode dieses Artikels um eine Räumungsklage handelt.
Arthur Thillmann, Adresse........ am 20.03.2000
An Rechtsanwalt P. Z.
F. ./. Thillmann – Ihr Schreiben vom 14.03.2000
Sehr geehrte Damen, sehr geehrte Herren,
Ihr obengenanntes Schreiben habe ich erhalten und zur Kenntnis genommen. Von vornherein darf ich Sie darauf hinweisen, dass Ihr Mandant, P. F. Sie in jeder Hinsicht belogen und in die Irre geleitet hat. Seine Mutter scheint von seinem Vorgehen nichts zu wissen. Sie tappen also im Dunkeln. Zunächst einmal möchte ich aus meiner Sicht den Ablauf in der jüngsten Vergangenheit schildern, wie es dazu kam, dass ein Anwalt auf den Plan gerufen wurde und anschließend die ganze Geschichte meiner Verweilzeit in diesem besagten Haus. Diese Vorgehensweise soll gleichzeitig auch mir bei einem eventuellen späteren Bedarf als Gedächtnisstütze dienen.

Am 27.12.1999 wurde Frau F. aus dem Krankenhaus nach Hause gebracht. Sie hat mich seit langem schon und immer mehr auch in Gegenwart ihres Sohnes und auch dem Mitbewohner E. G. gegenüber erniedrigend behandelt. Und nur nach Außen gelte ich im ganzen Dorf als ihr Ein und Alles. Doch nachdem sie mich an diesem Tag über eine dritte Person, Schwester S. von der Ökumenischen Sozialstation schmachvoll und auf eine erniedrigendste Weise zu sich befahl, habe ich mich endgültig innerlich von ihr gelöst und ging an diesem Tag nicht mehr zu ihr, sie widerte mich nun an, wie ihren Sohn schon immer. Schwester S. hat auch gesehen, wie sich dies bei mir auswirkte. Dieser Ekel hat mich am ganzen Körper dermaßen geschüttelt und gebeutelt, dass ich dem Zusammenbruch nahe war. Am darauffolgenden Tag, dem 28.12.1999 rief Frau F. bei mir an und bat mich freundlichst zu ihr zu kommen. Ich ging also zu ihr. Auf ihre scheinheilige Art begann sie zu fragen, was sie mir denn getan hätte, warum ich nicht mehr zu ihr komme. Ich bräuchte doch absolut nichts für sie zu tun, ich bräuchte doch nur für sie da zu sein, ihr Gesellschaft zu leisten, was ihr in der Vergangenheit sehr viel wert war. Ich konnte nur noch ehrlich antworten: „Liebe Frau F., ich habe absolut nichts gegen Sie persönlich, aber ich kann Ihre Gegenwart nicht mehr ertragen. Ich will also ab sofort nichts mehr (wird später erklärt) von Ihnen haben und bin auch nicht mehr für Sie persönlich da. Sie werden keine Gelegenheit mehr haben, meine Kräfte auch weiterhin anzuzapfen." Daraufhin habe ich sie allein gelassen und sie begann mich zu hassen. Seit geraumer Zeit schließe ich mein Zimmer bei jedem Verlassen ab, denn sie suchte es jeden Tag auf, wenn ich spazieren ging. Beteuerte aber immer wieder, sie könne nicht mehr hinauf gehen, sie hätte angst, die Treppe hinauf und noch mehr hinunter zu steigen. Nach dem sie nun keine Kontrolle mehr ausüben kann, beginnt sie vor lauter Bosheit mir zu unterstellen und vorzuwerfen, dass ich anderer Leute Wäsche in ihrer Waschmaschine wasche, obwohl ich nur zwei Mal im Monat wasche – ein Mal am ersten die Bettwäsche mit ein wenig Leibwäsche und ein Mal um den fünfzehnten herum nur Leibwäsche. Trotz ihres Hasses bat sie mich bei jeder Begegnung – Sie brauchen doch nichts für mich zu tun, nur für mich da zu sein, zuletzt im Keller am 13.03.2000 als ich sie für **eine Wartungsarbeit am Heizkessel** um Hilfestellung bat, weil diese bei den vorhandnen Mitteln nur zu zweit erledigt werden kann.

Bereits am 02.01.2000 erschien P. F. und verkündete mir, dass er das Zimmer wegen Eigenbedarfs bis zum 31.01.2000 geräumt sehen will. Ich wies ihn klipp und klar darauf hin, dass er damit nicht durchkommt, und dass ich dies aus Erfahrung weiß. Ich machte ihm klar, dass er das Zimmer auch wirklich selbst beziehen müsste. Denn wenn er es vermietet, klage ich um

Schadensersatz und er zieht den kürzeren. Wir beide wissen, und er stimmte mir zu, dass in Kürze eine allgemeine Erneuerung bevorsteht. Und ich sicherte ihm zu dass ich dann von allein gehen werde. Dennoch, mit Schreiben vom 03.01.2000 bestätigte er mir seine Forderung.

Nach dem er von jemandem beraten wurde, erschien er am 07.01.2000 bei mir mit dem Angebot, wenn ich bereit bin Miete zu zahlen, könnte ich bleiben. Ich bat ihn, mir dies schriftlich zu geben, denn ich wusste – dann würde er sich selbst widersprechen und versprach ihm, dass ich es mir gründlich überlegen werde.

Nach dem er scheinbar erneut von jemandem beraten wurde, erschien er am 14.01.2000 erneut bei mir mit der endgültigen Forderung, ich müsse das Zimmer bis 31.01.2000 geräumt haben, da seine Mutter und auch er übereinstimmend nicht sicher sind, ob ich die Miete zahlen kann.

Ich wies ihn darauf hin, dass ich das Gewohnheitsrecht für mich in Anspruch nehmen kann, da ich schon seit fünf Jahren mietfrei hier wohne, dass er als praktischer Betriebswirt dies wissen müsste und dass er mich auch ohne dieses nicht einfach auf die Straße setzen darf und kann.

Wie ein hysterisches Marktweib begann er mich anzuschreien. Ein Wort ergab das andere. Dann bat ich ihn das Zimmer zu verlassen. Er schrie noch mehr, warf mir plötzlich seine eigenen ganz persönlichen Versäumnisse im Leben als die meinen vor. Drohte mir, das Bad abzuschließen. Ich solle das Scheißhaus und das Drecksbad seiner Mutter benutzen. Ich bat ihn noch einmal, das Zimmer zu verlassen und wies ihn darauf hin, dass ich in diesem Fall das Bad gewaltsam öffnen werden. Er verursache sich also nur unnötige Kosten. Als er sich immer weiter hineinsteigerte, befahl ich ihm, das Zimmer zu verlassen mit der Androhung, dass ich ihn sonst hinauswerfen werde. Als ich an ihm vorbei zur Tür wollte, um diese für ihn zu öffnen, packte er mich am Revers meiner Jacke. In diesem Augenblick sah ich rot. Zweimal hat es mich regelrecht gebeutelt zuzuschlagen, doch beide Male habe ich mich im letzten Augenblick noch beherrschen können. Hätte ich zugeschlagen, wäre es nicht bei einem Mal geblieben, ich wäre zur Maschine geworden und Herr F. wäre heute Frau F..

Schreibe Dir dies als Mahnung hinter die Löffel, mein Freund und hüte Dich davor, mir noch einmal in dieser Form zu begegnen. Nun weißt Du, was Dir blüht und darum bist Du durch kein Gesetz mehr geschützt, wenn Du mich nun bewusst noch einmal terrorisierst.

Ich habe mich also von ihm gelöst, öffnete die Tür und in diesem Augenblick hat er ganz klar verstanden, was die Stunde schlägt. Ich schloss hinter ihm die Tür und hörte ihn im Treppenhaus rumoren. Als er hinunter gegangen war, wollte ich wissen, was nun Sache ist. Ich stellte fest – das Bad war abgeschlossen und sämtliche Stromsicherungen von der oberen Etage waren herausgeschraubt. Er hatte also tatsächlich die Absicht, mich zur Gewalt zu provozieren. Daraufhin rief ich die Polizei an, schilderte den Vorfall und bat um Hilfe. Die Polizei kündigte sich bei P. F. an und er kam wie von der Tarantel gebissen zu mir gerast. Was soll das mit der Polizei? Ich sagte darauf, dies ist im Augenblick meine einzige Möglichkeit, mich gegen Deinen Terror und gegen Deine Provokationen zu schützen.

Die Polizei traf ein als P. F. gerade zum ersten Mal in seinem Leben unentgeltlich das Scheißhaus seiner Mutter reinigte. Er hatte ja nun zu befürchten, dass er vorzeigen wird müssen, wohin er mich zu gehen zwingt. Die Polizei ließ sich den Vorfall noch einmal schildern. P. F. log und behauptete glatt, ich hätte ihn angegriffen. Darauf hin klärte die Polizei ihn insoweit auf, dass das Faustrecht noch nicht wieder eingeführt wurde, dass auch er den Rechtsweg einzuhalten hat und dass man sich ja vielleicht auch gütlich einigen könnte.

Nach dem die Polizei, ohne Weiteres zu unternehmen, abgezogen war, kam er zu mir und ich wusste sofort, dass eine gütliche Einigung nicht möglich ist. Er verlangte, dass ich ihm zusichere, bis 31.01.2000 das Zimmer zu räumen. Ich sagte ihm erneut, dass ich dazu weder gewillt noch in der Lage bin und sicherte ihm wiederum zu, dass ich gehen werde, sobald ich soweit bin. Dann will er klagen. Ich machte ihm klar, wie lange ein solcher Prozess dauern kann und dass er besser wegkommt, wenn er mein Angebot akzeptiert. Er zwang mich regelrecht dazu, ihm einen Auszugstermin zu nennen und anschließend die von ihm geschriebene Erklärung zu unterzeichnen.

Es ist also nicht so, wie Sie diese Erklärung als leeres Lippenbekenntnis bezeichnen, sondern etwas erzwungenes und somit auch ungültiges.

Vor etwa 3,5 oder auch 4 Jahren benutzte P. F. zum ersten Mal das Vermietete Bad/WC im Obergeschoss. Als ich diesen Raum nach ihm betrat, war ich entsetzt. Neben Schmutz hing auch noch Rotz am Waschbecken. Der Fußboden wurde nicht aufgewischt, die Wannen – und WC – Vorleger schwammen in Wasser. Alles war unter Wasser und voller Haare. Die Badewanne war nicht einmal gespült also voller Dreck und Haare. Auf dem Rand der Klosettschüssel sowie in der näheren Umgebung am Fußboden hinterlies er seinen Urin. Keine Sau ist jemals in der Lage so viel Dreck auf einmal zu hinterlassen.

Ich ging hinunter und traf ihn mit seiner Mutter beim Frühstück. Ich schilderte, was ich gesehen habe und forderte ihn auf, das Bad zu reinigen und nur so wieder zu hinterlassen, wie er es in der Früh betreten hat. Er weigerte sich, aber seine Mutter erklärte sich sofort bereit das Bad zu reinigen doch ich musste es nachreinigen. Darauf hin untersagte ich ihm jemals wieder dieses Bad zu betreten, solange ich hier wohne. Bis 01.01.2000 hielt er sich auch daran. Seit dem 02.01.2000 benutzt er es ganz provokativ wieder und hinterlässt auch jedes Mal seine Spuren. Er betritt diesen Raum in Straßenschuhen, so wie er von draußen hereinkommt. Nach dem Stuhlgang spült er ohne die Klobürste zu benutzen. Er uriniert im Stehen und verspritzt seinen Urin auf den Klosettrand und in der Umgebung. Nach dem Baden wickelt er den Aufwischlappen um den Schrubber und nur mit dieser einen, kleinen Fläche verteilt er den Dreck auf dem gesamten Fußboden. Die Badewanne spült er ohne sie zu reinigen aus, und auf dem Badewannenrand steht das Wasser. Und was noch viel wichtiger ist, er trocknet die Armaturen nicht ab, was bei diesem stark kalkhaltigen Wasser äußerst wichtig ist. Trotz meines Einwandes benutzt er ungeniert mein Handtuch, sowie das von E. G. und mir gemeinsam gekaufte Klopapier. Jedes Mal, wenn er in diesem Haus ankommt, führt sein erster Weg zum oberen Bad/WC, um dieses zu verschandeln und um die Heizung abzudrehen

Zu allem Übel hat er am 14.01.2000 auch noch den Türschlüssel vom Bad/WC abgezogen und eingesteckt, damit ich dieses nicht abschließen kann, wenn er kommt. Seit dem kann die Tür nicht mehr abgeschlossen werden und es kommt immer wieder vor, dass mein junger Nachbar und ich uns gegenseitig beim Duschen oder beim Verrichten der Notdurft überraschen und oder erschrecken, allenfalls aber stören. Dies scheint für P. F. ein vollkommen normaler Zustand zu sein, für uns aber nicht.

Ich verlange, dass P. F. dieses Bad nicht mehr betritt. Dann bin ich auch wieder bereit es nach meinen Vorstellungen sauber zu halten, was eigentlich nicht zu meinen Aufgaben gehört. Ich bin hier als eine Art Hausmeister, aber nicht als Reiniger. Ansonsten verlangen wir beide, E. G. und ich, dass das Bad/WC regelmäßig vom Vermieter gereinigt wird. Ferner verlangen wir dass P. F. den Schlüssel wieder herausrückt. Steckt der Schlüssel bis Ende März nicht wieder in der Badezimmertür, wo er nämlich hingehört, macht E. G. ab April eine Mietminderung von DM 50,- geltend. Schließlich haben wir beide – E. als zahlender Mieter und ich kraft des Gewohnheitsrechts ein Recht darauf, uns ungestört und in Ruhe im Bad aufzuhalten und auch ungestört und in Ruhe unsere Notdurft verrichten zu können. Weiterhin verlangen wir, dass das Treppenhaus mit Vorraum oben wieder regelmäßig vom Vermieter gereinigt wird. Andererseits macht E. G. ab April eine weitere Mietminderung von DM 50,- geltend.

Was macht mich so sicher? Was veranlasst mich zu der Annahme, dass ich noch mehr fordern könnte? Die Vergangenheit bringt es an den Tag.

Am 15.07.1994 wurde ich vom Bürgermeister meines damaligen Wohnortes in dieses Haus gebracht und ich wusste schon sehr bald, ich betrat ein Haus voller Leid mit dem Beinamen Hass. Der Ehemann, J. F. hasste seine Ehefrau abgrundtief wegen seiner vollkommen unbegründeten, krankhaften Eifersucht. Und der Sohn, der sich seiner Eltern schämt, wie ich von ihm selbst später erfuhr, hasst seine Mutter, weil sie ihm seine Kindheit versaute, und wie er sagte, eine strohdumme alte Kuh sei. Auch hasste und hasst er sie immer noch, wie er sagte, weil sie ihn mit ihrer totalen Kontrolle schon sehr früh aus dem Haus geekelt hat. Darum hat er seine Eltern vor dem Tod seines Vaters am 28.07.1996 seit meiner Ankunft hier, wenn ich mich recht erinnere, nur ein einziges Mal besucht. Auch danach nur selten, was seine Mutter trotz seiner Tyrannei, die sie stets wenige Tage nach seiner Abreise wieder vergaß, sehr beklagte.

Doch, nebenbei erwähnt, was alle Beteiligten bis heute nicht verstehen wollten und wollen, ist, dass ein Mensch einen anderen nur dann hassen kann, wenn er sich selbst, beziehungsweise die eigenen Aspekte im anderen nicht als die eigenen er- und anerkennen will.

Weil ich zuhören und auch verstehen kann, erklärte sich Frau F. mir gegenüber schon sehr bald als schutzbedürftig und auch, dass sie in mir nun endlich jemanden erkennt, mit dem man über alles reden kann. Ihr Ehemann sei ein Tyrann und der Sohn kein minderer. Und ihr Sohn sei ein Dummkopf, der sie überhaupt nicht verstehe. Ich selbst fand ihre Aussagen als Bestätigt. Als ich hier ankam, hatte ich gerade noch Geld für etwa zwei Monate. Ich ging zum Arbeitsamt, um mich wegen einer Arbeitstelle beraten zu lassen. Doch nach dem man mir jede Hoffnung auf eine Arbeitstelle nahm und mir auch offenbarte, dass mir keinerlei Unterstützung seitens des Arbeitsamtes zusteht, begab ich mich also zum Sozialamt in Augsburg und beantragte Sozialhilfe. Auf Grund des Angebotes Seitens des Sozialamtes habe ich ab Mitte Oktober begonnen bei der Gemeinde für einen Stundenlohn von DM 3,50 maximal zulässige 20 Stunden wöchentlich zu arbeiten. Doch dadurch, dass mir vom Sozialamt, wie von einigen Arbeitskollegen diese Art zu leben unmöglich gemacht wurde, habe ich mich am 27.12.1994 einfach ins Vertrauen fallen lassen. Ich bin also an diesem Tag zum Sozialamt gegangen und sagte zu Herrn V.: „Ab heute verzichte ich auf Eure Almosen, denn ab heute will ich nicht mehr Euer Sklave sein." Ich wusste in diesem Augenblick zwar noch nicht wie, aber ich vertraute darauf, dass es weiter gehen wird.

Am **13**.03.1995, etwa 10 Uhr vormittags saß ich in der Ecke meines Zimmers. Ich weiß nicht mehr, was ich dachte, oder ob ich etwas dachte. Ich weiß nur, dass mir plötzlich klar wurde, dass ich kein Geld mehr hatte. Ich wusste, dass nichts geschieht, was mir schaden könnte und in diesem Augenblick wusste ich auch wieder, dass es weiter geht. Plötzlich klopft es an meiner Tür. Frau F. tritt ein, stellt sich vor mir auf, schaut mich eine Weile an und sagt: „Ich möchte Ihnen zweitausend Mark schenken." Niemand auf dieser Welt kann nachvollziehen, wie mir in diesem Augenblick zu Mute war. Ich war dermaßen überrascht, denn wir haben ja nie zuvor über Geld gesprochen, ich war so fassungslos und ergriffen, einfach überwältigt und musste plötzlich wunderbar weinen. Ich brauchte mich nicht einmal zu genieren, denn vor mir stand eine Fee. Sie schaute mich verständnisvoll an, streichelte mir wie einen kleinen Jungen über den Kopf und sagte: „Ich gehe sofort zur Bank und hole das Geld." Sie ging zur Sparkasse, hob von einem Buch zweitausend DM ab und überreichte es mir etwa zehn Minuten später in einem weißen Couvert mit den Worten, wenn es alle ist, sagen Sie es mir, dann gib ich Ihnen wieder eins. Sie bat mich nur noch, und später immer wieder, zu keinem Menschen darüber zu sprechen, denn wenn ihr Mann oder der Sohn es erfahren, würden diese sie erschlagen. Wir nehmen dieses, unser Geheimnis mit ins Grab, schlug sie vor. Von diesem Geld musste ich mich verpflegen und, immer in Gegenwart ihres Ehemannes, ihr die Miete zahlen. Zwei weitere Male gab sie mir, ich glaube, jeweils tausend DM. Danach gab sie mir bis zum Tod ihres Ehemannes regelmäßig die fällige Miete, damit ich ihr diese in Gegenwart ihres Mannes überreichen konnte und nachdem ich die Miete bezahlte gab sie mir mal fünfzig, mal hundert DM, dass ich mich gerade so über Wasser halten konnte. Nach dem ihr Mann starb erlies sie mir als erstes die Miete und versprach, mir nun ein bisschen mehr zu geben. Es wurde zwar nicht viel mehr, aber sie gab mir auch manches Mal DM 150,-.

Von Anfang an, nach dem Frau F. mir Geld gab, bemerkte ich, dass sie beginnt Besitz von mir zu ergreifen. Ich habe es zuerst auf die leichte Schulter genommen, denn sie erschien mir ja so unkompliziert, so anlehnungs- und hilfebedürftig, dass ich jeden Zweifel, der in mir aufkam, sofort im Keim erstickte. Doch bevor ich mich versah, war ich ihr Sklave. Sie war frei genug, mir zu befehlen, was ihr gerade einfiel, zum Beispiel wollte sie, dass ich mit ihr zusammen an ihrem schmutzigen Tisch aus ihrem schmutzigen Geschirr esse, dass ich ihre verschissene Wäsche mit der meinen wasche, dass ich den Wein, den sie zu einem gemeinsamen ZDF – Samstagabend spendiert aus ihren schmutzigen Gläsern trinke, dass ich eine Arbeit, die sie anschafft so ausführe, wie sie es für richtig erachtet usw., usw., usw.. Sie verlangte von mir also immer mehr für mich unmögliche Dinge. Und jedes Mal, wenn ich ihr einen Wunsch verweigerte, drohte sie mir mit den Worten – das merke ich mir. Sie machte mir das Leben immer mehr zur Hölle. Es ging sogar so weit, dass sie mich bei jeder Geldübergabe fragte, ob es mir denn nichts ausmache, dass sie schmutzig ist. Sie hat es sichtlich genossen, wenn ich als Bettler bei ihr erschien und sagte mein Geld ist alle und sie mir vorhalten konnte, dass sie mich für meine Zeit, die ich mit ihr bei Gesprächen verbringe ja teuer genug bezahle. Es hat auch nichts genützt, dass ich sie wiederholt darauf aufmerksam machte, dass ihr Sohn es keine fünf Minuten mit ihr aushält, dann geht schon das Geschrei los. Ich aber jeden Morgen zwischen einer halben und anderthalb Stunden ihr widme, um ihr dummes und immer gleiches Geschwätz anzuhören.

Vor etwa einem dreiviertel Jahr, vielleicht auch ein wenig mehr platzte mir der Kragen. Ich sagte: „Frau F., ich habe es jetzt endgültig satt. Ich ertrage Ihre Art, mich zu behandeln nicht mehr. Ich will nicht länger Ihr Sklave sein. Ich will nicht immer nach Geld betteln müssen. Ich will regelmäßig Geld haben, damit ich damit rechnen kann. Entweder ich bekomme an jedem Ersten einen ganz bestimmten Betrag von Ihnen, oder ich suche mir eine Arbeit und dann ziehe ich hier natürlich aus." Das war natürlich eine Lüge, denn ich darf mir ja keine Arbeit suchen, aber es hat gewirkt. Sie war sofort einverstanden, sie würde mir das Geld pünktlich an jedem Ersten geben, sie könne mir aber nur DM 250,- geben. Ich war wahnsinnig überrascht, denn einen so hohen Betrag hätte ich niemals von ihr erwartet. Doch ich zeigte ihr meine Überraschung nicht, sondern mich einfach zufrieden.

Soviel war es Frau F. wert, mich als Gesprächspartner zu haben, mich regelmäßig zur Nachrichtenzeit in ihrer Nähe zu haben, mich zu manchen Fernsehsendungen in der Nähe zu haben, mich für kleine Botengänge zu nutzen – wie Einkaufen, Bank, Apotheke und mich zur Verfügung zu haben, um sich bei jedem Besuch ihres Sohnes zwei Mal bei mir ausweinen zu können – einmal wenn er nach dem Essen spazieren ging und noch einmal nach dem er abgereist ist. Ihr Mann war ein Tyrann, ihr Sohn ist ein noch üblerer.

Frau F. führte über alle Einnahmen und Ausgaben peinlichst genau Buch und dieses Buch befindet sich im Schubfach in ihrem Küchentisch. Somit ist jede größere, von mir angegebene Geldbewegung im Sparbuch – und jede kleinere in ihrem Handbuch nachprüfbar. Sollte P. F. nun dieses Buch verschwinden lassen, ist E. G. mein Zeuge dafür, dass es dieses Buch gibt. Er hat es selbst schon mit mir gemeinsam eingesehen, um mir zu beweisen, dass er ab einem bestimmten Monat die Miete für den jeweils laufenden Monat zahlt. An der Stelle, die wir angesehen haben, standen auf der rechten Buchseite seine Mietzahlungen und auf der linken die Auszahlungen an mich.

Da Frau F. mich nun hasst, P. F. mir aber vor einiger Zeit versicherte, dass er seine Mutter liebt, sie somit also nichts mehr von ihm zu befürchten hat und ich weiß, dass ich niemals sterben werde, um noch ein Geheimnis in ein

Grab mitnehmen zu können, sehe ich mich an mein Versprechen – zu schweigen, nicht mehr gebunden.

Der Mensch ist ein Sklave seines Egos. Das Ego entspricht dem Kollektivbewusstsein dieser Gesellschaft, heißt Dummheit und besteht aus den Komponenten Angst und Sorge ums Überleben. Frau F. ist das Symbol für mein Ego. Sie verkörpert mein dummes altes Ich. Sie riecht nichts, sie schmeckt nichts und sie fühlt nichts. Sie ist ein biologischer Computer mit einer nicht erweiterungsfähigen Intelligenz, wie sie diesem bei seiner Erstellung implantiert wurde, deren Entwicklung im Kindesalter von vier Jahren abgeschlossen war. Sie besitzt also die Intelligenz und ist genau so unschuldig und naiv, wie ein vierjähriges Kind. Und weil P. F. diese, seine eigenen Eigenschaften an seiner Mutter nicht als die eigenen erkennen will, hasst er seine Mutter maßlos. Er erkennt und hasst in ihr ja auch nur seine eigene Dummheit und sieht darüber hinaus nicht ihre Unschuld und Naivität. Diese Eigenschaften sieht er erst, wenn er sich selbst in ihr erkennt. Und erst dann wird er auch seine wahre Mutter kennen lernen. Bisher glaubt er nur, sie zu kennen.

Nun, mein Freund, ich habe das untrügliche Gefühl, dass Ihr ins Leere lauft und Du Dir die Kosten für den Anwalt sparen hättest können. Dann allerdings hättest Du diese Belehrung nicht erhalten. Vielleicht bekommst Du nun doch noch etwas für Dein Geld? Dich selbst?! Und vielleicht anschließend auch noch Deine wahre Mutter als solche?! Dann lernst Du sie vielleicht auch wirklich zu lieben?!

Am 27.12.1994 habe ich den endgültigen Entschluss gefasst, auf die Almosen des Sozialamtes zu verzichten und mich auf diese Weise von deren Sklavenketten zu befreien. Ich habe mich damals ins Vertrauen fallen lassen. Ich vertraute darauf, dass es weiter geht.

Am 27.12.1999 habe ich den endgültigen Entschluss gefasst, auf die Almosen von Frau F. zu verzichten, um mich auf diese Weise von ihren Sklavenketten zu befreien. Ich habe also das Gleiche getan, wie vor genau fünf Jahren, mit nur einem kleinen und feinen Unterschied. Damals vertraute ich darauf, dass es weiter geht, heute weiß ich, dass es weiter geht. Es gibt immer einen Ausweg und einen besseren Weg. Ich weiß das und erwarte die Gedanken, die meinen Pfad zur Freude erleuchten. Und ich weiß, durch die Befreiung von meiner Angst, von meinem dummen, alten Ich, habe ich den Sklavenrock gegen das Herrscherzepter eingetauscht. Ich weiß das, denn ich beginne durch die Beobachtung meiner gegenwärtigen Umgebung, meine wunderbare Zukunft zu erkennen.

Sie schreiben, ich würde meine Aufgaben nicht mehr wahrnehmen? Wer hat Schnee geräumt? Wer hat Salz gestreut? Wer besorgt die Mülltonne? Wer macht kleinere Wartungsarbeiten an Haus und Einrichtungen? Und wie kommt Frau F. noch am 17.03.2000, also drei Tage nach Ihrem Schreiben dazu, mir durch E. G. Zeitungsausschnitte bezüglich Müllprobleme und Stromkosten überbringen zu lassen, damit ich mich darum kümmere? Und wie kommt Frau F. noch am Samstag, dem 18.03.2000, also vier Tage nach Ihrem Schreiben dazu, mich zu bemühen, die Waschmaschine für sie in Betrieb zu nehmen.

Die gute Frau scheint überhaupt nichts von dem zu wissen, was ihr dummer Sohn treibt. Wahrscheinlich weiß sie von ihrem Sohn auch noch nicht, dass ich sie niemals mehr in irgendeiner Form persönlich beraten werde. Dass diese Aufgabe nun wohl oder übel der vorlaute Spross selbst übernehmen muss.

Nehmen Sie also bitte zur Kenntnis, dass ich das, wofür ich von vornherein mietfrei wohne, auch nach wie vor erledige. Und schon allein auf Grund meiner Inanspruchnahme seitens der Frau F. betrachte ich Ihr obengenanntes Schreiben als nichtig und als unsinnig verpulverten Aufwand.

Das Gewohnheitsrecht tritt bereits nach zwei Jahren kostenloser, beziehungsweise mietfreier Überlassung von, in diesem Fall, Wohnräumen in Kraft. Ich wohne aber schon seit genau fünf Jahren mietfrei. Somit komme ich in den vollen Genuss des Gewohnheitsrechts und somit wurde mir gegenüber bis auf den heutigen Tag noch keine ordnungs-, sinn-, und sachgerechte und erst dadurch gültige Kündigung ausgesprochen. Wird dies noch geschehen, werde auch ich entsprechend reagieren. Trotz meines Anrechts durch Gewohnheit, verzichte ich auf die weiteren Almosen von den F.s, aber noch nicht auf meinen Wohnraum. Und ich wiederhole hier, ich bin nach wie vor bereit, auszuziehen, aber erst wenn ich soweit bin und nicht, wann und nur weil es P. F. und seinem Advokaten passt.

An dieser Stelle möchte ich eine sehr wichtige Herzensangelegenheit nicht unerwähnt lassen. Alle Aspekte ohne Ausnahme, die ich in diesem Schreiben erwähnt, beziehungsweise angeprangert habe und viele mehr, die ich von den Beteiligten im Laufe der Zeit erhalten habe, doch hier nicht zu erwähnen brauchte, habe ich als meine eigenen Aspekte aus meiner eigenen Vergangenheit erkannt und auch anerkannt. Ich habe mich damit identifiziert. Denn sie wissen nicht, was sie tun? Auch ich bin noch nicht vollkommen. Auch ich erkenne meine eigenen Aspekte erst dann, wenn ich mich an meinem vermeintlichen Feind darüber ausgelassen habe, um anschließend die vorhergehende Situation zu analysieren. Dann weiß ich auch, was ich tat, in dem, was ich tat. Somit hat jeder der Beteiligten, wenn auch unbewusst (s)einen Beitrag für mich geleistet auf meinem Weg der Gegensatzvereinigung, auf meinem Weg, wieder Gott zu werden. Darum bin ich jedem Beteiligten zutiefst dankbar. Auch Ihnen, Advokat, denn so wie Sie die Gesetze verdrehen und den Erfordernissen des jeweiligen Augenblickes anpassen, habe auch ich in der Vergangenheit jede Situation so verdreht, wie ich sie gerade brauchte. So wie es jeder Mensch tut, und weder einsehen noch eingestehen will. Nun habe ich mich in Allem und Jedem erkannt und identifiziert. Vielen herzlichen Dank allen.

Mit freundlichen Grüßen

E. G. zur Kenntnis überreicht

Frau F. am 15.04.2000 ausgehändigt.

Arthur Thillmann, Adresse .... am 05.05.2000

Rechtsanwalt P. Z.

F. ./. Thillmann

Sehr geehrte Damen, sehr geehrte Herren,

am Samstag, dem 01.04.2000 stellte Frau F. mich und zeigte mir ihre Verwunderung darüber, dass ich noch hier bin. Dass ich seit dem 01.01. 2000 keine Miete zahle und somit auf ihre Kosten in ihrem Haus wohne. Sie sagte, dass mir zum 01.04.2000 das Zimmer gekündigt wurde. Aber sie wusste immer noch nichts von meinem Widerspruch mit Schreiben vom 20.03.2000 an Sie. Denn sie drohte mir, die Polizei anzurufen wenn ich bis abends nicht verschwunden sei. Dagegen hatte ich absolut nichts einzuwenden. Doch als sie mir damit drohte, meine Mutter anzurufen, um von ihr die Miete für die vergangenen drei Monate einzufordern, verbot ich ihr dies.

Ich erinnerte sie daran, dass ich meine handwerklichen Aufgaben auch weiterhin erfülle und zählte ihr auch auf, was ich allein in den letzten Tagen getan habe. Das alles zählte für sie nicht mehr. Ich erinnerte sie aber auch daran, dass ich schon beinahe so lange, ich hier bin keine Miete zahle und nicht erst seit dem 01.01.2000.

Nun begann sie ihre ständig gleiche Anklage: „Als ich im Dezember im Krankenhaus lag, lagen links und rechts von mir eine Angeschlossene (damit meinte sie an das Lebenserhaltungssystem), sie waren vollkommen allein und hatten überhaupt keine Ansprache. Und ich war so glücklich. Ich war im Krankenhaus zwar auch allein, aber ich war glücklich, weil ich wusste, wenn ich nach Hause komme, habe ich sie. Und was war? Sie reden mit mir nicht mehr. Wenn zwischen uns alles so wäre, wie früher, könnten Sie hier leben solange sie wollen und es hätte sich nichts zwischen uns geändert. Was habe ich Ihnen nur getan? Warum.....? Wieso..? usw., usw., usw..“

Ich habe sie stehen lassen. Ich kann und ich will auch nicht mehr ständig und immer wieder die gleichen Fragen beantworten, weil ich weiß, dass diese Frau absolut nichts versteht, von dem, was ich ihr erkläre.

Ich habe ihr auch noch nichts von meinem oben erwähnten Schreiben an Sie gesagt. Sie würde dies in ihrer Einstellung mir gegenüber für eine Fälschung halten. Sie glaubt nur Respektspersonen und nimmt auch nur von solchen etwas an. Respektspersonen sind aus ihrer Sicht alle Menschen in weißen Kitteln und Amtspersonen.

Wie lange wollen Sie diese Frau noch im ungewissen halten? Wann wollen Sie ihr endlich die Wahrheit sagen? Wann wollen Sie ihr endlich sagen, dass ich mit Recht auch weiterhin hier wohne, zumal sie mich ja ständig und immer wieder handwerklich in Anspruch nimmt?

Am Samstag dem 15.04.2000, als Frau F. vormittags nach etwa einem Monat wieder einmal die Treppe wischte, bat ich sie, auch unseren Vorraum oben zu reinigen, denn dies hätte sie ja in diesem Jahr noch nicht gemacht. Das wäre ja noch schöner, ich werde auch noch Euren Dreck da oben putzen, antwortete sie mir, obwohl sie auch noch im Januar 2000 nicht nur unseren Vorraum, sondern auch in E.s Zimmer beinahe wöchentlich räumte, putzte und spülte. Sie tat dies, trotz dem E. es ihr einige Male verbot, denn sie verräumte alles, so dass E. es suchen musste und sie räumte auch seine schmutzige Wäsche wieder zu der sauberen ein mit der Begründung – es ist ja noch nichts daran zu sehen und außerdem wasche er viel zu oft. Erst nach dem ich den Schlüssel von E.s Tür reparierte und er sein Zimmer ebenfalls begann abzuschließen, hörte sie auf hier oben zu putzen und kommt nur noch gelegentlich hoch, um die Heizung im Bad/WC abzudrehen.

Noch am 15.04.2000 ging ich nachmittags zu Frau F., um sie daran zu erinnern, dass wir Benzin für den Rasenmäher benötigen, weil ich sonst den Rasen nicht mähen kann. Mit einem vorwurfsvollen Blick schaute sie mich an und fragte, seit wann mähen Sie den Rasen, ich denke, sie sollten zum ersten April ausziehen, und sie tun doch sowieso keinen Handschlag mehr. Das hat mich sehr hart getroffen. Ich erinnerte sie an all die Kleinigkeiten, welche ohne mich nicht erledigt worden wären. Ich erklärte ihr auch für sie vollkommen verständlich, wie sie die Dinge sieht, dass sie nämlich keine erledigte Arbeiten sieht, wenn sie dafür nichts bezahlt hat. Das leuchtete ihr ein. Und dennoch meinte sie, das gehe sie alles nichts mehr an, denn ihr Sohn regelt ab sofort alles. Sie machte mir weiterhin zum Vorwurf, dass sie alles wisse, was ich über sie geschrieben habe. P. hätte ihr alles am Telefon gesagt – ich hätte geschrieben sie wäre geistig schon vollkommen verwirrt, sie würde alles verkommen lassen, sie wäre eine blöde alte Kuh und einige Dinge mehr. Daraus schließe ich, dass die alte Frau bis heute nichts davon weiß, was ihr Sohn mit ihr treibt. Dass sie bis heute auch noch keine Kopie meines Widerspruchs erhalten hat.

P. F. hat also nicht nur die Polizei am 14.01.2000 belogen, sondern auch seinen Anwalt und belügt nun auch weiterhin wie schon immer auch seine Mutter. Aus diesem Grund habe ich mich entschlossen, obwohl diese Frau sich vollkommen von mir abwandte und die Verbündete ihres sie verachtenden Sohnes wurde, mein Schreiben vom 20.03.2000 noch einmal auszudrucken und dieses Frau F. auszuhändigen. Ich will, dass sie die volle Wahrheit erfährt, auch wenn sie nicht alles versteht.

Ich versah es mit dem Vermerk: „Frau F. am 15.04.2000 ausgehändigt."

Als ich ihr das Schreiben brachte, war sie wie ausgewechselt. Sie hatte über das von mir gesagte nachgedacht und meinte nun, ja wenn Sie wieder den Rasen mähen wollen und auch sonst so weiter machen, wie früher und wenn wir so friedlich auskommen, dann können Sie da oben wohnen so lange wie Sie wollen, dann brauchen Sie nicht auszuziehen. Ich habe auch schon versucht den P. anzutelefonieren, aber er geht nicht ran. In diesem Augenblick erkannte ich, wie der sogenannte Teufel Jesus versucht haben soll. Ich händigte ihr das Schreiben aus und bat sie zu lesen, damit sie die volle Wahrheit kenne. Sie begann sogleich begierig zu lesen und ich lies sie allein.

Am Dienstag dem 18.04.2000 ging ich zu Frau F., um sie zu fragen, wann sie das Benzin zu besorgen gedenkt. Sie schaute mich an, wie ein wildgewordenes Tier und begann zu fauchen. Sie brauchen keinen Rasen mehr zu mähen, ich habe schon jemand anderen. Was Sie da geschrieben haben, ist eine Unverschämtheit. Ich soll 2000 DM abgehoben und Ihnen gegeben haben? Ja nie und nimmer, da wäre ich ja blöd. Ich soll sie verhalten haben? Weil es bei mir so dreckig ist, wollten Sie nicht mehr bei mir essen? Das ist alles gelogen. Wie oft habe ich Sie beschützt? Wie oft habe ich für Sie gelogen? Wenn mich Frl. M. oder jemand anderer ansprachen – dieser faule Hund bei Ihnen arbeitet nichts und lebt nur auf Kosten des Staates und der Fürsorge – habe ich immer gesagt, nein, nein, der ist selbständig und schreibt für eine Zeitung. Und Sie tun mir solches an?

Ich wies sie darauf hin, dass ich sie niemals darum bat für mich zu lügen, Sie hätten die Wahrheit sagen müssen.

Ich hätte die Wahrheit sagen müssen? Dass ich Sie verhalte? Ja die würden mich ja für blöd erklären.

Blanke Angst und Verzweiflung sprach aus dieser Frau. Sie ist die größte Heuchlerin, die mir jemals begegnet ist. Und nun sah sie sich vor ihrem Sohn und vor den Dorfbewohnern bloßgestellt. Sie soll nun zugeben, dass sie mich, den Taugenichts, aus ihrer eigenen und Frau M.s Sicht, finanziell unterhalten hat? Sie war so aufgebracht und wütend, wie ich sie noch niemals erlebt habe. Sie warf mir noch einige weitere Dinge vor, die ich geschrieben habe, die aus ihrer Sicht nun nicht wahr sein können.

Sie warf mir auch vor, warum ich nichts darüber geschrieben habe, dass sie so alt und immer noch geistig voll da ist, oder wie sie sich wegen ihrem gebrochenen Bein quälen müsse. Und zum Schluss schrie sie regelrecht vor Wut. Ich will, dass Sie am und um das Haus herum, dass Sie hier überhaupt nichts mehr tun. Ich habe schon jemand anderen, der mir den Rasen mäht und alles macht. Um die Mülltonne kümmere ich mich selber. Ich will, dass Sie sofort hier verschwinden.

Ich wies sie darauf hin, dass dies an der Sache absolut nichts ändere. Dass ich deswegen auch weiterhin so lange hier wohnen bleibe, bis ich selbst soweit bin, zu gehen. Ich bin ja nach, wie vor bereit, meine Aufgaben zu erledigen. Und wenn sie mir dies verbietet, ist das Recht auf meiner Seite.

Gefasster bestand sie darauf, dass ich hier absolut nichts mehr tun soll und dass ich mich auch um nichts mehr zu kümmern habe. Diese Aufforderung wollte ich ab sofort befolgen, ab dem 18.04.2000.

Am 19.04.2000 ließ ich Frau F. im Beisein von E. eine Entsprechende Erklärung unterzeichnen. E. unterschrieb als Zeuge.

Am Samstag, dem 29.04.2000 bat Frau F. mich, doch bitte die Mülltonne rauszustellen, wer sollte dies sonst machen. Ich fragte sie darauf hin, ob ich den Rasen mähen soll. Sie verneinte, dies besorge schon der K..

Arthur Thillmann, Adresse .... am 03. Mai. 2000
Polizeirevier, Adresse ....

F. – Thillmann
Schilderung der Ereignisse am 27.- 28.04.2000
Am 27. April 2000, um etwa 17,00 Uhr fuhr P. F. mit seinem Auto vor, ich stand gerade am Fenster. Als er, nach dem er aus dem Auto ausgestiegen war, zu meinen Fenstern hochblickte, sah ich in das Gesicht eines Besessenen und so verhielt er sich dann auch. Er kam sofort herauf, schloss das Bad ab, nahm den Schlüssel wieder an sich, hängte einen Zettel an die Badezimmertür – Das Badezimmer incl. Toilette ist vorübergehend nicht verfügbar. Bitte benutzen Sie das Bad im Keller und die Toilette im Erdgeschoss. Zwangsweise Öffnung des Badezimmers wird strafrechtlich verfolgt! P. F. – und schraubte die Stromsicherungen heraus.

Ich beobachtete meinen Radiowecker und als dieser ausging, wusste ich – jetzt ist es soweit. Ich öffnete meine Zimmertür, P.F. stand am Verteilerkasten. Ich fragte ihn, Du wiederholst dieses ganze Theater doch nicht schon wieder. Du greifst in ein schwebendes Verfahren ein, das darfst Du nicht, dazu hast Du kein Recht.

Außer sich vor Wut schnaubte er – Du wirst Dich noch wundern, was ich alles kann. Ich bin hier der Besitzer und ich bestimme hier und ich mache

68

hier, was ich will. Ab heute kannst Du das Klo meiner Mutter und ihr Bad im Keller benutzen. Und dem hier, gemeint ist E. G. in Abwesenheit, kannst Du sagen, für ihn gilt das Gleiche. Und wenn ihm das nicht passt, dann kann er ja sofort verschwinden. Und vor allem Du. Ich bemerkte sofort die Widersprüchlichkeit und darin die Schikane – einerseits bietet er Ersatz für Bad und WC an und andererseits sollen wir verschwinden.

Nach dem ich eine Weile brauchte, um meine Ohnmacht und meinen Zorn zu überwinden, rief ich bei der Polizei in Schwabmünchen an, schilderte Herrn Sch. die Situation und bat ihn um Hilfe. Herr Sch. versprach mir, zunächst bei P.F. und dann wieder bei mir anzurufen. Als er zurückrief, war auch E. von der Arbeit gekommen und schilderte ihm ebenfalls seine Situation – er konnte weder aufs Klo, noch konnte er sich duschen, so schmutzig er auch war. Herr Sch. konnte uns nur raten, in ein Hotel zu gehen und die Kosten P.F. in Rechnung zu stellen, beziehungsweise diese von ihm einzuklagen. Dieser Rat war zwar gut dafür geeignet, um uns loszuwerden, aber für uns unbrauchbar. Ohne Geld können wir unmöglich in ein Hotel gehen. Denn, wenn wir dem Hotelbesitzer die Situation wahrheitsgetreu schildern, nimmt dieser uns nicht auf. Wenn wir ihm die Situation verschweigen, wird er uns als Zechpreller verklagen.

Wir ergaben uns dem Lauf der Dinge, trennten uns und gingen jeder auf sein dunkles Zimmer. Ich muss ständig viel und darum warmes Wasser trinken, das weiß P.F.. Doch dieses hatte ich nun nicht zur Verfügung. Ich holte mir also in dieser Nacht kaltes Wasser aus Frau F.s Bad im Keller. Der Ekel tat das Seine dazu, so dass ich am nächsten Tag schrecklichen Durchfall hatte. In der Nacht urinierte ich in ein Einmachglas.

Am Morgen dem 28. April 2000 ging ich in das Bad im Keller, um mir mit kaltem Wasser wenigstens die Augen auszuspülen und P.F. ging anschließend regelrecht provokativ in das Bad im Obergeschoss, planschte über eine ¾ Stunde und dementsprechend sah es dann auch aus.

Ich wartete an der offenen Tür meines Zimmers und als er herauskam sprach ich ihn an. Ich fühlte mich zwar höchsten Grades provoziert, dennoch forderte ich ihn in aller, mir noch möglichen Ruhe auf, mit den Provokationen doch endlich Schluss zu machen. Ich forderte von ihm, die Sicherungen wieder reinzuschrauben, die Badezimmertür wieder zu öffnen und den Schlüssel stecken zu lassen. Andererseits schraube ich alle Sicherungen heraus, so dass im ganzen Haus kein Strom mehr ansteht.

Er begann mich zu beschimpfen und zu bezeichnen. Versager, Schmarotzer, asoziales Element, Taugenichts über fünf Jahre hast Du meine Mutter rübergezogen. Du kannst nichts weiter, als alte und hilflose Frauen auszunehmen. Du bist reif für die Klapsmühle. Da ich ihn und seine Vergangenheit kenne, habe ich in seinen Beschimpfungen auch nur ihn selbst erkannt und ich wusste, dass er nur sich selbst beschimpft. Darum bat ich nur, er solle sich an der eigenen Nase packen. Und nun soll er noch einmal allen Ernstes zur Kenntnis nehmen, wenn er nicht sofort die Sicherungen wieder reinschraubt, das Bad/WC aufschließt und den Schlüssel stecken lässt, dann schraube ich alle Sicherungen heraus. Und den Zettel an der Badezimmertür kann er entfernen, denn dieser ist genau so wertlos, wie er selbst. In diesem Augenblick begann er erneut mit irgendwelchen Beschimpfungen, bückte sich blitzschnell, packte E`s. schwere Schuhe und schleuderte diese beide gleichzeitig nach mir. Einer traf mich an der linken Schulter, verursachte einen Bluterguss, den ich E. am Abend zeigte, der andere traf mich an den Hoden. In diesem Augenblick bin ich explodiert und sah nur noch rot. Ich stürmte auf ihn los, schlug ihn einige Male vollkommen wahllos und ungezielt mit den Fäusten gegen Kopf und Gesicht. Dann packte ich ihn, ich wollte ihn zur Treppe bugsieren und ihn hinunterstoßen, damit er verschwindet. Er klammerte sich an mich und bei diesem Gerangel sind wir von der Treppe abgekommen. Nun drückte ich ihn über das Geländer und ich war tatsächlich drauf und dran, ihn kopfüber über das Geländer die Treppe hinunter zu werfen. Plötzlich hörte ich ihn um Hilfe schreien. Dieser Hilferuf wirkte auf mich wie ein Weckruf und ließ die Vernunft wieder in mir einkehren. Ich sah in seine angstverzerrten Augen, hörte, wie er immer wieder zu seiner Mutter rief, hol die Polizei, eins, eins, null. In diesem Augenblick empfand ich ein so schreckliches Mitleid für diesen Menschen, dass ich sofort von ihm lies. Er aber nicht von mir. Er klammerte sich an mich und bedrängte mich nun seinerseits. Ich lasse mich in den Eingang meines Zimmers drängen, ohne ihn weiter zu schlagen, denn dieses Drängen empfand ich jetzt nur noch als das Nachkläffen eines geschlagenen Hundes, der seine Niederlage, seinem stärkeren Gegner gegenüber nicht eingestehen will. An meiner Türschwelle lies er von mir, betrachtete seinen blutverschmierten Bademantel, und wie von Sinnen die Umgebung und trat mit Beschimpfungen und Drohungen den Rückzug an.

Wenig später hörte ich sein Auto wegfahren. Ich ging hinunter zu Frau F., die nur noch klagen konnte und bat sie, mir die Sicherungen und den Schlüssel vom Bad im OG zu geben. Sie suchte in den Taschen seines Bademantels, anschließend in seiner Badetasche und fand nichts. Als ich wieder gehen wollte rief sie mich zurück. Kommen Sie her, ich habe sie gefunden. Einige Sicherungen und der Schlüssel lagen auf dem Bettgestell in ihrem blauen Zimmer. Ich nahm alles an mich. Nach dem ich die Sicherungen wieder reingeschraubt hatte, stellte ich fest, dass das Licht immer noch nicht funktioniert. Doch da P.F. noch nicht wieder da war, begab ich mich zunächst einmal ins Bad, um mich von seinem Blut, und um meine geschundenen Finger zu reinigen. Als ich die Tür öffnete, fiel ich beinahe rückwärts auf den Hintern. Dieser Mensch hat doch tatsächlich schon wieder aus dem Bad einen Saustall gemacht.

Als ich im Bad, vor allem mit der Badreinigung fertig war, war auch P.F. wieder da und ich ging hinunter, um die restlichen Sicherungen von ihm zu verlangen. Als ich die Wohnung betrat, kam er wie eine Furie aus dem Wohnzimmer, schnappte sich den am Telefon stehenden Schemel, bedrohte mich damit und beschimpfte mich. Ich solle verschwinden, ich habe ihn bestohlen, ich habe die Sicherungen und den Schlüssel gestohlen, er zeige mich wegen Hausfriedensbruch und Diebstahls an. Er wies mich darauf hin, dass er beim Arzt war und dieser ihm die Verletzungen im Gesicht als von mir bescheinigte und dass er jetzt gleich zu seinem Anwalt gehe. Ich machte ihm klar – wer das Faustrecht sucht, der findet die rechte Faust und macht auch mit dem Recht der Faust Bekanntschaft.

Ich ignorierte den Schemel, denn in seinen Augen sah ich, dass er diesen nur als Schutzschild zwischen sich und mir brauchte. Ich forderte von ihm die restlichen Sicherungen. Er sagte, er hätte keine mehr. Dann forderte ich, dass ein Elektriker angerufen wird, damit die Elektroanlage wieder in Ordnung gebracht wird. Es fehlt nämlich nicht nur noch eine Sicherung vom Licht oben, sondern auch noch eine vom Durchlauferhitzer im Keller, also vom Bad seiner Mutter. Ich rief nach seiner Mutter, er bemühte sich dies zu verhindern. Ich wies ihn darauf hin, dass ich zu ihr und nicht zu ihm gekommen bin. Denn sie muss hier wohnen und zurecht kommen. Sie schaute aus der Küchentür heraus, er schubste sie zurück in die Küche mit den Worten, Du bleibst, wo Du bist und schloss die Küchentür wieder.

Na schön, sagte ich, dann besorge ich selbst einen Elektriker auf Deine Kosten, denn Deiner Mutter verursachst Du ja bei jedem Deiner Besuche nur Kosten. Und nun mache gut Deine Lauscher auf – ich warne Dich davor, auch noch ein einziges Mal das Obergeschoss zu betreten, solange ich in diesem Haus wohne. Was hier zu geschehen hat, wird das Gericht entscheiden und bis dahin bleibst Du mir von der Pelle. Er lies noch einige Schimpfkanonaden auf mich los, doch das berührte mich nicht mehr und ich lies ihn einfach stehen.

Als er zu seinem Anwalt fuhr ging ich hinunter zu Frau F.. Ich schilderte Ihr die Sachlage. Ich machte ihr klar, dass weder der Heizstrahler noch der Durchlauferhitzer in ihrem Bad funktionieren, wenn nicht die entsprechende Sicherung eingeschraubt wird. Aber auch, dass wir für das ganze Haus keine einzige Reservesicherung haben. Wenn mal eine durchbrennt, ist kein Ersatz da. Der P. fährt nach Hause, aber sie bleibt hier. Sofort wollte sie selbst die Firma S. anrufen, doch sie fand die Telefonnummer nicht auf ihrem persönlichen Verzeichnis. Sie bat mich die Nummer im Telefonbuch zu suchen und ich solle auch anrufen, denn ich wüsste ja am besten, was zu sagen wäre. Anschließend bat sie mich, das Klappsofa, auf dem P.F. geschlafen hat, wieder hoch zu klappen, damit sie sich hinlegen könnte. Ich fragte sie, warum ihr Held das nicht gemacht hat. Der P. kann das doch nicht. Also klappte ich für sie das Sofa hoch und rief anschließend bei der Firma S. an. Ich schilderte die Situation und die Junge Frau S. versprach mir, jemanden vorbeizuschicken.

Als der Elektriker der Firma S. kam, war P.F. bereits wieder im Haus. Frau F. lies den Jungen Mann herein und schickte ihn zu mir hinauf. Er kam zu mir, wir besprachen zunächst, was fehlt und ich bat ihn auch einige Reservesicherungen dazulassen. Er holte aus dem Auto die erforderlichen Sicherungen, schraubte sie ein, wir testeten gemeinsam die Anlage und nach dem alles wieder funktionierte, ging er wieder. P.F. ließ dies geschehen.

Nur einige Minuten später fuhr P.F. mit seinem Auto weg. Ich war erleichtert und hocherfreut, nun ist er abgereist. Kurz darauf erscheint dieser mit Herrn S.. Am Verteilerkasten wies P.F. Herrn S. an, alles wieder rückgängig zu machen und auch alle Reservesicherungen wieder mitzunehmen. Anschließend kamen sie zu mir und Herr S. fragte mich, ob ich angerufen hätte. Ich bejahte und wies darauf hin, dass ich dies im Auftrag von Frau F. tat. Er sagte nichts darauf, aber P.F. – das ist eine Lüge, das ist Betrug, ich zeige Dich wegen Betrug und Diebstahl an. Er ging aber mit Herrn S. und klagte diesem unterwegs, sehen Sie mal hier, das ganze Treppenhaus ist voller Blut von mir, wie er mich geschlagen hat.

Um etwa 16 Uhr kam P.F. die Treppe herauf. Ich saß bei offener Tür in meinem Zimmer und ich erkannte, wie er sich ertappt sah. Er ging an den Verteilerkasten und fummelte darin.

Ich redete ihm noch einmal eindringlichst ins Gewissen – wenn Du nicht wenigstens die Sicherungen für das Licht hier oben reinschraubst, dann nehme ich alle heraus. Er langte zu meiner Tür, sagte irgendwas über Sicherungen ..... und ich will mit Dir keinen Streit haben und schloss meine Tür.

Es war mir vollkommen klar, ich habe eine eindeutige Aussage getroffen. Nun schraubt er die Sicherungen rein, denn er wird sicher nicht abreisen und seine Mutter dem Ungewissen überlassen. Pustekuchen. Was er wirklich getan hat, ist mir aufgefallen, als ich auf Toilette zum Urinieren wollte. Er hat nicht nur eine weitere Sicherung mitgenommen, sondern auch noch in das Schloss der nun von mir abgeschlossenen Badezimmertür einen Sicherungsstift eingesetzt. Dadurch könnte ich, trotz dem ich den Schlüssel habe, das Bad/WC nicht betreten, wenn er nicht auch für diese Eselei zu dumm gewesen wäre. Ich ging also auf das Klo von Frau F. und urinierte dort. Anschließend wollte ich P.F. zur Rede stellen. Doch als ich die Wohnung von Frau F. betreten wollte, stellte ich fest, dass er sich eingeschlossen hatte. Kurz darauf hörte ich nur die Haustür, nicht zuvor die Wohnungstür, und sofort das Motorgeräusch seines Autos und wie er abfuhr. Wie ein Dieb stahl er sich davon und es erschien mir, wie eine blitzartige Flucht

Am Samstag dem 29.04.2000 ging ich zu Frau F.. Zunächst einmal bat sie mich, die Mülltonne rauszustellen. Ich wies sie darauf hin, dass sie mir ja jegliche Betätigung verboten hätte. Ach was, sagte sie nur, wer soll das sonst machen? Dann bat sie mich in ihrem Bad nachzusehen, der Durchlauferhitzer und der Heizstrahler funktionieren nicht, sie könne nicht duschen. Ich machte ihr klar, dass wir Sicherungen brauchen. Und nun solle sie bitte selbst bei der Firma S. anrufen, damit ich dort etwas bekomme. Sie überlegte ganz kurz und fragte – und wenn ich ihnen eine Vollmacht schreibe. Das, sagte ich, geht natürlich auch. Sie schrieb auf einen kleinen Wisch, was ich ihr diktierte und damit ging ich zu Firma S.. Ich zeigte Frau S. den Zettel und sagte, was ich brauche. Gibt nichts mehr sagte sie, wir haben von Herr F. ganz klare Anweisungen. Wir dürfen, ohne seine telefonische Bestellung an Frau F. nichts mehr liefern. Wenn Sie also etwas haben wollen, dann nur gegen Barzahlung. Haben Sie Geld? Ich verneinte, denn darauf war ich nicht vorbereitet. Ich ging also wieder nach Hause, schilderte Frau F. die Lage und sie konnte nur noch feststellen – und alles hinter meinem Rücken. Was würden die Sicherungen Kosten? Ich schätzte die zwei Päckchen unter zehn DM. Sie hatte gerade zehn DM für Limonade bereitgelegt, gab mir diese und bat mich noch einmal zum S. zu gehen. Ich holte die Sicherungen, bezahlte DM 8,- dafür und Frau S. bat mich um Verständnis. Ich gab Frau F. die restlichen DM 2,- wieder und schraubte die fehlenden Sicherungen rein.

Nach dem ich das Geschehene analysiert habe, wusste ich ganz genau – es war weder meine Absicht P.F. wehzutun, noch ihn zu verletzen, geschweige denn ihn umzubringen. Das einzige, was ich wusste und wollte, war – ihn los zu werden, ihn zu verjagen, denn er ist mein Peiniger, wie mir noch niemals in meinem Leben einer begegnet ist. Doch deswegen hasse ich ihn nicht, ja ich bin ihm nicht einmal böse. Im Gegenteil, ich habe beinahe geweint bei dem Glücksgefühl, welches ich empfand, nach dem ich bei dieser Analyse mich selbst, beziehungsweise meine eigenen Aspekte aus der Vergangenheit in ihm erkannt habe. Einen Augenblick tat es mir sogar sehr leid, ihn geschlagen zu haben. Doch sofort fiel mir ein, dass ja auch seine Seele gewählt hat, was er erlebt. Ich erstatte auch keine Anzeige. Denn jemanden anzuzeigen bedeutet, ihn zu richten. Es kommt mir aber nicht darauf an, dass jemand gerichtet wird, denn ich weiß, wenn ich ihn richte, richte ich mich selbst. Richten und andere beschimpfen wollen nur Menschen, welche in den anderen sich selbst nicht erkennen wollen. Wir begegnen anderen Menschen nicht, um über sie zu schimpfen oder zu richten, sondern um uns selbst in ihnen zu erkennen. Wir begegnen Menschen, denen unsere Seelen begegnen wollen und wir erleben mit diesen Menschen, was unsere Seelen für ihr Wachstum benötigen, auch wenn unseren Egos dies nicht immer recht ist. Weil ich weiß, dass man selbst alles ist, was man einen anderen nennt, habe ich nun die Gewissheit, er hat zwar mich Psychopath genannt, aber sich selbst gemeint. Dieser Mann ist Krank, er leidet unter Größenwahn. Und genau an diesem, seinem Größenwahn habe ich mich selbst in der Vergangenheit erkannt.

Diese Begegnung, dieses Ereignis hat ausschließlich dazu gedient, dass ich mich wieder einmal selbst erkennen darf. P. F. wollte mir seinen Willen aufdrücken, wollte mir seine Macht demonstrieren und hat von mir eine auf die Nuss bekommen. Dadurch wurde er auf seine richtige Größe zurechtgestutzt. An dieser Symbolik habe ich ganz klar erkannt, wie ich selbst in der Vergangenheit immer und immer wieder versuchte, anderen Menschen meinen Willen aufzudrücken und immer wieder zum Teil unter Beschimpfungen abgewiesen wurde.

Ich sehe also von einer Anzeige ab und ich denke, wenn P.F. nicht erkennen will und lieber die Behörden in Atem hält, dann ist das sein Problem. Ich habe die Sachlage aus meiner Sicht geschildert und sende Ihnen diese zu, damit Ihnen auch meine Version vorliegt, für den Fall, dass er mich Anzeigt.

Arthur Thillmann, Adresse .... am 05.05.2000
Rechtsanwalt P. Z.
P. F.
Ihr Schreiben vom 02.05.2000 / ma
Sehr geehrte Damen, sehr geehrte Herren,
Ihr obengenanntes Schreiben habe ich erhalten und zur Kenntnis genommen. Wie bereits mit Schreiben vom 20.03.2000, möchte ich Sie wiederholt darauf hinweisen, dass Ihr sehr geehrter Herr Mandant, P. F. Sie wieder einmal nach Strich und Faden belogen und in die Irre geleitet hat. Diese Behauptungen in Ihrem Schreiben sind eine einzige Lüge und vollkommen haltlos. Kein Mensch der Welt, der mich kennt, beziehungsweise kennen lernen wird, wird Ihnen Ihre Geschichte in dieser Form abnehmen, also auch kein Gericht der Welt. Und ich weiß ganz genau, dass nicht einmal Sie

selbst glauben, was Sie da schreiben.

Beiliegend erhalten Sie die Version des Herganges aus meiner Sicht, wie ich sie auch an die Polizei in Schwabmünchen eingeschickt habe. Auch wenn Sie meine Texte als langatmig bezeichnen, aus diesen spricht die Wahrheit. Wobei aus Ihren paar hingeworfenen Behauptungen die Lüge regelrecht zu spüren ist.

Ihre Ansprüche und Rechnungen können Sie sich selbst, oder Ihrem sehr geehrten Herrn Mandanten hochkant oder auch quer in den Hintern schieben. Und Ihren sehr geehrten Herrn Mandanten sollten Sie auch noch darauf hinweisen, dass er mit dem Geld seiner Mutter sparsamer umgehen sollte, denn erst vor etwa einem Jahr bekam er von ihr DM 9000,-. Dann braucht er sich auch nicht mehr von Mittellosen, wie mir schlagen zu lassen, um von diesen anschließend Geld für seine Schmerzen zu fordern.

Wenn Sie trotz besseren Wissens klagen wollen, tun Sie sich keinen Zwang an. Das Recht ist jedenfalls auf meiner Seite.

Mit freundlichen Grüßen

Arthur Thillmann, Adresse .... am 21.05.2000
Rechtsanwalt P. Z.
F. ./. Thillmann
Sehr geehrter Herr Z.,

hiermit möchte ich Sie in Kenntnis setzen, dass ich zum 01. 06. 2000 die Wohnung – Adresse .... räume. Meine neue Anschrift ist dann – ....

Nach dem ich nun wieder einen klaren Blick für das Wesentliche habe, weiß ich, dass die ganze Affäre nur meinem Vorteil diente, wobei ich diese jedoch nicht bewusst oder gar mutwillig herbeigeführt habe.

Ich weiß, Sie sind im Rahmen Ihrer Tätigkeit vieles gewohnt, doch das, was Sie von mir einstecken mussten, übersteigt alles Bisherige. Es ist mir heute klar, wie dümmlich und vor allem rüpelhaft ich mich Ihnen und Ihrem Klienten gegenüber verhalten habe. Als Entschuldigung kann und möchte ich nur anbringen, dass jeder Mensch zum Tier wird, wenn er derart in die Enge getrieben wird, wie es bei mir der Fall war und, dass man immer erst im Nachhinein weiß, wofür etwas gut war. Ich bitte Sie also um Nachsicht und Vergebung für meine derzeitige Rüpelhaftigkeit. Es tut mir heute in der Seele weh, aber ich kann, was war, nicht mehr ungeschehen machen. Bitte verzeihen Sie mir. Bei P. F. entschuldige ich mich selbstverständlich ebenfalls, Zweitschrift beiliegend.

In der Hoffnung auf Ihr Verständnis und auf ein versöhnliches Zeichen von Ihnen, wie auch von P. F., verbleibe ich. Mit freundlichen Grüßen

Arthur Thillmann, Adresse .... am 21.05.2000

P. F.

F. ./. Thillmann

Lieber P., bitte verzeih mir! Es tut mir sehr leid, dass ich Dich geschlagen und Dir überhaupt so viel Ärger und Umstände bereitet habe. Doch sicherlich weißt Du selbst, dass auch ein Mensch zum Tier wird, wenn er so sehr in die Enge getrieben wird, wie ich von Dir. Als Du dann auch noch die Schuhe nach mir geworfen hast, ist bei mir die Sicherung durchgebrannt.

Aus meiner heutigen klaren Sicht, weiß ich, dass die ganze Aktion dazu diente und erforderlich war, mich auf Trab und somit auf meinen neuen Weg zu bringen. Es tut mir sehr leid, dass ich mich so sehr dagegen gewehrt habe. Doch man weiß ja immer erst im Nachhinein, wofür etwas gut war.

Trotz der Hoffnung kann ich nicht erwarten, dass es zwischen uns wieder so sein wird, wie es vor der Auseinandersetzung war. Doch ich weiß und hoffe sehr – wenn Du in Dich gehst, kannst Du meine Situation nachvollziehen und mir vergeben. So, dass ich zumindest das Gefühl bekomme – Du bist mir gegenüber wieder friedlich gesinnt.

Ich ziehe zum 01.06.2000 aus, meine neue Adresse ist .... Weil ich weiß, dass Menschen unserer Prägung, Menschen, die auf der Suche sind, leichter, als alle Anderen verstehen und vergeben können, hoffe ich sehr, dass Du mich eines Tages besuchst, um mir wieder die Hand zu reichen. Du bist mir jederzeit willkommen.

Noch einmal, verzeih mir bitte. Deinen Anwalt habe ich ebenfalls um Verzeihung gebeten, Zweitschrift beiliegend.

In der Hoffnung auf Nachsicht und Verständnis Eurerseits, verbleibe ich.

Mit freundlichen Grüßen

Nach dieser Entschuldigung und der Rücksprache meines Anwaltes S. G. mit dem Rechtsanwalt P. Z. wurde die Klage zurückgezogen. P.F. klagte wegen Schmerzensgeld. Die Klage wurde vom Gericht wegen mangelnden Interesses der Öffentlichkeit abgelehnt. Nun, in meiner neuen Wohnung bin ich darüber sehr glücklich und allen Beteiligten dankbar.

Dies war die zweite Räumungsklage in meinem Leben. Seit 1987 habe ich auf mehrere hundert Bewerbungen nur noch Absagen bekommen. 1991 sah ich keinen Sinn mehr darin, mich weiterhin zu bewerben und befasste mich, auf der Suche nach der Wahrheit, nur noch mit der Esoterik. Meine geliebte Ehefrau, die mich, wie alle anderen Menschen meiner näheren und weiteren Umgebung auch, nicht mehr verstehen konnte und auch nicht wollte, erklärte mir 1993, sie will endlich leben, sie will die Scheidung. Aus Liebe zu ihr und, weil ich sie sehr wohl verstand, willigte ich die Scheidung ein, übereignete ihr in aller Güte unser gemeinsam erbautes Haus mit allem Inhalt und versprach ihr, das Haus zu verlassen. Da ich aber keine Arbeit – und auch sonst keine Einnahmen zu erwarten hatte, und darum auch nicht wusste, wohin, hat mich meine Familie im Mai 1994 mit Hilfe und in Anwesenheit eines Anwalts, eines Gerichtsvollziehers, zwei Polizisten und einem Spediteur aus meinem eigenen Haus vertrieben und einfach auf die Straße gesetzt. Ich konnte nur noch wählen, wo und auf welcher Straße von Augsburg oder in der Umgebung ich ausgesetzt werden will. Beim Abschied haben meine Frau und ich uns umarmt und so bitterlich geweint, wie kleine Kinder, die ein großes Leid verspüren aber nicht verstehen, was geschieht.

Das klingt sehr grausam, man empfindet es im Augenblick des Geschehens auch so. So grausam erscheint die Seele dem Ego, wenn dieses nicht verstehen will. Doch beide Räumungen waren berechtigt und für das Wachstum meiner Seele notwendig. Ich freue mich heute, und bin meiner damaligen Ehefrau, die ja ebenfalls bis zur Verzweiflung gelitten hat, sehr dankbar dafür, dass sie trotz ihres eigenen Leids diese Kraft mobilisieren konnte, um mich auf meinen weiteren Weg zu bringen.

Hab Dank, mein gutes Mädchen! Hab Dank für Deine Liebe, für Deine Zuwendung, für Deine Treue, für Deine Geduld und Ausdauer, für Deine Unterstützung und Förderung meiner Persönlichkeit in all den schweren Jahren mit mir, denn Du hast mich mehr gefördert, als ich selbst.

Alles in unserem Leben stand unter irgendeinem Zwang. Und eines Tages wusste ich es, unsere Ehe war eine Zweckehe. Du Seele hast Dir vorgenommen, mich Seele zu fördern. Zu diesem Zweck hast Du auch einen sicheren Arbeitsplatz, damit ich auf die Suche gehen und die Wahrheit studieren konnte. Doch Du hast leider nichts verstanden, hast Dich auch stets geweigert, etwas zu verstehen. Du hast diese Weigerung zu verstehen auch auf unsere Kinder übertragen. Doch ich weiß, Ihr erlebt, wie ich, genau das, was Eure Seelen für ihr Wachsrum benötigen. Nach dem Erscheinen dieses Buches habt Ihr genau den Irrtum, mich verstoßen zu haben, hinter Euch. Erlebt Ihr genau die Enttäuschung – die Befreiung von der Täuschung, die Ihr benötigt, um zu erkennen, dass Ihr Teile einer unbewussten Masse seid, die sich selbst zwar als intelligente, zivilisierte Gesellschaft bezeichnet, jedoch die tiefste Dunkelheit, die tiefste Selbstvergessenheit, die größte Entfernung jedes Einzelnen von seinem göttlichen Selbst und somit, allgemein gesellschaftlich ausgedrückt, die eigentliche Dummheit verkörpert und repräsentiert.

Es war notwendig, dass ich in die Stille und Abgeschiedenheit gehe, doch es war nicht notwendig, dass Ihr mich verachtet und wie einen Aussätzigen behandelt nur, weil Ihr mich nicht verstehen könnt. Andererseits, ich hätte ja auch freiwillig gehen können. Doch die Angst vor der ungewissen Zukunft hielt mich davon ab. Es ist also alles so gekommen, wie es für alle Beteiligten richtig und gut war und ist. Entsprechend der Weisheit – denn sie wissen nicht, was sie tun, fügt sich alles, wie von selbst. Wenn Ihr also Eure materialistische Einstellung nicht ändert, werdet Ihr in diesem Leben auch nichts mehr verstehen. Doch ich verstehe Euch und darum liebe ich Euch so sehr, dass Ihr es regelrecht fühlen müsstet. Ich liebe Euch mehr, als ein normaler (mich haltet Ihr ja für verrückt) Mensch nachvollziehen kann. Ich hoffe, meine Liebe, dass Du wirklich, entsprechend Deiner Vorstellung, nach unserer Scheidung Dein Glück gefunden hast, denn ich wünsche Dir aus tiefster Seele alles erdenklich Liebe und Gute.

Menschen, wie ich, die auf der Suche nach der Wahrheit sind, das sind die sogenannten Gestrauchelten. Sie sind jedoch die eigentlichen Weisen. Diese werden von der Gesellschaft als Spinner gemieden, weil diese Gesellschaft sie nicht versteht und darum Angst davor hat, sie könnten etwas verändern. Und die Unsicherheit vor allem Neuen ist das Beängstigendste von allem, was ein Mensch sich überhaupt vorstellen kann. Salopp ausgedrückt – das kollektive Ego – die Dummheit hat Angst davor, von der Weisheit gelehrt, also erleuchtet und als Dunkelheit verdrängt zu werden.

Die Misshandlung
Am 02.06.2000 schrieb mir Frau H. – T. vom Sozialamt unter Anderem:
Vollzug des Bundessozialhilfegesetzes (BSHG)
Das Landratsamt Augsburg – Sozialhilfeverwaltung – erlässt folgenden
B e s c h e i d :
1. Ihnen wird für die Zeit vom 13.06.2000 bis 31.12.2000 eine gemeinnützige und zusätzliche Arbeit nach Maßgabe folgender Bestimmungen über die Art der zu leistenden Tätigkeit, ihres zeitlichen Umfangs sowie der Höhe der angemessenen Entschädigung zugewiesen:
    a) Arbeitsbeschreibung:
    Reinigungsarbeiten in der Staudenhalle sowie Pflege der Außenanlagen, Mitarbeit im Bauhof, z.B. Straßen kehren, Papierkörbe leeren, Pflege von Grünanlagen
    b) Arbeitsstelle und Arbeitsort:
    Bauhof des Marktes Fischach
    c) Arbeitszeit:
    20 Std. pro Woche: Montag – Freitag von 8.00 – 12.00 Uhr
    d) Mehraufwandsentschädigung:
    Für die Dauer der Maßnahme erhalten Sie je volle abgeleistete Arbeitsstunde eine Mehraufwandsentschädigung von DM 2 zu-

sätzlich zu Ihrer laufenden Hilfe zum Lebensunterhalt.

2. Für diesen Bescheid werden Keine Kosten erhoben.

Es folgen 1,5 Seiten Belehrungen und Begründungen.

Die Reaktion

Am 13.06.2000 schrieb ich als Sozialhilfeempfänger unter dem Betreff: Beschwerde an das Landratsamt Augsburg, Herrn Landrat Dr. Karl Vogele, Prinzregentenplatz 4, 86136 Augsburg folgenden Brief, aus dem ganz klar hervorgeht, wie Menschen obdachlos werden.

Sehr geehrter Herr Landrat,

zum zweiten Mal bin ich der Willkür der Beamten im Sozialamt, der sehr geehrten Frau H. – T. und dem sehr geehrten Herrn V. ausgesetzt. Ich werde behandelt, wie ein Idiot. Und wenn ich bedenke, wie zuvorkommend die Ausländer, gleich welcher Art der Einwanderung, behandelt werden, wie diesen Ausländern der Zucker regelrecht in den Arsch geblasen wird, dann komme ich mir als Deutscher in Deutschland vor, wie ein verirrter Hund in einer fremden Stadt.

Im Juli 1994 beantragte ich zum ersten Mal Sozialhilfe. Schon damals war ich diesen beiden Herrschaften ausgeliefert. Ich wurde zu Aktionen gezwungen, die überhaupt keinen Sinn ergaben. Ich sollte mir Zeitungen kaufen und Bewerbungen auf Stellenangebote schreiben. Ich sollte mich bei Firmen bewerben, die niemanden suchen, also auch niemanden brauchen. Man zahlte mir immer weniger aus, weil ich nicht in der Lage war, den sinnlosen Anordnungen Folge zu leisten. Dann sagte mir Frau H. – T., ich würde das volle Geld weiter bekommen, wenn ich bereit wäre bei der Wohngemeinde allgemein üblicherweise in einer Gemeinde anfallende gemeinnützige Arbeiten zu verrichten für einen Stundenlohn von DM 3,50. Dieses Geld würde man mir bei der Gemeinde direkt auszahlen, wobei ich die Sozialhilfe in voller Höhe weiterbekomme. Selbstverständlich sagte ich voller Begeisterung zu, denn ich wollte ja arbeiten. In der selben Stunde noch, ging ich von Frau H. – T. zu Herrn V. um mein Geld zu holen und dieser Kürzte es mir erneut. Na schön, dachte ich, ich verdiene ja DM 280,- dazu, dann werde ich schon zurecht kommen.

Doch es kam anders. Bei der Gemeinde gibt es einen Mitarbeiter, der mir, einem Sozialleistungsempfänger schon am ersten Tag meiner dortigen Mitarbeit seine volle Verachtung zeigte, die sich täglich noch steigerte und dem entsprechend setzte er mir zu. Und es ist nur meiner Beherrschung höchsten Grades zu verdanken, dass es damals nicht zu einer handgreiflichen Auseinandersetzung gekommen ist.

Ich habe damals die gleichen Arbeiten verrichtet, wie jeder der Gemeindemitarbeiter auch. Ich wurde sogar bei gleichem Lohn von DM 3,50 zu schwersten körperlichen Arbeiten im Wald gezwungen, bei der die Gemeindemitarbeiter eine Erschwerniszulage bekommen haben. Die Gemeinde hat also damals mehr an mir verdient, als das Sozialamt bis heute an mich ausgezahlt hat.

Gegen Ende Dezember 1994 hielt ich es nicht mehr aus, ich konnte diesen Zustand nicht mehr ertragen. Druck von den Beamten und täglich mehr Repressalien an einem total unterbezahlten Arbeitsplatz, das hält kein normaler Mensch aus. Am 27.12.1994 ging ich zu Herrn V. und sagte ihm, dass ich diesen Zustand nicht mehr ertrage. Ich will kein Geld mehr vom Sozialamt, denn ich kann und will nicht mehr sein und Frau H. – T`s Sklave sein. Ich will und kann mich Ihrer Willkür nicht mehr aussetzen.

Hätte mich das Leben damals nicht aufgefangen, wäre ich als Obdachloser in der Gosse, beziehungsweise unter den Brücken bei den anderen Obdachlosen gelandet.

Nun, nach beinahe sechs Jahren bin ich gezwungen, erneut beim Sozialamt zu betteln. Und genau, wie vor sechs Jahren geht alles von Vorne los, wiederholt sich alles.

Ich werde also erneut von den selben Beamten in der selben Weise zu Aktionen gezwungen, die überhaupt keinen Sinn ergeben. Ich soll mir Zeitungen kaufen und Bewerbungen auf Stellenangebote schreiben, für die sich bis zu 200 junge Leute bewerben, wobei 199 leer ausgehen. Ich soll mich persönlich bei Firmen bewerben, die niemanden suchen, also auch niemanden brauchen. Man droht mir mit Kürzungen, wenn ich den sinnlosen Anordnungen nicht Folge leiste. Ich lebe nur noch in ständiger Angst vor Repressalien seitens der Beamten. Jedes Mal, wenn ich einen Brief vom Landratsamt erhalte, befürchte und finde ich auch eine neue Gemeinheit, irgendeine neue Schikane. Es hat sich also nichts geändert. Nur in einem Punkt ist etwas anders, die Beamten sind noch selbstsicherer, befehlsgewohnter und dreister geworden. Diesmal spricht Frau H. – T. nicht einmal mit mir, ob ich bereit bin, in der Wohngemeinde eine gemeinnützige Tätigkeit zu verrichten, sondern sie drückt mir diese mit Schreiben vom 02.06.2000 ganz einfach auf und sogar nur noch für einen Stundenlohn von DM 2,-.

Ich kann und ich werde diese Arbeit nicht aufnehmen, denn ich weiß, ich ertrage die gleichen Erfahrungen nicht noch einmal. Außerdem weiß und empfinde ich das Verhalten der Beamten als Willkür und Schikane. Wenn die Wohngemeinde mich braucht, dann soll sie mich gefälligst einstellen. Sie können es sich nicht vorstellen, wie gerne ich in Vollzeit und bei vollem Lohn alle anfallenden Arbeiten genauso, wie die anderen Mitarbeiter auch ausführen werde. Unter diesen Bedingungen würde ich sogar mit dem Sadisten meiner damaligen Wohngemeinde gerne wieder zusammenarbeiten, denn ich weiß, als gleichwertigen Mitarbeiter würde er mich auch genauso behandeln. Aber ich tue es nicht mehr als Sklave zum Zwecke der Schikane seitens Ihrer Beamten. Und ich sehe auch nicht ein, dass der Staat den Kommunen eine Möglichkeit zu sparen verschafft, in dem die Beamten sich gegenseitig Sozialleistungsempfänger als Sklaven zu Billigstlöhnen zuschanzen.

Ich soll die ohnehin wenigen paar Kröten, welche ich vom Sozialamt bekomme für sinnlose Bewerbungen, Fahrten und sonstige Aktionen ausgeben. Beispiel, ich wurde veranlasst ein Konto bei einer Bank einzurichten, das mich monatlich DM 3,- als Kontoführungsgebühr kostet, und muss dennoch mindestens zwei Mal im Monat für je DM 19,-, also insgesamt DM 38 für den Bus ausgeben, um mein Geld vom Sozialamt persönlich zu holen. Ist nicht auch das eine idiotische Willkür?

Ich habe seit der erneuten Antragstellung bei Herrn V. am 12.05.2000 bis heute für meinen persönlichen Unterhalt etwa DM 400,- erhalten. Dies muss mir reichen bis zu meinem nächsten mir vorgegebenen Termin am 26.06.2000 in Schwabmünchen. Und man bedenke, davon musste ich schon allein, um an das Geld zu kommen bereits DM 119,40 ausgeben und ich benötige am 26.06.2000 noch weitere DM 19,- für die Fahrt nach Schwabmünchen, um wiederum Geld zu holen. Mir verbleiben also für einen Zeitraum vom 12.05. – 26.06.2000 = 38 Tagen zum Leben 400 – (119,40 + 19,- + 119,31 Stromgeld an die LEW) = 142,29. Bei 38 Tagen entspricht dies einem Tagessatz von 142,29 : 38 = DM 3,74. Von diesem Betrag soll ich mir aber auch noch alle Dinge für den Haushalt beschaffen, welche mir von Herrn V. in der von mir eingereichten Bedarfsliste gestrichen wurden.

Könnte einer von Ihnen, beziehungsweise einer der Beamten davon leben?

Man überlässt es einer Firma MAATWERK, mich zu vermitteln. Und was habe ich bei der ersten Vermittlung erlebt? Die Firma MAATWERK schreibt mir am 29.05.2000 eine Einladung zu einem Erstgespräch. Darin steht unter Anderem: „MAATWERK ist ein Spezialist für die Vermittlung von Arbeitslosen in den ersten Arbeitsmarkt und wurde deshalb vom Landratsamt Augsburg beauftragt, sich um Ihre dauerhafte Eingliederung in den regulären Arbeitsmarkt zu kümmern.

Sie wurden von Ihrem zuständigen Sozialamt **für eine Vermittlung ausgewählt**. Aus diesem Grunde möchte sich Ihr MAATWERK – Vermittler in einem ersten Gespräch ein klares Bild Ihrer persönlichen Wünsche, Fertigkeiten und Umstände machen, um sich dann gezielt auf dem Arbeitsmarkt auf die Suche nach geeigneten offenen Stellen zu begeben. Wenn Stellen gefunden sind, wird er gemeinsam mit Ihnen prüfen, ob diese für Sie geeignet ist. ......"

Ich muss ehrlich gestehen, ich war begeistert und begab mich zu diesem ersten Gespräch voller Euphorie, die sogar auf meinen Gesprächspartner – Herrn B. K. überging. Meine Euphorie erhielt schon zu Beginn des Gespräches den ersten Dämpfer. Nach dem ich meine Situation wie folgt schilderte – es gibt da ein Problem, ich bin nicht in der Lage, Ihnen auch nur ein einziges Zeugnis vorzulegen, denn am Heiligabend 1997 habe ich in einem Augenblick höchster Verzweiflung (kein Alkohol) alle meine Unterlagen und Zeugnisse Vernichtet. Die Reaktion war für mich ebenso verblüffend, wie irreführend, denn er sagte – wir benötigen von Ihnen keine Zeugnisse. Eine Personalvermittlungsagentur, die keine Zeugnisse benötigt, erscheint mir schon sehr anrüchig. Dennoch habe ich unaufgefordert einen tabellarischen Werdegang überreicht, wobei ich an meinem Gesprächspartner merkte, dass dies nicht einmal erwünscht ist. Ich wurde also gefragt, ob ich irgend welche besonderen Wünsche hätte. Dies verneinte ich und bestärkte meinen Wunsch nach Arbeit in dem ich sagte, dass ich alles annehmen würde, was sie zu bieten haben. Es gibt nur eine Einschränkung – **ich kann nicht mehr den ganzen Tag eine körperlich schwere Arbeit verrichten.**
Herr K. fragte mich, ob ich die Abwechslung – Autofahren und Päckchen bis maximal 35 kg, für die es aber eine Sackkarre gibt, für eine schwere Arbeit halte. Ich müsste allerdings schon um 6 Uhr in der Früh bei der besagten Firma antanzen und bis abends um 17 Uhr kann es manchmal schon werden. Natürlich sagte ich voller Begeisterung, nein, das würde ich sogar sehr gerne machen, denn ich fahre sehr gerne Auto. Herr K., von meiner Begeisterung angesteckt, rief sogleich bei der Spedition an, verlangte Herrn N. und versicherte diesem – Herr N., Sie haben mir zwar gesagt, **dass ich Ihnen niemanden mehr schicken soll,** doch ich habe jetzt genau den richtigen Mann für Sie. Er teilte mir mit, dass Herr N. mich am gleichen Nachmittag ab 14 Uhr empfangen wird. Und wir waren uns darüber einig, dass ich selbstverständlich sofort anfangen werde. Dann schlug er mir vor, die Menschen, von denen dieses Unternehmen für die Vermittlungen offensichtlich bezahlt wird, zu betrügen. Und zwar in der Art, dass ich zwar sofort anfangen kann, vertraglich jedoch erst ab dem 1. des kommenden Monats damit ich das Geld vom Sozialamt für den Monat Juni noch voll ausbezahlt bekomme. Das würde er mit Frau H. – T. schon regeln. Dies erschien mir zwar noch anrüchiger, doch ich war ja voller Freude, ich war schon sicher, dass ich eine Arbeitstelle habe. Ich sagte nur noch O.K., O.K. und verabschiedete mich noch begeisterter, als ich gekommen war. Zum Abschied sagte Herr K. zu mir – Herr Thillmann, noch niemals hatten wir einen so leichten Kunden, wie Sie.

Ich hatte Hunger, doch ich hätte mich beherrschen können bis ich abends zu Hause bin. Aber vor Freude auf meinen neuen Job und weil ich noch sehr lange warten musste, gönnte ich mir nach langen Zeiten der Entbehrungen ein kleines Festessen. Ich kaufte mir beim Imbiss vor dem EGM in Lechhausen ein ½ Hähnchen mit Kartoffelsalat und einen ½ Liter Wasser für ganze DM 11,-. Dieser Tag hat mich also DM 30,- gekostet und ich hoffe, die Auslagen werden mir wirklich, wie geschrieben steht, ersetzt.

Doch ich würde gerne DM 30.000,- ausgeben, um einen solchen Tag nicht noch einmal zu erleben. Herr K. sagte mir zwar, dass, es sich um die Spedition S. handelt, aber er schilderte mir einen falschen Job, er gaukelte mir falsche Tatsachen vor. Er sagte mir nicht, dass es sich um die S. Kurier GmbH, um den DPD – Deutscher Paket Dienst und somit um den härtesten Job der Welt handelt. Und er ist dämlich (oder gerissen?) genug, mich 57 jährigen Mann für einen solchen Job vorzuschlagen.

Als ich Herrn N., dem Geschäftsführer der S. Kurier GmbH gegenübersaß, empfand ich diesen als einen sehr offenen, ehrlichen, sympathischen, liebenswerten und zuvorkommenden Menschen, doch was er mir über den Job offenbarte, wirkte wie Keulenschläge auf mich. Zunächst einmal müsste ich bereits um 5 Uhr das Auto zum Verladen vorfahren, das Auto vom Band her beladen, nach Buchloe fahren und dort bis zu 120 Pakete – Paket für Paket, manchmal bis zu 35 kg schwer und zu Fuß über mehrere Stockwerke hoch. Und alles im Laufschritt – Paket aus dem Auto holen, im Laufschritt zum Eingang, gleich auf welcher Etage, Paket abliefern, unterschreiben lassen und im Laufschritt zurück zum Auto. Es darf kein Paket grundlos zurückgebracht werden. Jeder Satzteil wirkte auf mich wie eine Keule und ich war froh, als Herr N. von sich aus zu mir sagte – dass Sie in der Früh kein öffentliches Verkehrsmittel haben, um hier her zu kommen, ist kein Problem, ich würde Ihnen das Auto mit nach Hause geben. Es gibt nur ein Problem, diesen Job schaffen Sie niemals. Das ist ein Job für junge Männer von 20 – 22 Jahren und genau einen solchen habe ich erwartet, als Herr K. am Telefon zu mir sagte, er hätte jetzt genau den richtigen Mann für mich.

MAATWERK steht für Maßarbeit. War das Maßarbeit? Ist alles, was da gelaufen ist im Sinne der Beamten? Sind die Beamten als Vertreter und Verwalter des Staates Deutschland mit allem einverstanden, was diese Firma, offensichtlich eine Ansammlung von Idioten so treibt? Werden diese Idioten für jede vermittelte Person bezahlt, was mir angesichts der Tatsachen fraglich erscheint? Oder werden sie pro versuchte Vermittlung bezahlt? Diese Variante würde eher mit deren Verhaltensweise übereinstimmen. Laut MAATWERK wurde ich von meinem zuständigen Sozialamt für eine Vermittlung ausgewählt. Die Beamten verfügen also über ein Auswahlverfahren, wer von den Sozialleistungsempfängern schikaniert und gequält werden soll? Soll es so ablaufen? Haben diese es sich genau so vorgestellt?

Ich habe an diesem Tag DM 30,- ausgegeben – 19,- für ein Tagesticket bei der AVV und 11,- für einen Imbiss bei dem EGM in Lechhausen. Und was habe ich dafür bekommen? Ich bin um eine Erfahrung reicher geworden. Ich verfüge über einen weiteren Beweis für die Blödheit und Willkür der deutschen Beamten.

Der einzige, strategisch richtige und gangbare Weg, für einen Menschen in meinem Alter und in meiner Situation noch eine Arbeitstelle zu bekommen, ist eine Massenkurzbewerbung. Was das ist? Man verschickt in einem bestimmten Einzugsbereich an eine bestimmte Anzahl Firmen einer bestimmten Ausrichtung und Größe jeweils eine Kurzbewerbung mit tabellarischem Werdegang. Auf diese Weise bewirbt man sich nicht, wie konventionell und von den Beamten gefordert, als ein alter Mann auf ein Stellenangebot zusammen mit 200 jungen Leuten bei einem Unternehmen, sondern als Einer, der bei 500 – 1000 Unternehmen als Einzelner auf sich allein aufmerksam macht. Erkennen auch Sie schon den Chancenunterschied und meine Aussichten? Mit einer Massenkurzbewerbung habe ich eventuell sogar die Möglichkeit eines Wiedereinstiegs als Projektmanager. Das zu tun, was ich bisher am liebsten getan habe. Wie das geht? Die einfachste und billigste, aber nicht die schnellste Methode ist – ein Dienstleistungsunternehmen liefert das gewünschte Adressenmaterial als Adressenaufkleber. Man kann die Aufkleber als Empfängeradresse auf dem Briefumschlag verwenden, oder bei einem Fensterumschlag unter dem Briefkopf. In diesem Fall jedoch weiß sofort jedes angeschriebene Unternehmen, dass es sich um eine MKB handelt. Man kann aber auch die Adressen abschreiben. Diese Methode ist allenfalls sehr Zeitaufwändig. Und man sollte die Briefe ja möglichst alle gleichzeitig abschicken.

Die nächste Möglichkeit ist – das gleiche Unternehmen liefert das Gewünschte Adressenmaterial massenbriefgerecht auf einer CD oder Diskette. In diesem Fall muss man den Datenträger sowie Papier einlegen und ausdrucken lassen. Man hätte also nur noch die Arbeit, die Briefe zu falten, in das Couvert zu geben, das Couvert zuzukleben und noch die Briefmarke aufzukleben.

Die schnellste aber auch teuerste Methode wäre – man schickt den Brief zusammen mit dem tabellarischen Werdegang in jeweils einem Exemplar an das obige Unternehmen und dieses erledigt den gesamten Ablauf. In diesem Fall aber merkt jeder Empfänger, wer auch immer den Brief öffnet, dass der Ort des Absenders nicht mit dem Ort übereinstimmt, wo der Brief von der

Post abgestempelt wurde. Doch man könnte sich die Briefe in einem Paket zuschicken lassen und diese am Wohnort zur Post bringen.

Die gesamte Aktion, der von mir bevorzugten mittleren Ausgabe, begrenzt auf den Aktionsradius Bundesrepublik Deutschland, würde für meinen Bedarf einschließlich Postversand schätzungsweise DM 5000,- kosten. Ein Betrag, der sich für Sie, wie für mich sehr schnell auszahlt, denn ich schätze mal, dass Sie als das Sozialamt mich nach dieser Aktion ein- für alle Male los hätten. Ich befürchte auch keine Entlassung mehr, denn ich gehe mit einer vollkommen neuen Einstellung zurück ins Leben.

Es gibt absolut nichts mehr über der Wirksamkeit und Effizienz einer solchen Aktion. Alles andere, einschließlich der Repressalien durch Zwänge seitens der Beamten, ist nichts weiter, als eine Beschäftigungstherapie für die Beamten, ist Idiotie und führt zu Frustration und dadurch wiederum zu Selbstaufgabe. Sparen auf Kosten der Ärmsten, führt zu noch mehr Elend im Staat. Und wie Sie unschwer erkennen, würde sich diese Investition nach etwa 6 – 7 Monaten für Sie amortisiert haben.

Warum die Beamten nicht selbst darauf kommen? Weil diese das Falsche lernen. Sie lernen, wie die Menschen, welche hilfesuchend zu ihnen kommen, seelisch misshandelt und zerbrochen werden, damit sie wieder wegbleiben. Sie lernen aber nicht, diese Menschen menschlich (nicht psychologisch, weil dumm) zu beraten.

Mein Leben hat mich bisher sehr stark gebeutelt. Jedoch nicht weil ich arbeitsfaul bin oder war, sondern weil diese Gesellschaft meine weit über deren Durchschnitt liegende Kreativität und Erfindergabe bisher abgelehnt hat. Doch nun ist Kreativität scheinbar wieder gefragt. Vielleicht sogar in Ihrem Landratsamt, wo ich dem Staat als Ganzes wieder auf die Sprünge helfen könnte?

Sie glauben nicht, dass es so viel Kreativität gibt? Dann lesen Sie doch bitte den, aus meinem werdenden Buch, am Ende dieses Schreibens, hinzugefügten Artikel **„Schuldscheine sind Wertpapiere?"**! Es ist nur ein einziger von insgesamt 83 überaus kreativen Artikeln. Wenn Sie nach diesem Artikel nicht in Bewegung geraten, dann bewegt diese Welt nichts und niemand mehr.

Und wenn Sie noch mehr tun wollen, dann veröffentlichen Sie dieses komplette Schreiben zusammen mit dem hinzugefügten Artikel. Dadurch wäre mein Projekt sofort in aller Munde und Sie hätten nicht nur mir und sich selbst geholfen, in dem Sie mich dann los hätten, sondern, dann hätten Sie der gesamten Menschheit dieser Welt schlagartig geholfen. Oder haben Sie etwa Angst, dass die Wirtschaft zusammenbricht, wenn Sie das tun? Dies wäre ein Irrtum. Richtig ist, dass der Kapitalanlagenmarkt zusammenbricht.

Doch genau dies ist die Grundvoraussetzung dafür, dass das gebundene Kapital wieder der Wirtschaft zur Verfügung steht und diese eben dadurch endlich wieder Tritt fassen kann. Genau dadurch gibt es einen wirtschaftlichen Aufschwung, wie ihn sich noch niemand vorstellen kann. Sie wollen das gesamte Projekt zuerst lesen? Das brauchen Sie nicht, der Herr Oberstaatsanwalt Nemetz hat es bereits gelesen und sogar auf einer Schneeballdiskette genehmigt, in dem er diese nicht verboten hat.

Ich will zurück ins Leben. Bitte erleichtern Sie mir den Weg. Aber bitte nicht mehr durch Druckausübung. Allein durch Druckausübung Ihrerseits scheitern die meisten von denen, die Sie auf diese Weise wiedereingliedern wollen. Druck erzeugt Widerwillen und dieser Widerwillen lähmt und verhindert jegliche Lust zur Eigeninitiative. Auf diese Weise werden von den Beamten Obdachlose regelrecht produziert. Ob Sie das wahrhaben wollen oder nicht, es ist so. Ich gehe zwar nur von mir aus, doch ich weiß, dass es allen auch nur annähernd kreativen Menschen so geht. Es setzt ganz einfach etwas aus, sobald ich unter dem auf mich ausgeübten Druck auch nur einen Hauch von Willkür meines Gegenübers wahrnehme und sobald ich weiß, dass die von mir verlangten Aktionen nur für die Katz sind und zu nichts Anderem, außer einem ständigem finanziellen Verlust sowie negativem Stress führen.

Die Bewussten, Intuitiven, Subjektiven, Weisen, Ungenauen, Langsamen, Kreativen unterscheiden sich von den Wissenden, Logischen, vermeintlich objektiven Klugen, Hochgenauen, Schnellen, Produktiven. Die Einen bestimmen über sich selbst, die Anderen werden bestimmt. So sollte es sein. Meistens jedoch bestimmen die Produktiven über die Kreativen. So wird aus den Produktiven ein Sozialfall und aus den Kreativen ein Dummkopf. Doch weil ich als Kreativer nicht zum Dummkopf, sondern zu einem Sozialfall wurde, weiß und bin ich nun gezwungen zu berichten, dass und wie man sich als Sozialfall gefallen lassen muss, von den eigentlichen Schmarotzern dieser Gesellschaft, von den von Gesetzen gesteuerten biologischen Robotern, beziehungsweise von den vollidiotischen Beamten, als Idiot behandelt zu werden, damit diese einem ein paar DM für den Lebensunterhalt genehmigen. Die gesamte menschliche Gesellschaft dieser Welt ist jedoch zu blind, um dieses zu erkennen. Sie besteht aus lauter Zombies und genau das hat Jesus vor 2000 Jahren gemeint, in dem er sagte – denn Sie wissen nicht, was sie tun.

Ich will wirklich zurück und ich bitte Sie, mein Wollen zu unterstützen. Und weil ich das Richtige will, weiß ich, dass Sie es tun werden.

Und bedenken Sie bitte, mit der Zeit habe auch ich mich verändert. Diesmal gebe ich nicht auf. Diesmal lasse ich mich von Ihren Beamten nicht mehr ins Boxhorn jagen. Diesmal gehe ich nicht, wie vor sechs Jahren resigniert zu Herrn V., um ihm zu sagen – ich will nichts mehr von Euch, weil ich nicht mehr Euer Sklave sein will. Diesmal kämpfe ich um mein Recht auf Leben ohne Repressalien mit den Vorschriftenmarionetten. Diesmal wehre ich mich gegen die Dummheit und Willkür Ihrer Beamten. Ich selbst bestimme über mein Sein und Werden und nicht mehr irgendwelche dummen Beamten. Die Beamten sind dazu da, mir bei der Wiedereingliederung in die Gesellschaft zu helfen. Doch den richtigen Weg zeige ich diesen.

Ich erwarte also, dass mir das zustehende Geld ab sofort auf mein Konto überwiesen wird und zwar auch bereits der Rest für den Monat Juni, den ich mir am 26.06.2000 für DM 20,- in Schwabmünchen holen müsste, doch nicht mehr tun werde. So dass ich niemals mehr auch nur einen Pfennig ausgeben muss, um es zu empfangen und auch niemals mehr bei Ihren Beamten vorstellig werden muss. Ich will auch mit diesem Scheißladen namens MAATWERK und auch mit keiner anderen Personalvermittlungsagentur im Auftrag der Beamten jemals wieder etwas zu tun haben. Idioten können nur Idioten anziehen.

Dieses Schreiben kommt als ein weiterer Artikel mit dem Titel **„Wie entstehen Obdachlose?"** in mein werdendes Buch mit dem Titel **„Das Konzept der globalen Erneuerung".** Die Welt wird lesen und feststellen können, was daraus und aus mir, dem kreativsten Menschen dieser Zeit, geworden ist.

Entweder Sie gehen auf meine Vorschläge ein, dann haben Sie mich bald los. Oder Sie gehen nicht darauf ein. Sollte mir in diesem Fall auch nur ein Pfennig des mir zustehenden Geldes gekürzt werden, rufe ich das Gericht auf den Plan, denn ich tue nichts mehr von dem, was mir Ihre dummen Beamten anschaffen, weil ich grundsätzlich, immer und für alle Probleme die besseren Lösungen weiß. Und wie Sie sehen, bin ich ein Mensch, der nicht nur, wie die Politiker, den Istzustand bemängelt, sondern auch den Sollzustand kennt und vorgibt.

Dieses Schreiben geht zur Kenntnisnahme an Herrn K., Firma MAATWERK und an Herrn N., Firma S.. Für Ihre Beamten wollen Sie, sehr geehrter Herr Landrat bitte das Schreiben kopieren lassen, denn ein Brief mit diesem Inhalt kostet mich mehr, als mir für einen ganzen Tag zum Essen zur Verfügung steht.

Schon im Voraus sage ich vielen, herzlichen Dank für Ihr Entgegenkommen und verbleibe in der Hoffnung, bald positiv von Ihnen zu hören.

Mit freundlichen Grüßen

Die Folgen
Am 29.06.2000 schrieb mir Frau W.:
<u>Vollzug des Bundessozialhilfegesetzes (BSHG)</u>
Hier: Sozialhilfe für Thillmann Arthur; Belehrung über die Folgen einer Arbeitsverweigerung (§ 25 Abs. 1 Satz 3 BSHG)
Sehr geehrter Herr Thillmann,
um Ihre sozialhilferechtliche Notlage und die der evtl. unterhaltsberechtigten Angehörigen beseitigen zu helfen, wurden Sie bei Ihrem letzten Vorsprachetermin aufgefordert bei dem für die Hilfe zur Arbeit zuständigen Sachbearbeiter am 27.06.2000 vorzusprechen. Den Vorsprachetermin beim Sachbearbeiter haben Sie nicht wahrgenommen.
Eine für die Zeit vom 13.06.2000 zugewiesene gemeinnützige und zusätzliche Arbeit aufzunehmen. Die Ihnen zugewiesene gemeinnützige und zusätzliche Arbeit haben Sie ohne Rechtfertigungsgründe nicht angetreten.
Wir fordern Sie auf, umgehend Ihren Verpflichtungen ausreichend nachzukommen, nämlich die gemeinnützige Arbeit wieder aufzunehmen und am 14.07.2000 um 10.00 Uhr bei Frau H. – T., Zi. Nr. 119 vorzusprechen.
Sie müssen damit rechnen, dass Ihr Verhalten mit einer Kürzung oder gar Einstellung der Hilfe sanktioniert wird, **bis Sie Ihr Verhalten ändern und Ihren Verpflichtungen wieder vollständig nachkommen** (§ 25 BSHG). Diesbezüglich erhalten Sie in den nächsten Tagen einen Bescheid. Wir erwarten, dass Sie bis spätestens 14.07.2000 Ihren Verpflichtungen wieder nachkommen. Mit freundlichen Grüßen gez. W..

Am 05.07.2000 schrieb ich an Frau W.:
Betreff: Wiedereingliederung in den Arbeitsmarkt
Sehr geehrte Frau W., wie gestern, am 04.07.2000 telefonisch vereinbart erhalten Sie beiliegend eine Kopie der Informationsbroschüre des bfz Augsburg zu Ihrer gefälligen Kenntnisnahme.
Da ich dieses Angebot gerne in Anspruch nehmen würde, bitte ich Sie, mir die Teilnahme zu bewilligen, aber auch zu ermöglichen und alle anfallenden Kosten zu übernehmen.
Bei einem vorhergehenden Telefongespräch haben Sie mir zugesichert, dass mir die Fahrtkosten zum Landratsamt und eventuell auch die zum Arbeitsamt ersetzt werden. Am oberen Ende des Briefbogens finden Sie meine bisherigen 7 Fahrscheine – 5 zum Landratsamt und 2 zu den Arbeitsämtern Schwabmünchen und Augsburg, wie auf der Rückseite beschriftet. Ich bitte Sie sehr, mir das Geld so bald, wie nur möglich auf mein Konto zu überweisen, ich brauche es dringend.
In der Hoffnung, bald positiv von Ihnen zu hören, verbleibe ich dankbar im

Voraus.

Mit freundlichen Grüßen

Ausgeschnitten aus diesem Brief, aber dennoch aufbewahrt, habe ich das, meine Grundeinstellung charakterisierende Folgende:

„Weiterhin gehe ich davon aus, dass auch Sie über eine Kopie meines Schreibens an den Landrat vom 13.06.2000 verfügen. Ich bitte Sie, sich dafür einzusetzen, dass mir die von mir vorgeschlagene Massenkurzbewerbung genehmigt wird. Verlassen Sie den alten Weg der Beamten, den Weg der Quälerei und Schikane. Bisher erkenne ich im Verhalten der Beamten nicht die Absicht mich wieder einzugliedern, sondern einzig und allein das Bestreben, mich als billige Arbeitskraft zu nutzen.

Ermöglichen Sie mir bitte, die neuen Mittel und Wege zu Nutzen und geben Sie mir die dazu erforderlichen Mittel sowie Zeit, auch an meinem PC zu Hause zu arbeiten, sobald ich Internet tauglich bin. Und Sie werden sehen, sie werden mich schneller los haben, als Sie das für möglich halten. Gehen Sie bitte auch davon ab, ich könnte vormittags körperlich und nachmittags geistig arbeiten. Ich bin 57 Jahre alt, doch das ist nicht das Schlimmste, was mich am allermeisten schwächt, ist das Bewusstsein, für Sklavenarbeit verheizt zu werden und dadurch wertvolle Zeit, die ich für mein eigenes Weiterkommen nützen könnte, zu verschwenden.

Wenn Sie nun auch das an den Landrat gerichtete Schreiben gelesen haben, hoffe ich, dass es mir gelungen ist, Ihnen das Empfinden zu vermitteln, dass ich wirklich wieder arbeiten will. Und auch, dass ich sehr wohl zu unterscheiden vermag, was sinnvoll und effizient ist und was unsinnig, verschwenderisch und dadurch nur Kräfte und Mittel zehrend sein kann.“

Am 06- oder am 07.07.2000 erhielt ich mit Schreiben vom 03.07.2000 die Antwort auf meine Beschwerde beim Landrat.

Beschwerdeschreiben vom 13.06.2000

Sehr geehrter Herr Thillmann,

Landrat Dr. Vogele hat mich gebeten, Ihnen auf Ihr Beschwerdeschreiben vom 13.06.00 zu antworten.

Ich bedauere, dass Sie mit der Behandlung Ihrer Angelegenheiten in der Sozialhilfeverwaltung unzufrieden sind. Die Sozialhilfe wird aus öffentlichen Mitteln bezahlt und deshalb müssen strenge Maßstäbe bei der Auszahlung angelegt werden.

Sozialhilfe tritt erst dann ein, wenn der Lebensunterhalt nicht durch eigene Arbeitstätigkeit erbracht werden kann. Deshalb sind unsere Mitarbeiter verpflichtet zum Einen die Arbeitsbemühungen der Antragsteller zu prüfen und zum Anderen möglichst Arbeit zu vermitteln. Hierzu bedienen wir uns der

Firma MAATWERK. Daneben verpflichtet uns das Gesetz dazu, den Antragstellern gemeinnützige Arbeit bis zu einer Arbeitsvermittlung zuzuweisen.

Dieses gesamte Verfahren dient wie gesagt dem sachgemäßen Einsatz öffentlicher Mittel und findet bei allen Antragstellern Anwendung. Ich bedauere es, dass Sie die Notwendigkeit der Maßnahmen offenbar nicht nachvollziehen können.

Ich versichere Ihnen, dass sowohl die Sachbearbeiter hier im Hause als auch bei der Firma MAATWERK pflichtbewusst und kompetent ihre Aufgabe erfüllt haben. Nach den mir vorliegenden Stellungnahmen ist ein Fehlverhalten nicht ersichtlich. Ich fordere Sie deshalb auch auf, sich nicht weiterhin beleidigend gegenüber meinen Mitarbeitern zu äußern. Um diese zu schützen, wäre ich sonst verpflichtet, Strafanzeige zu stellen.

Ich hoffe, Ihnen die Notwendigkeit unserer Verfahrensweise verdeutlicht zu haben. Selbstverständlich stehe ich Ihnen aber für weitere Rückfragen zur Verfügung.

Mit freundlichen Grüßen   gez. Härtl   Oberregierungsrätin

Am 03.07.2000 war ich beim Arbeitsamt in Augsburg, weil dieses nun nach meinem Umzug für mich zuständig ist. Am 04.07.2000 nahm ich die gemeinnützige Arbeit bei der Gemeinde auf. Am 05.07.2000 erhielt ich von der Fa. MAATWERK mit Schreiben vom 04.07.2000 die Aufforderung, mich mit einer bestimmten Gesellschaft für Personaldienstleistung in Verbindung zu setzen. Am 07.07.2000 habe ich mich bei dieser Gesellschaft vorgestellt, am Samstag, dem 08.07.2000 bemühte sich meine neue Vorgesetzte zu mir nach Hause, um mir die Gelegenheit zu geben, den Arbeitsvertrag zu unterzeichnen und am 10.07.2000 begann ich als Hilfsarbeiter für einen Stundenlohn von DM 13 wieder richtig zu arbeiten.

All die Jahre, die ich allein in der Stille und Abgeschiedenheit vom Trubel des Lebens verbracht habe, waren notwendig für meine Erleuchtung. Doch nun, auch wenn ich von diesem Stundenlohn nicht gerade begeistert sein kann, bin ich dennoch froh und allen Beteiligten dankbar, dass ich soweit gebracht wurde, wieder zu arbeiten, dass man mich in diese Lage regelrecht bugsiert hat. Ich bin wieder im Leben. Man kann wieder mit mir rechnen. Oder – muss man jetzt sogar wieder mit mir rechnen?

Von Kindheit an kannte ich den Satz – denn sie wissen nicht, was sie tun. Von Kindheit an war mein Leben ein einziger und ständig währender Kampf gegen irgendwelche Menschen oder Umstände. Das Wort Glück kannte ich nur vom Hörensagen, doch ich konnte nicht nachvollziehen, was

das ist. 1990 erkannte ich nach einem schrecklichen Erlebnis voller Entset-
zen, dass diese Gesellschaft mich ausgespuckt hat, mir wurde bewusst dass
ich mit dieser Gesellschaft nicht zurecht komme und eigentlich auch noch
niemals zurecht gekommen bin. Voller Verzweiflung schrie ich unter Tränen die Frage hinaus – mein Gott, warum immer ich, warum finden alle
anderen Menschen eine Lücke, wo sie geborgen sind und gerne bleiben, nur
ich finde keine Ruhe und kein Glück. Ich hatte plötzlich eine Idee und ich
wusste auch sofort, diese Idee ist die Antwort auf meine Frage. Sie lautete –
Du bist nicht dazu geboren, mit deinen und gegen deine Mitmenschen zu
kämpfen. Du bist zu Größerem geboren. Du bist geboren, um voranzugehen,
um ihnen den richtigen Weg zu zeigen. 1987 bin ich aus der Kirche ausgetreten und habe auch Jesus aus der Kirche herausgenommen, weil er aus
meiner Sicht dort nicht hineinpasste. Nun sah ich mich ganz plötzlich diesem gleichgestellt. Ich erkannte, was ich, beziehungsweise meine Seele
durch mich in diesem Leben wirklich vorhatte. Und von nun an befasste ich
mich nur noch intensiv mit der Frage, warum die Menschen nicht wissen,
was sie tun. 1995 erkannte ich in der Stille die Interpretation für diese Aussage und auch das Göttliche in mir. Doch unter Druck und im Affekt der
Handlung vergesse selbst ich immer wieder, dass jedes Erlebnis aus einer
höheren Sicht betrachtet ganz anders aussieht, weil nämlich:

a) jeder Mensch in jeder Position, in jeder Situation, in jedem Augen-
    blick für jeden der Beteiligten im und für den jeweiligen Augen-
    blick unbewusst genau das Richtige tut und genau richtig handelt.

b) für den Menschen niemals das richtig ist und sein kann, was er
    selbst für sich selbst für richtig hält, sondern immer nur das, was
    andere Menschen für ihn und von ihm wollen und von ihm erwar-
    ten.

Man tut sich wesentlich leichter, wenn man in jedem Augenblick annimmt,
was einem, gleich welcher Andere in gleich, welcher Situation durch gleich,
welches Erlebnis zu geben, beziehungsweise zu vermitteln hat, um dieses
anschließend zu analysieren. Um durch diese Analyse zu erkennen, was die
eigene Seele für ihr Wachstum benötigt hat. Denn durch jeden, gleich, welchen Anderen, durch jedes Erlebnis in jeder Situation spricht die eigene
Seele zu einem selbst. Und genau das ist es, was unserem Ego, dem Satan in
uns nicht recht sein kann. Es ist schwer, dies zu begreifen, doch nicht unmöglich. Der Mensch muss nur begreifen, dass er niemals selbst den nächsten Schritt in die richtige Richtung zu seiner Erleuchtung kennt, dass ihm
dieser immer von sogenannten Anderen gezeigt, beziehungsweise beleuch-
tet wird. Fazit ist – der sinnloseste Kampf ist immer der, beziehungsweise
ein Kampf gegen die eigene Seele, gegen das göttliche Selbst. Und ohne

Ausnahme ist jede Auflehnung, jeder Widerstand des Egos gegen ein Erlebnis, gleich welcher Art, stets ein Kampf des Gottmenschen gegen sich selbst. Und weil wir nicht wissen, was wir tun, in dem, was wir tun, verzögern wir durch jeden Kampf die eigene Erleuchtung und dadurch das Wachstum der eigenen Seele.

Alles, was ist, hat seine Berechtigung, damit wir erkennen, was der Erleuchtung für den Einzelnen und für die Gesamtheit förderlich und was hinderlich ist.

Ich bin davon überzeugt, dass jeder Mensch, der das Buch bis hierher gelesen hat, und den Mut aufbringt, der Kirche den Rücken zu kehren, nun in der Lage ist, selbst nachzuvollziehen, was mit ihm und um ihn herum geschieht. Auch dazu, selbst zu interpretieren, was es bedeutet – denn sie wissen nicht, was sie tun, in dem, was sie tun.

Systeme schaffen Individuen

Unser Denken wird zu unserem Leben. Durch unser Denken schaffen wir uns unsere Um – Welt und durch unsere Umwelt werden wir wiederum selbst geprägt. Ideen schaffen Systeme und jedes System mit seiner Einzigartigkeit schafft sich seine eigenen Individuen, es zieht, beziehungsweise anerzieht sich diese regelrecht selbst. Jeder Kontinent schafft sich seine eigenen Rassen, diese ihre eigenen Kulturen und diese prägen und formen wiederum die Individuen. Jedes Land der Welt schafft sich seine eigene Sprache und diese schafft sich die eigene Nationalität. Jede Nation bringt ihre eigenen Führer hervor und diese prägen und formen wiederum die Nation. Jede Art von Politik schafft sich ihre Politiker und diese schaffen sich ihre Anhänger. Priester schufen und schaffen immer noch Religionen und diese schaffen sich ihre gläubigen Anhänger. Heiler, Schamanen und Ärzte schaffen ihre Heilkünste und diese schaffen sich ihre eigenen Patienten. Versicherer schaffen Versicherungen und diese ihre eigenen Versicherten und Geschädigten. Das Arbeitsamt schafft sich selbst die Arbeitslosen. Das Sozialamt schafft sich selbst seine Sozialleistungsempfänger. Usw., usw., usw..

Niemals wäre mir das Alles so klar geworden, wenn ich nicht selbst so und so oft in meinem Leben arbeitslos gewesen wäre und sogar zwei Mal dazu gezwungen gewesen wäre Sozialhilfe zu beantragen. Doch war ich wirklich dazu gezwungen, arbeitslos zu sein? Nein, ich wurde durch das bestehende System dazu verleitet. Ich konnte es mir ganz einfach leisten und dadurch wurde ich dazu verleitet, mich gehen zu lassen. Es gibt ja dieses bescheuerte System, welches mich niemals verhungern lässt. Und wenn ich dieses schon selbst durch meine Beiträge finanziere, dann will ich auch mindestens so viel herausholen, wie ich einbezahle. So denken alle Menschen mit einem einigermaßen gesunden Menschenverstand, die irgendwann einmal in „Not" geraten. Sie mögen zwar glauben, sie denken anders aber sie belügen nur sich selbst und andere mit.

Nur die wirklich Blöden dieser Gesellschaft denken anders. Durch ihre Gefühlsduselei und durch ihre Angst vor irgendeiner Not dazu verleitet, denken sie, dass dieses Sozialsystem erforderlich ist und erhalten werden muss. Dass den „Armen und Ärmsten" dieser Welt geholfen werden muss und sie merken dabei nicht, dass sie allein durch ihre Dummheit namens Hilfsbereitschaft und durch ihre Angst vor der Armut, die Armut dieser Welt schaffen. Es geschieht, was wir denken. Noch schneller geschieht, das, von dem wir wissen, dass es geschieht. Am schnellsten geschieht jedoch das, wovor wir uns fürchten. Denn Angst ist die höchste Gewissheit, dass das uns Beängstigende geschieht. Und andererseits, wer ein einziges Mal die Hände bettelnd ausstreckte und etwas hineingelegt bekam, der tut niemals mehr im Leben etwas anderes. Es sei denn, er wird dazu gezwungen.

Die von den Nazis missbrauchte Weisheit „Arbeit macht frei" ist wahrhaftig eine Weisheit. Dies ist mir tatsächlich erst jetzt, da ich seit dem 10.07.2000 wieder arbeiten gehe, bewusst geworden. Obwohl ich vom Sozialamt gezwungen wurde für eine Zeitarbeit GmbH zu arbeiten, obwohl ich „nur" als Hilfsarbeiter beschäftigt werde, wobei ich trotz meinem Wissen und trotz meiner Fähigkeiten als 58 jähriger zur schwersten körperlichen Arbeit (Stahlbau, Rohrleitungsbau, Bandarbeit, Möbeltransport, Fußbodenlegerarbeiten usw.) gezwungen werde, obwohl von mir verlangt wird, dass ich manches Mal um 4 Uhr 15 aufstehe, 8 km in 30 Minuten zum Bahnhof nach Gessertshausen und oft erst um Mitternacht in 35 Minuten den gleichen Weg wieder nach Hause fahre und, daraus resultierend, manches Mal nur 2,5 Stunden Schlaf habe, fühle ich mich dennoch von allen bedrückenden, persönlichen Abhängigkeiten befreit. Trotz der körperlichen Belastung und des Zwanges, für brutto 13 DM/h arbeiten zu müssen, fühle ich mich so frei, wie es sich kein Mensch vorstellen kann. So frei, dass ich mich bemühe, die schwere Arbeit nicht als Belastung, sondern als Körperertüchtigung zu sehen. Nur darum ertrage ich diese. Ich bin glücklich, eine Arbeitsstelle zu haben und finanziell unabhängig zu sein.

Dennoch ist es nicht die Aufgabe eines Sozialamtes, beziehungsweise irgend eines anderen Hilfsdienstes, die nach Hilfe suchenden Menschen zur Arbeit zu zwingen. Es ist viel mehr die Aufgabe der gesamten Gesellschaft, die Augen zu öffnen und zu erkennen, dass einzig und allein die sozialen Einrichtungen dieser Welt die Armut dieser Welt schaffen. Und es ist eine der zwingendsten Aufgaben dieser Gesellschaft, diese Einrichtungen abzuschaffen. Allein durch diese Einrichtungen schafft sich jedes Land der Welt seine eigenen Schmarotzer und zieht diese aus der ganzen restlichen Welt regelrecht an. So schafft sich ein jeder Sozial-, beziehungsweise Wohlfahrtsstaat selbst seine eigenen Asozialen. Und die Blödesten dieser Gesellschaft, welche diese (a)sozialen Einrichtungen selbst ins Leben gerufen haben und auch finanzieren, rümpfen über die Menschen in der Gosse die Nase und bezeichnen diese als asoziale Elemente. Aber nur, um ihre eigene Dummheit zu kaschieren und um nicht zu erkennen, dass sie selbst diesen Zustand geschaffen haben.

Fazit ist also – nur der Soziale selbst ist der eigentliche Asoziale.

Nachtrag vom 08.01.2001. Ich habe mir bei dieser Arbeit Schmerzen zugefügt und unwissentlich meinen Körper ruiniert – Lähmungserscheinungen hinzugezogen. Am 14.12.2000 war ich dem Zusammenbruch nahe und musste noch am Einsatzort, in Uffing am Staffelsee einen Arzt aufsuchen. Es wurde ein Blutdruck von 200/160 festgestellt, Gleichgewichtsstörungen und auf Grund der Lähmungserscheinungen wurde ein Bandscheibenvorfall vermutet. Mit einer Überweisung fuhr ich nach Hause und ging zu einem Neurologen nach Augsburg. Dieser stellte nach einer gründlichen Untersuchung richtig, kein Bandscheibenvorfall, sondern Überlastungserscheinungen. Ich habe mich übernommen, in dem ich meine Schmerzen unterdrückte und weiterarbeitete, um die Arbeitsstelle nicht zu verlieren. Er schrieb mich bis zum 08.01.2001 krank und heute weiterhin bis zum 01.02.2001. Mein Zustand hat sich leicht gebessert und ein Orthopäde bestätigte inzwischen die Diagnose des Neurologen.

Nachtrag vom 23.03.2001. Dies ist die letzte Eintragung in diesem Buch. Trotz Besserung bin ich noch bis zum 09.04.2001 krank geschrieben.

Am 22.02.2001 erhielt ich von meinem Arbeitgeber die Kündigung.

Am 13.03.2001 rief der Geschäftsstellenleiter meines ehemaligen Arbeitgebers bei mir an. Er will sich bei seinen Vorgesetzten für mich stark machen, damit die Kündigung wieder rückgängig gemacht wird. Bis Freitag, dem 16.03.2001 wollte er mich über das Ergebnis unterrichten. Er hat sich bis heute nicht mehr gemeldet und ich weiß, dass er sich nicht mehr meldet.

Da ich aus den Erfahrungen in meinem Leben weiß, dass das Ende eines Lebensabschnittes immer auch der Beginn eines neuen ist, weiß und erwarte ich nun mein wahres, ewiges Leben, zu dem ich eigentlich geboren bin.

TEIL 1
ABSCHNITT 3

RELIGION
IST DIKTATUR!

Die Institution unter dem Deckmantel und mit der Bezeichnung Religion ist, mit Hilfe der Heuchelei und all ihren Dogmen, die übelste aller Diktaturen. Die **Religionsfürsten** dieser Welt, welche gelinde Religionsführer genannt werden, sind **Feudalherren.** Sie sind **Diktatoren** der übelsten Sorte, ohne von den Massen als solche erkannt zu werden. Denn zur Zeit, nach der Erweiterung des Kollektivbewusstseins, herrschen sie über ihre sechs Milliarden Sklaven nur noch mit sanfter Gewalt, als Heuchler und Lügner.

Das Entstehen der Religion

Der Mensch hat Bilder von Gott geschaffen, die ihm dazu dienten, über seine Brüder zu herrschen. Religionen wurden geschaffen, um Menschen und ganze Völker unter Kontrolle zu halten. Wenn Waffengewalt nicht mehr half, wurden sie durch das Instrument der Angst bei der Stange gehalten. Wenn man einem Menschen seine Göttlichkeit nimmt, wenn man Gott aus ihm herausnimmt, in dem man ihm diesen ausredet, kann er leicht beherrscht und kontrolliert werden. Gott hat weder eine Hölle, noch einen Teufel geschaffen. Das waren Furchteinflößende Schöpfungen des Menschen selbst, mit denen er seine Brüder quälen konnte. Diese Erfindungen des religiösen Dogmas hatten den Zweck, die Massen einzuschüchtern und unter Kontrolle zu halten.

Nachdem die Götter als Menschen vergaßen, dass sie göttlich und unsterblich waren, und dass Allmacht und Allwissenheit wirklich in ihnen liegen, wurden sie angreifbar durch die Egos der Menschen um sie herum. Bald erschienen Wesenheiten, die sich über die anderen zu erheben suchten, indem sie behaupteten, nur sie hätten durch ihre mystischen Kräfte und ihre unermesslichen Quellen des Wissens den wahren Begriff von Gott. Der Mensch war zu einem ängstlichen Herdenwesen geworden, und die Seher, Propheten und Orakel suchten ihre Macht zu erweitern, indem sie finstere Prophezeiungen von Gefahr und Untergang von sich gaben. Und wenn die Menschen nicht recht auf sie hören wollten, dann stießen sie Flüche aus und drohten mit ewiger Verdammnis. Priester und Propheten erfanden aus Hass auf die Menschheit entsetzliche und hässliche Ungeheuer, um mit Hilfe religiöser Zeremonien Menschen zu beherrschen und zu versklaven. So wurde die Religion auf dieser Ebene geboren. Und sie entfernte den Menschen immer weiter von seiner inneren Schönheit und seiner ewigen Göttlichkeit. Die Religion verhielt sich in ihren Anfängen sehr schlau, sie hatte es nicht nötig, die Völker mit dem Schwert zu regieren und zu kontrollieren Sie brauchte nur immer die Lehre zu wiederholen, dass Gott nicht in Reichweite der Menschen sei, dass Allwissenheit und Allmacht nicht in den Menschen wohnten.

Ein hervorragendes, von ihnen erfundenes Werkzeug, das ihnen heute zur Sicherstellung der Sektenmitglieder sehr hilfreich dient, ist die Taufe. Es gab niemals einen Johannes als Täufer und Jesus hat sich auch nicht taufen lassen, denn dann hätte er sich ja zu einer Sekte bekannt und sich ihr angeschlossen. Jesus hat die Sekten, die Kirchen nicht gewollt, darum musste er ja auch sterben. Bei der Taufe eines Kindes übereignen die Eltern die Seele dieses Kindes der betreffenden Konfession. Dieser zukünftige Verdiener ist ab der Taufe dieser Sekte sicher. Danach kommt die Firmung. Durch die

Kommunion, beziehungsweise die Konfirmation sagt der junge Mensch ja zur Versklavung seiner Seele durch diese Firma. Oder ist Sektieren etwa nicht ein leichtest verdienendes Unternehmen? Jeder Priester, Prediger oder sonst ein Gemeindebetreuer ist als ein kleiner Boss der Sklavenbeschaffer und somit auch der Kapital – Eintreiber und der „Unfehlbarste" von ihnen ist der Vorstandsvorsitzende.

Die Massen werden belogen und betrogen

Wurden schon immer von den Priestern, Propheten und Schamanen hinter das Licht geführt.

In der Schwabmünchener Allgemeinen Zeitung war am 05.08.1999 zu lesen:

„Papst: Auch das Fegefeuer existiert

Rom (dpa). Nach den Worten von Papst Johannes Paul II. gibt es nicht nur das Paradies und die Hölle, sondern auch das Fegefeuer: Aber auch dieses sei kein realer Ort, erläuterte das Oberhaupt der katholischen Kirche am Mittwoch bei der Generalaudienz im Vatikan. Das Fegefeuer sei eher als Seelenzustand nach dem Tod zu verstehen, sagte der 79-Jährige. Das Fegefeuer erwarte diejenigen, die im Moment des Todes zwar eine „Öffnung zu Gott" vollzogen, diese aber nicht vollständig erreicht hätten. Der Weg zur Glückseligkeit im Paradies erfordere „vollständige Läuterung". Dabei könnten Gebete der Lebenden helfen."

Wenn dieser Fürst dies ernst meint, symbolisiert er die personifizierte Dummheit. Selbst nichts zu wissen, aber anderen etwas vorzumachen, sie zu verwirren. Gibt es einen noch dümmeren und übleren Diktator?

Das Tuch von Turin ist eine Fälschung

Die Lüge ist und bleibt das wirkunvollste Instrument dieser religiösen Diktatoren.

Am Ostersonntag, den 4. April 1999 um Uhr 19.30 wurde im ZDF die Sendung „Himmel, Hölle und Nirwana – Die großen Erlöser (1), Jesus von Nazareth" ausgestrahlt.

Der Sprecher nannte die Maße des Tuches, in welches der scheinbar leblose Körper des gekreuzigten Christus angeblich eingehüllt wurde. Er sagte auch, dass Jesus 1,80 m groß war.

Über die geistige Übergröße des zum Christus = Gott gewordenen Jesus ist überall nachzulesen, nicht aber über eine körperliche. Die Größe von 1,80 m ist eine traumhafte Körpergröße unserer Zeit. Die Menschen vor 2000 Jahren waren aber schätzungsweise durchschnittlich nur 1,30 m und maximal 1,40 m groß beziehungsweise klein. Schaut man sich die Rüstungen der sogenannten großen Ritter unserer grauen Vorzeit an, so kann man nach-vollziehen, wann die Menschen begannen körperlich – zusammen mit ihrem Bewusstsein zu wachsen.

Im Katalog 6/1999 der Weltbild Verlag GmbH las ich auf Seite 143 die Reklame für das Buch „Und das Grabtuch ist doch echt" von Maria Grazia Siliato. Als Beweise sollen herhalten – Dornenkrone, Wundmale und eine römische Münze aus der Zeit von Pontius Pilatus. Römische Münzen aus der Zeit von Pontius Pilatus gibt es auch heute noch auf der ganzen Welt zu Tausenden. Und gerade die Anwesenheit dieser Münze ist aus meiner Sicht erst recht der Beweis dafür, dass das Tuch eine Fälschung ist. Man spricht immer nur von einem Tuch. Ich muss also davon ausgehen, dass der Leich-nam auf diesem Tuch gebettet war und mit den hochgeschlagenen Seiten zugedeckt wurde. In diesem Fall wäre es vielleicht möglich, dass jemand eine Münze beim Einschlagen des Tuches verloren hätte. Dann aber wurde der Leichnam, was ich für unmöglich halte, mit dem Gesicht nach unten gebettet, denn die Abbildung auf dem Tuch zeigt die Vorderseite des Leich-nams. Wenn allerdings der Leichnam mit dem Tuch nur zugedeckt wurde, dann ist es unmöglich, dass jemand eine Münze unter oder auf das Tuch verlieren konnte. Oder hat ihm etwa seine Mutter Maria eine Münze für die Fahrkarte in die Hölle mitgegeben, weil er die Priester verärgerte, in dem er ihnen die Wahrheit sagte? Das Bild links oben auf der gleichen Seite zeigt mir einen weiteren Fehler bei der Erstellung dieses Kunstwerks, als Beweis dafür, dass es eine Fälschung ist. Wer auch immer dieses Kunstwerk als Fälschung erstellt hat, es muss ein sehr frommer Mensch gewesen sein. Er hat sich den Messias nackt vor den Menschen vorgestellt und ist davor zu-rückgeschreckt, auch die Geschlechtsteile dieser „Leiche" öffentlich zur Schau zu stellen, also legte er ihre Hände darauf. Seit es Beerdigungen gibt, wurden die Arme der Leichen über der Brust verschränkt oder parallel ent-lang des Körpers gelegt, wenn die Leiche liegend bestattet wurde. Hinzu kommt, dass ich persönlich meine Arme strecken und mich ziemlich bücken muss, wenn ich meine Geschlechtsteile auch nur annähernd verdecken will. Bei dieser Leiche sind die Arme ziemlich angewinkelt und dennoch reichen die Hände bis über die Oberschenkel gegenüber hinaus.
Es drängen sich mir auch die Fragen auf, wie es denn überhaupt möglich ist, dass etwas derart wichtiges, wie dieses Tuch, so lange verschwunden ist und bleibt und ganz plötzlich, wenn die Kirche es als Aufhänger benötigt, wie-der zum Vorschein kommt. Wenn es denn wirklich so alt wäre, müsste es doch immer von Menschen, von vielen Menschen nacheinander aufbewahrt worden sein. Es muss doch auch gefaltet gewesen sein.

Wenn alles bisher aufgezählte möglich wäre, dann ist unmöglich, dass auch nur ein einziges Ego es ein Leben lang aushält, das Wissen von etwas derart wertvollem für sich allein zu behalten, ohne vor den Priestern und den Massen bestehen, glänzen zu wollen. Und wo sind die ausgebleichten Stellen, wie sie beim auseinander falten sichtbar werden müssten?

Man muss schon sehr verblendet sein, wenn man diese „plumpe Fälschung" als einen Beweis der Echtheit anerkennen will. Dieses Tuch ist aus meiner Sicht eine gute **Kunstfälschung**. Jedoch was es zeigt, ist die vollkommene Dummheit des Künstlers und seine Erlegenheit der Kirche gegenüber.

Allerdings besteht auch die Möglichkeit einer anderen Version, die mir besser gefällt. Es war ein überaus intelligenter Künstler, der, weil er überleben wollte, den Befehl der Kirche ausgeführt, aber absichtlich all die Fehler eingebaut hat, damit es heute als Fälschung entlarvt werden kann.

Echt ist also nur die Fälschung. Was sie darstellen soll ist lediglich ein Beweis dafür, dass die Kirche wieder einmal von sich Reden machen wollte. Wie alles in der Kirche Lüge, Intrige und Betrug ist, so ist auch dieses Tuch eine Erfindung der Kirche, um wieder zu mehr Geld und Einfluss zu kommen.

Das sündhafte, bösartige Wesen – Mensch?

Ist die Seele des Menschen etwas böses, wie es die Religionen behaupten? Muss der Mensch wirklich Buße tun, wie es die Kirchen von ihm verlangen? Ist der Mensch wirklich das Böse, der Abgefallene, der graue Satan, der Antichrist? Was ist der Mensch, kann er überhaupt böse sein in seiner unschuldigen Unbewusstheit und Unwissenheit?

Der Mensch ist die Manifestation der Einheit, die wir als Gott bezeichnen, die sich selbst nur durch den Menschen als sein Ebenbild erkennen kann. Als solches ist er der Transformator der Energien zwischen den Welten, dessen Aufgabe es ist, dass „All – das – was Ist", reich geworden an Erkenntnis, zurückkehrt zu der Einheit, aus der es kommt. Der Mensch ist die Krone der Schöpfung, ist die Form in der sich der in ihm offenbarende Gott am allerweitesten entwickelt hat.

Und was ist der Abgefallene, was sagte der zum Christ gewordene Jesus dazu? Der Abgefallene, es ist jener, der in der gelebten Polarität das Einssein sucht. Er ist nicht ein Abgefallener, sondern der Zögling der Vertrautheit in das ganze Geschehen, es ist das, was wir und ich als Gott bezeichnen. Eine Wirklichkeit, die in uns steckt, eine Vertrautheit, der wir nicht vertrauen wollen. Ein Selbst, das wir sind, es aber nicht wahrhaben wollen, dass wir es sind. Ein gänzliches Aufbäumen, um endlich die Wirklichkeit zu sehen, eine Niederlage im Streit der Verhältnisse zueinander, eine Wollust des Denkens, dass all das, das wir sind, an uns vorübergehen möge, denn wir wollen dies noch nicht, das wir sind. Erleben tun wir, was wir erleben und nicht, was wir vollziehen möchten. Jedoch Ihr wisst nicht, was Ihr vollziehen möchtet – eine Geschichte, die ihren Glauben an Eure Wirklichkeit aufgeben will, um die Wirklichkeit tatsächlich zu erfahren.

Jesus hat die Kirche nicht gewollt.

Denn wenn es ein Satanswerk gibt, dann heißt es Kirche, gleich welcher Konfession. Wobei alle Konfessionen, beziehungsweise Glaubensrichtungen dieser Welt wegen der Konkurrenz- und Machtkämpfe der Priester untereinander durch Abspaltung von der Urreligion als Sekten entstanden sind. Konfessionen sind geistiger Spasmus. Ist die Saat von Hass, Angst und Verzweiflung. Ist Seelen versklaven, Menschen an sich binden, sie von sich abhängig zu machen. Die Lehre des Jesus von Nazareth, wo ist sie geblieben? Und weil er nicht nur dem Volk, sondern auch den Priestern unverblümt die Wahrheit ins Gesicht sagte, musste er sterben. Nicht die Juden haben ihn getötet, denn Jude war er ja offensichtlich selbst. Auch nicht Pontius Pilatus, denn dieser fand keine Schuld an ihm! Nein, ganz allein die Priester haben seinen Tod gefordert und auch herbeigeführt, denn sie wussten, und das war auch ihr Motiv, wenn Jesus nicht stirbt, wird ihnen das ganze Volk abtrünnig werden, weil ihnen niemand mehr glaubt und ihre Macht ist dahin. Dieses steht zwar auch in der Bibel, jedoch scheint es niemand zu wissen, obwohl doch jeder sogenannte Christ eine Bibel besitzt und viele diese auch lesen. Und wenn ich mich in die Lage eines Priesters versetze, kann ich verstehen, warum diese ihren Schafen nicht sagen, dass und wo in der Bibel ganz klar nachzulesen und zu erkennen ist, dass sie selbst, beziehungsweise ihresgleichen es waren, die Jesus ermordet haben. Denn nicht der bezahlte Henker, sondern der Richter ist in diesem Fall der Mörder.

Ich habe die Stellen, die klar beschreiben und somit auch beweisen, wie und warum Jesus sterben musste, in den Evangelien herausgesucht und nachfolgend aufgeführt. Die Evangelien sind die klaren Beweise für die Ermordung des Christus durch die Priester.

Matthäus

Der Tötungsbeschluss des hohen Rates	26,1-5
Das Verhör vor dem hohen Rat	26,57-68
Die Verhandlung vor Pilatus	27,11-26

Markus

Der Tötungsbeschluss des hohen Rates	14,1-2
Das Verhör vor dem hohen Rat	14,53-65
Die Verhandlung vor Pilatus	15,1-15

Lukas

Der Tötungsbeschluss des hohen Rates	22,1-2
Das Verhör vor dem hohen Rat	22,66-71
Die Auslieferung an Pilatus	23,1-5
Die Verhandlung vor Pilatus	23,13-25

Johannes

Der Tötungsbeschluss des hohen Rates	11,45-53
Das Verhör vor dem hohen Rat	18,12-27
Die Verhandlung vor Pilatus	18,28-19,16a

Jesus lehrte, dass er der Sohn Gottes ist

Und das ist er auch wirklich. Aber ebenso hat er offen verkündet, dass auch jeder andere ein Sohn Gottes ist. Jeder Mann und jede Frau sind Gott, der seine Vollkommenheit in der menschlichen Form zum Ausdruck bringt. Was hätte der Vater mit einer Schar von Kindern anfangen sollen, von denen die meisten schwachsinnig sind und nur eines vollkommen. Das wäre ja kein sehr schönes Ergebnis für den Samen des Vaters. Mit sich brachte er auch die Lehre, dass der Vater nicht ein Gott der Strafe und Vergeltung ist, sondern ein ewig liebender Gott, der Gnade, der Güte und des Mitgefühls. Leider sind diese Weisheiten im Laufe der Geschichte tiefgreifend verändert worden, durch die Schriften derer, denen es nicht gelang, die einfache Lehre dieser unbefleckten Seele zu verstehen.

Jesus liebte, das war seine großartige und erhabene Gabe an die Menschheit. Und er verkündete öffentlich, dass die Quelle dieser Liebe der Vater war, der in ihm lebte – der selbe Vater, der in allen Menschen lebte, in jedem einzelnen. Jesus wusste, dass der Vater und er ein und dasselbe waren. Das gab ihm die Freiheit und die Kraft, die ganze Menschheit zu umarmen. Er löste sich von allen Illusionen, die ihn in einem Leben der Heuchelei hielten und damit wurde er vollkommener Ausdruck des Vaters, der in ihm lebte. Damit wurde Jesus zum Christ: ein Mensch, der sich ganz als Gott ausdrückt; Gott, der sich ganz als Mensch ausdrückt. Das ist die Bedeutung des Wortes „Christ": Gott – Mensch; Mensch – Gott. Jeder, der erkennt, dass er Gott ist und dann diese Wahrheit lebt, ist ein Christ.

Was unterscheidet

a) **die Diener und Lehrer, wie Jesus oder Buddha von**
b) **den Schmarotzern der Menschheit, den Priestern?**

a) Sind Diener der Menschen und des Ganzen und würden sich niemals über einen Menschen erheben.
b) Erheben sich über die Menschenmassen und machen sich die Menschen zu Dienern und Sklaven.

a) Lieben die Menschen und alles, was ist, darum kommen die Menschen von sich aus gerne zu ihnen.
b) Hassen die Menschen, weil sie sich um diese bemühen müssen.

a) Lehren, Du sollst denken und nicht glauben.
b) Lehren, Du sollst glauben und nicht denken oder gar fragen.

a) Sind offen und ehrlich und lehren die Wahrheit.
b) Sind hinterhältig, heuchlerisch und verlogen, sie verschleiern die Wahrheit.

a) Kennen die Wahrheit und lieben auch die Lügner.
b) Kennen und lieben nur die Lüge und hassen die Wahrheit und die Wahrheitssuchenden.

a) Lehren, das Göttliche ist im Menschen, denn der Mensch ist ein Teil von ihm.
b) Lehren, dass sich irgendein Gott in irgendeinem Himmel befindet.

a) Lehren Nächstenliebe.
b) Sähen Hass, Misstrauen und Zwietracht.

a) Lehren, das Göttliche ist das Gute und auch das Böse? Und dass beides nur das Denken des Menschen ist.
b) Lehren die Getrenntheit von Gott, dass es einen Satan gibt und geographische Orte, wie Himmel und Hölle.

a) Rufen auf zur Kehrtwende in Richtung Ziel = Ursprung.
b) Rufen auf, Buße zu tun.

a) Lehren, liebet Eure Feinde.

b) Haben sogenannte Seelsorger bei der Truppe, die den Soldaten das Gewissen und damit das Töten erleichtern sollen und sie segnen alle Waffen.

a) Sagen, gebt denen nicht Euer Brot, die des Backens kundig sind, sondern lehrt sie die Felder zu bestellen und zu ernten.

b) Sagen, gebt den Priestern und Mönchen, die bei Euch einkehren Schutz und Nahrung.

a) Sagen, hört auf zu beten und Ihr werden wieder gesund.

b) Sagen, faltet Eure Hände zum Gebet.

a) Wollen nicht als Meister oder Gurus genannt werden.

b) Machen sich selbst zu Heiligen und maßen sich sogar an, andere heilig zu sprechen.

a) Wollen nicht verehrt oder gar angebetet werden.

b) Erheben sich hoch über den „gewöhnlichen" Menschen, tragen sogar die Mitra, um noch größer zu erscheinen, lassen sich anbeten und kniefällig die Füße, den Rocksaum, die Hand, oder auch nur einen Ring küssen.

a) Sind bereit für ihre Mitmenschen alles, sogar ihr eigenes Leben zu geben.

b) Sind bereit, ihren Mitmenschen alles, sogar ihr inneres Göttliches zu nehmen und ihre Seelen zu versklaven.

a) Sind gegen jede Unfreiheit, Demütigung und Unterwerfung des Menschen.

b) Demütigen und unterwerfen sich alle Menschen. In Sack und Asche soll jeder vor ihnen auf dem Bauch liegend Buße tun und bereuen, und auf diese Weise die eigene Seele verleugnen.

a) Sie verdienen sich ihr karges Brot auf dem Wege ihrer Erleuchtung selbst.

b) Sie kommen auch zu den ärmsten der Armen, nehmen ihnen das Letzte und lassen sich von ihren Spendern die Füße küssen dafür, dass diese ihnen etwas geben durften.

a) Sie verrichten mindestens so viel Arbeit, um ein karges Mal zu haben Aber auch maximal so viel, um sich in ihrer, ihnen zur Verfügung stehenden Zeit nicht allzu sehr einzuengen. Denn sie benötigen die Zeit, um an sich für sich und die gesamte Menschheit zu arbeiten, um zu gegebener Zeit allen dienlich sein zu können.
b) Sie laufen nur als Heuchler herum, wobei eine Hand die andere hält, damit keine etwas tun – Arbeiten kann.

a) Zeigen den Menschen den Weg der Wahrheit, in die Freiheit und somit auch zurück zu ihrem Ursprung, zum Licht, zur Einheit.
b) Verdammen den Menschen, belügen und versklaven ihn und bringen ihn ab von seinem Weg, um ihn für immer als Sklaven zu behalten.

Die Hölle?

Hölle ist ein Hirngespinst, welches den Menschen als Ort des Schreckens von den Priestern und Propheten eingeredet wurde. Und woher stammt die Erkenntnis und das Wissen von einem solchen Ort?

Die Hölle ist ein Begriff, der im Königreich Judäa ein flaches, offenes Grab bezeichnete, wo Menschen begraben wurden, die nicht die Drachmen oder Schekel (alte hebräische Maßeinheit – heute, israelische Münze) für ein richtiges Grab hatten. So ein flaches Grab zu haben, war ein Fluch, denn in der Nacht kamen die Hyänen und wilden Hunde und verschlangen den Körper. Und weil die körperliche Hülle gefressen wurde, glaubten die Menschen, sie würden nie in ihr Paradies gelangen. Mehr hat der Begriff nie bedeutet. Erst in einer späteren Übersetzung der Bibel machten die Prediger, die Priester und die Religionen einen Ort der Qual daraus.

Das Paradies?

Das Paradies ist nicht irgendein Garten, obwohl man sich dort auch wünschen kann, sich in einem Garten zu befinden. Wenn der Mensch diese grobstoffliche Ebene verlässt, nachdem er Macht und Schmerz erfahren und die Süße und Zartheit der Liebe ausgedrückt hat, entsprach sein Verständnis der fünften Ebene = dem Fünften Himmel = der fünften Dimension = dem fünften Siegel = dem fünften Chakra. Diese Ebene nennt man auch Paradies. Dorthin gelangt er also nach dem Tode seines Körpers, auf eine Art Urlaub, dessen Dauer er selbst bestimmt. Auf der fünften Ebene werden Gedanken unmittelbar Wirklichkeit, die Gedanken sind die Stimme der Wesenheiten. Innerhalb von Augenblicken erscheint alles, was man begehrt oder sich vorstellt. Die Wesenheiten erfahren dort Farbe, Form, Illusion und alles andere im Leben. So lange sie wollen, erfahren sie all ihre Träume, bis die Zeit kommt, wo sie sich fragen, ob es nicht noch mehr gibt. Und es gibt noch mehr, denn vor ihnen liegen noch zwei Himmel, die sie nicht sehen können, weil sie die entsprechenden Stufen des Verstehens in ihren Denkprozessen und ihrem Leben auf unserer grobstofflichen Ebene noch nicht ausgedrückt haben. Um diese Ebenen zu erfahren, müssen sie hier, auf dieser grobstofflichen Ebene, Gott in allen Dingen sehen und wie Gott sein.

Die Engel?

Wer, wie, was, wo sind Engel? Viele Menschen wünschen sich so eine göttliche Kreatur zu sein, nur weil sie von den Priestern eine Didl - dumm - dei – Vorstellung von den Engeln vermittelt bekamen. Aber das Dasein der Engel hat einen großen Nachteil, denn sie können nicht vernünftig denken und abwägen, weil sie noch nicht als Mensch gelebt haben. Sie sind einfach Energie, Götter, die irgendwann schließlich auch zu Gott – Mensch werden. Aber sie haben für die Menschheit keine Sympathie und kein Mitgefühl. Wie könnte jemand in jenen unsichtbaren Räumen uns Menschen vollkommen verstehen, bevor er selbst Mensch gewesen ist? Die Menschheit ist viel weiter fortgeschritten als die Engel, denn diese können nicht verstehen, wie Gott in der begrenzten Form des Menschen lebt. Folglich sind sie in ihrem Verständnis der Menschheit sowie ihrer Freuden und Sorgen begrenzt.

Der Wille Gottes?

So etwas, wie „Gottes Willen" gibt es nicht außerhalb unseres eigenen göttlichen Willens. Wenn Gott sich das Leben als weltlichen Ausdruck seines und nur seines Willens wünschen könnte und auch gewünscht hätte, dann hätte er niemals uns geschaffen. Dann hätte er uns nicht den Willen mitgegeben, unsere eigene zweckgerichtete Einmaligkeit auszudrücken. Das, was man „Gottes Willen" nennt, haben Menschen erfunden, um ihre Brüder zu kontrollieren und zu beherrschen.

Gesetze?

Gott der Vater ist Gedanke – die Wahrheit allen Denkens. Und das wunderbare an Gott ist, dass er tatsächlich keine Gesetze kennt. Denn wenn es für den Vater Gesetze gäbe, wäre er begrenzt. Da der Vater aber unbegrenzt ist, gibt es in seiner unbegrenzten Wahrheit, seinem unbegrenzten Denken, Wahlmöglichkeiten. Der Vater hat uns die Willensfreiheit gegeben, damit wir aus dem Gedanken diejenige Wahrheit für uns selbst annehmen und erschaffen können, die zu unserer persönlichen Eigenart passt, damit wir die

Wahrheit gemäß unseren Wünschen und unseren einzigartigen Wegen zur Weisheit wahrnehmen. Der Vater, das Leben, wird jede beliebige Wahrheit werden, die wir mit Gedanken erschaffen, so dass wir diese Wahrheit erfahren und verstehen können, die Dimension des Denkens, die man Gott nennt. Wer wagt schon zu sagen, dass Gott keine Gesetze kennt? Dann kann er ja nicht benutzt werden, um andere zu kontrollieren und zu versklaven. Doch der Vater, das höchste Bewusstsein, ist wirklich frei von den Grenzen der Gesetze, der Urteile und der Endlichkeit. Wenn wir mit unserer Wahrheit zu diesem unbegrenzten Verstehen fortschreiten, werden wir die Liebe und Freude und das Immerwährende, das der Vater ist, erfahren und wirklich verstehen.

Gott, Christ und Antichrist?

Was ist die religiöse Figur, die man „Gott" nennt, dieses unendliche Mysterium, nachdem der Mensch Äonen lang verzweifelt gesucht hat? Er ist Gedanke und die Fähigkeit, sich selbst zu empfangen, so dass er, in dem er sich selbst empfängt, sich ausweitet und er selbst wird. **Das ist Gott – die Gesamtheit allen Denkens.** Mitten in Deinem Sein wohnt Deine Fähigkeit, selbst vollständig Gott zu werden. Vollständig! Denn wenn das gesamte Spektrum Deines Gehirns eingeschaltet wäre, dann würdest Du bis in alle Ewigkeit dieser Augenblick sein, Du würdest alles wissen, was man wissen kann, Du wärst das Strahlen der Sonne, die Tiefe des Ozeans, die Kraft des Windes und der Stern am fernen Horizont.

Wie können wir uns Gott vorstellen? Ganz einfach, wir bleiben zunächst einmal auf unserer grobstofflichen Ebene, wo wir uns orientieren können. Die Einheit Gott ist ein dreidimensionales Bewusstsein – Menschen in Menschen im Mensch und ist in dieser Dreidimensionalität wiederum multidimensional. Die dritte Dimension ist die Bewusstseinszentrale, die alles Bewusstsein beinhaltet. Sie ist jedoch nicht nur ein Mittelpunkt, sondern auch das alles umfassende, alles in sich beinhaltende Bewusstsein. Ich zentriere es lediglich zum besseren Verständnis. Stellen wir uns also vor, es gibt einen Zentralcomputer als dritte Dimension, an dem jedes Land der Welt angeschlossen ist. Jedes Land der Welt besitzt einen Zentralcomputer der zweiten Dimension, an dem jeder Computer im Lande angeschlossen ist. Und jeder Computer innerhalb eines Landes stellt die erste Dimension dar. Das Ganze ist Verbunden durch das Internet, als Symbol für das Zentralnervensystem und bildet eine Einheit namens Gott.

Jeder Endcomputer der ersten Dimension lebt und ist abhängig von der Funktionsweise des Computers der zweiten Dimension, der einer Regierung gleicht. Er empfängt seine Anweisungen von diesem und tut genau das, was dieser ihm anschafft. Dadurch erlebt und sammelt der Computer der zweiten Dimension seine Erfahrungen, wertet sie aus und gibt sie automatisch, ob er will oder nicht, also unbewusst an den Computer der dritten Dimension weiter. Der Computer der dritten Dimension empfängt die Informationen aller Computer der zweiten Dimension und gibt automatisch alle empfangenen Informationen an jeden Computer der zweiten Dimension weiter. Somit kann jeder Computer der zweiten Dimension in jedem Augenblick über die gesamte Information des Zentralcomputers verfügen. Er kann also in jedem Augenblick das sein, was der Zentralcomputer ist. Das bedeutet, dass der Zentralcomputer sein Wissen, seine Erfahrungen, sein So - Sein mit Hilfe der Computer der zweiten Dimension erweitert und umgekehrt. Wir haben also ein System, das der Einheit Gott gleicht.

Setzen wir dieses System auf unser Sein um, ergibt sich folgendes.

Menschen in Menschen im Mensch – Menschen als erste Dimension sind unsere Körperzellen. In Menschen als zweite Dimension sind wir Menschen. Und im Mensch als dritte Dimension ist die Erde, unser Kollektivbewusstsein. Verbunden ist wiederum jede Körperzelle mit jeder anderen durch das Internet = unserem Zentralnervensystem und wir Menschen untereinander und mit dem Ganzen durch die elektromagnetische Strahlung der Erde. Und wie schon gesagt pflanzt sich dieses dreidimensionale System abnehmend wie zunehmend multidimensional fort. Erkenne also das Größte im Kleinsten und das Kleinste im Größten. In einem ist alles, somit ist der Mensch, der alles in sich und sich in allem erkannt hat, wieder Gott, der wirklich Allmächtige. Denn nur der Mensch kann denken und wollen, nicht der sogenannte Gott, der Zentralcomputer.

Und nur Dein verfälschtes Ego hält Dich davon ab, die Totalität Gottes zu erkennen und zu werden. Das verfälschte Ego lässt Gott nicht zu Dir dringen, es verschließt sich allen Gedankenfrequenzen, die Gott sind, damit es in scheinbarer Sicherheit leben kann, ohne Schaden zu nehmen.

Was ist das verfälschte Ego? Es ist das in Deiner Seele gespeicherte Verständnis der Welt, das Du durch die menschliche Erfahrung gewonnen hast und das durch die für Logik zuständigen Teile des Gehirns artikuliert wird. Es sind die kollektiven Einstellungen des Gott – Menschen, der nur um sein Überleben kämpft und im Schatten des gesellschaftlichen Bewusstseins lebt. Diese kollektive Weltanschauung wird sich weigern, Gedankenfrequenzen aufzunehmen, die nicht zu ihrem Sicherheitsdenken passen, die nicht zum Überleben des individuellen Körpers beitragen. Das ist das verfälschte Ego = die Weigerung Gedanken aufzunehmen und zu erfahren, die der Wesenheit in der körperlichen Hülle zu einem weiteren Blick auf die Wirklichkeit verhelfen könnten. Deswegen ist das Verfälschte Ego tatsächlich der „Antichrist.", denn es leugnet, dass Du ein Kind Gottes bist. Es gestattet Dir nicht, den Gedanken anzunehmen und Dir darüber klar zu werden, dass Du und der Vater ein und dasselbe sind, Dass Du das göttliche und unsterbliche Prinzip bist, das die Macht hat, die Ewigkeit zu erschaffen und auch die Macht hat, den Tod zu erschaffen.

Der Antichrist ist das verfälschte Ego und sein Königreich ist das gesellschaftliche Bewusstsein. Das ist es, was unbegrenztes Denken nicht zulässt, und sein Dogma heißt Angst, Urteil und Überleben.

Ein Christ ist der Mensch, der ganz und gar die Kraft, die Schönheit, die Liebe und das unbegrenzte Leben des Vaters ausdrückt, der in ihm lebt. Christ ist der Mensch, der erkennt, dass er göttlich ist und selbst zu dieser Erkenntnis wird, indem er Dogma, Prophezeiungen und Angst überschreitet, weil er weiß, dass jenseits des gesellschaftlichen Bewusstseins die unbegrenzte Lebenskraft liegt, die man Gott nennt.

Also teilen sich der Antichrist und der Christ den selben Tempel, und dieser Tempel bist Du. Wirklich alles ist in Dir, denn der Gott, der Du bist, lässt sowohl den Antichrist als auch den Christ leben. Er lässt Leben und Tod zu. Er lässt Begrenztheit und Grenzenlosigkeit zu.

Hast Du einmal von der Prophezeiung des „Armageddon" gehört? Nach Offenbarung 16;16, die Entscheidungsschlacht zwischen den Mächten des Guten und des Bösen? Dieses Armageddon findet in jedem Augenblick Deines Lebens statt. Es ist die Schlacht zwischen der Erkenntnis Gottes und der Verehrung des Antichristen, also des verfälschten Egos, das die unbegrenzten Gedanken nicht in Dein Gehirn hineinlässt, so dass Du Dich nicht unbegrenzt ausdrücken kannst. Es ist der Krieg zwischen dem gesellschaftlichen Bewusstsein und dem unbegrenzten Wissen. Das ist Armageddon. Diese Schlacht wird nicht außerhalb von Dir geschlagen, sondern in Dir. In Dir wühlt der Konflikt zwischen Christus, der sich erhebt, und dem verfälschten Ego, das die Kontrolle behalten möchte. Daher hat sich diese Prophezeiung wirklich heute bewahrheitet.

Gott sein heißt, unbegrenztes Wissen und unbegrenztes Sein zu sein. Mensch sein heißt, die begrenzte Kreatur zu sein, die ihren Geist dem größeren Wissen nicht öffnet, die allen möglichen Theorien vertraut, anstatt das Leben zu praktizieren, die lieber belehrt wird, als selbst Lehrer zu sein, die lieber beschützt wird, als selbst etwas zu erforschen.

Ich sage Dir, Du hast die Fähigkeit, alles zu wissen, was es zu wissen gibt. Und Du hast auch die Fähigkeit, alles, was Du willst, Wirklichkeit werden zu lassen. Und Du besitzt auch die Fähigkeit, auf immer in Deinem Körper zu Leben, wenn Du es wünschst. Doch zu all diesen Dingen sagt das verfälschte Ego – „Nein!" Also wirst Du wissen, wer der Mensch ist, doch Gott wird Dir immer ein Geheimnis bleiben.

Ein Christ zu werden heißt, sich zu wünschen, den Vater zu erkennen und gottesgleich zu werden. Das ist der Wunsch, jedem Gedanken zu erlauben, in Deinem Selbst Wirklichkeit zu werden. Das ist der Wunsch, in jedem Augenblick alles zu lieben, zu dem Du geworden bist. Das ist der Wunsch, das So – Sein von allem, was Du bist, zu sein.

Wenn Du also vom Herrn und Gott Deines Seins verlangst, Dir Deiner Göttlichkeit und all Deiner göttlichen Eigenschaften und Fähigkeiten wieder bewusst zu werden, dann gibt es keinen Weg, der daran vorbeiführt. **Der Herr** Deines Seins ist die Seele. Sie regiert Deinen Körper durch seine Gefühlsstruktur. Die Seele befiehlt der Hypophyse, ihren Hormonausstoß freizusetzen. **Der Gott** Deines Seins ist Dein Geist, das Licht, das alles umgibt, was Du bist, und die Gedanken in Dein Sein einlässt. **Dein Sein** ist das Ego, das die Wirklichkeit der Materie in der Form des Körpers erfährt, wodurch das Urteilen über die anderen gefördert wird und das So – Sein oder die Reinheit des Gedankens verändert wird. Daher der Begriff „verfälschtes Ego". Wenn Du also durch den Herrn und Gott Deines Seins sprichst, dann bringst Du die Gesamtheit Deines Seins in Einklang und erlangst so die größte Macht, alles zu erschaffen, was Du willst.

Schaden durch Religion und Glaube

Es gibt einen Ort, eine Ebene, eine Dimension oder auch einen Himmel, wo viele Wesenheiten (unsere Brüder) leben, die sich nur auf der ersten und der zweiten Stufe der Bewusstheit ausdrücken. Es ist ein flacher, ebener Ort. Berge, Flüsse, Gräser, Blumen und den Himmel in ihrer Lichtform gibt es dort nicht. Statt dessen lange, endlose Reihen, Milliarden von Wesenheiten in ihrer Lichtverkörperung. Dort liegen sie in tiefem Schlummer und leben die Illusion, dass sie tot sind, weil sie hartnäckig glauben, dass es kein Leben nach dem Tode gibt. Ihr Denken ist nach wie vor lebendig, magnetisch, zwingend und beweglich, aber es richtet seine Energie darauf, sich für tot zu halten, obwohl es in Wirklichkeit noch lebt. Denkt immer daran und erinnert Euch, woran auch immer wir fest glauben, von dessen Wahrheit werden wir uns selbst überzeugen, und was immer wir als Wahrheit kennen, wird Wirklichkeit werden. So machtvoll sind unsere Schöpferkraft und unser Wille. Viele, der Wesenheiten an diesem Ort hat man gelehrt, sie würden so lange tot sein, bis ein Messias zu ihnen kommen würde. Es wurde ihnen auch oft genug gesagt, wie schlecht und verderblich sie sind, und aus Angst und dem Gefühl, dass sie sich der Liebe Gottes entfremdet hatten, akzeptierten sie diese Lehre als Wahrheit. Also glaubten sie kurz vor ihrem Tode, sie würden zu einem anderen Ort gehen, um die Auferstehung zu erwarten. Auf dieser Ebene gibt es unendliche Reihen von Wesenheiten, die alle darauf warten, von jemand erlöst zu werden, den sie für größer halten als sich selbst. Götter, unsere Brüder aus der siebten Ebene haben versucht, sie zu erwecken. Einige sind tatsächlich aufgewacht und haben sich erhoben, aber man hat die meisten von ihnen gelehrt, ein Teufel würde ihnen erscheinen und sie in Versuchung bringen, sich zu erheben. Folglich halten sie auch das für eine Wahrheit. Wer immer versucht, sie zu erwecken, sie weigern sich! Es kann noch Tausende von Jahren dauern, bis sie erkennen, dass sie lebendig sind, und aus ihrem Schlummer erwachen. Welch eine unglückselige, ja grausame Lehre der Priester.

Die Priester baden in Blut

Ja, die Kirchenfürsten baden schon seit jeher im Blut der Massen. Alle Kriege und jedes Leid der Welt haben ihren Ursprung in den Religionen = Konfessionen = Sekten. Konfessionen sind Sekten, und ganz gleich, wie eine Religion = Konfession sich nennt, sie ist eine Sekte. Sekten sind Gruppenbildungen von Sektierern. Sektierer sind Machtstreber, die ihre Redegewandtheit dazu nutzen, Macht über ihre Mitmenschen auszuüben. Und schon immer verkörperten die Sektierer als Priester und Schamanen die höchsten Machtinstanzen. Sie waren und sind mächtiger, als Kaiser, Könige und Pharaonen, ja sie krönten Diese und verliehen ihnen Macht. Oder auch nicht, wenn einer nicht nach ihrer Pfeife tanzen wollte. Jeder Sektierer ist bestrebt, seine Sekte durch eine Besonderheit von den anderen zu unterscheiden. So zum Beispiel, die Juden beschneiden ihre Männer, die Moslems auch ihre Frauen, die Scientologen züchten Intelligenzbolzen, die Katholiken sind unfehlbar und die Zeugen Jehovas haben den Himmel für sich allein gepachtet. Auch wenn der Mensch behauptet, er sei loyal, er ist es nicht. Er ist Egoist und Heuchler. Und weil jede Sekte glaubt, sie glaube das einzig Richtige und Wahre, verachten und hassen die Mitglieder einer jeden Sekte die Mitglieder jeder anderen Sekte. Dadurch schwelt ständig irgendwo auf der Welt ein Religionskrieg. Zum Beispiel, der ständige und nie aufhören wollende Krieg zwischen Israel und den Arabischen Staaten. Bekämpfen sich Araber und Israelis? Nein, Moslems und Juden. Bekämpfen sich die Iren untereinander? Nein, es bekämpfen sich Katholiken und Protestanten. Bekämpfen sich die Jugoslawen untereinander? Nein, die Orthodoxen und die Moslems.

Religion und Glaube waren Jahrtausende lang Grundlage für die Vernichtung anderer Kulturen. Die Mayas und Azteken wurden unter der Herrschaft der Kirche ermordet und ausgelöscht, weil sie nicht glaubten, was die Kirche zum Glauben machen wollte. All die heiligen Kriege in den dunklen

Zeiten unserer Vergangenheit wurden ausgefochten, um religiöse Überzeugungen anderen aufzuzwingen und so weiterzutragen, um den eigenen Machtbereich auszuweiten. In Frankreich wurden Säuglinge aus den Armen ihrer Mütter gerissen, weil diese Frauen nicht glaubten, was die Kirche wollte. Man brannte Frauen mit glühenden Eisen die Augen aus und brandmarkte ihnen die Brust, die Straßen waren von Blut überschwemmt. In den Folterkammern, welche zum Teil heute noch zu besichtigen sind, wurden die Menschen bis zum Tode gequält, wenn sie den Glauben, den man ihnen aufzwingen wollte, nicht angenommen haben. Wissenschaftler wurden zum Widerruf ihrer Entdeckungen und Forschungsergebnisse gezwungen. Und das alles wegen eines Glaubens?

Dann benutzten die Protestanten das Höllenfeuer, den Schwefel und den Teufel, und erzeugten Angst in den Herzen der Kinder, um ihre Anhänger beisammen zu halten. Sie sagten ihnen, wenn sie nicht bestimmte Dinge täten und wenn sie nicht gemäß den Regeln und Vorschriften der Kirche lebten, würden sie auf ewig in der Hölle brennen

Wenn es ein Satanswerk gibt, dann heißt es Gebetshaus, Kirche, Pagode, Tempel, Dom, Moschee und so weiter. Nur dort wohnt das satanische, menschenverachtende, hass- und angsterzeugende Böse. Nur dort sind die Ungeheuer, die den Massenmenschen alles als Opfergabe abverlangen, in früheren Zeiten sogar ihr eigenes Leben Später ihre Töchter, aber bitte nur Jungfrauen und auch von diesen nur die schönsten. Diese Jungfrauen wurden in schwer zugänglichen Höhlen und Grotten, geopfert. Sie wurden an bestimmten Stellen von den sogenannten Gottesdienern deponiert, wo sie von dem dort lebenden Ungeheuer, das durch dieses frische junge Fleisch besänftigt werden sollte, abgeholt wurden. Diese Ungeheuer waren zweibeinig, trugen eine Mitra und hatten alle einen ehrenvollen Beruf, Priester. Sie kamen durch unterirdische Gänge, holten sich ihr Opfer und genossen diese jungen Geschöpfe bis Nachschub, frisches Fleisch kam. Dann wurden die schwangeren, verbrauchten, jungen Wesen taub, blind und stumm gemacht und irgendwo, wo sie niemand kannte ausgesetzt und ihrem Schicksal überlassen. Heute vergehen sie sich an den ihnen anvertrauten Knaben weil diese nicht schwanger werden können. Sie verbieten die Antibabypille und sie predigen weiter von der Todsünde des Fleisches. Seit es Priester gibt, werden die einfachen Menschen irregeleitet bis in die heutige Zeit. Es ist mir bekannt, dass sie selbst esoterische, erleuchtende Schriften studieren, diese aber ihren Schafen vorenthalten. Warum? Um sie damit nicht zu belasten? Oder wohl eher, um sich Ihrer als Schafe auch weiterhin bedienen zu können und sicher zu sein? Die Priester sind vor allem bemüht den einfachen Menschen Angst einzuflößen. Angst vor einem Satan und auch noch vor einem strafenden Gott, wobei es beides außerhalb des Menschen nicht gibt. Auch die geographischen Orte Himmel und Hölle, Paradies und Fegefeuer sind ihre Erfindungen. Und jeder Ruf der Kirchenglocken ist nicht ein Ruf zum „Gottesdienst", nicht ein Ruf irgendeinem Gott zu dienen, sondern ein Befehl zum Herbeieilen, um den Priestern zu dienen. Diese Glocken beflügeln und beschleunigen den gläubigen Menschen, denn sie üben einen gewaltigen Zwang auf ihn aus.

Ich will diesen Schmarotzern jetzt die Gelegenheit verschaffen, noch vor ihrer eigenen endgültigen Läuterung, diese Angst ein wenig nachzuvollziehen. Denn aus den erleuchtenden Schriften wissen sie, dass sie erleben werden, was sie predigen. Und sie werden dies auch, denn sie werden erkennen, von wem diese Botschaften sind.

Ich kann es einfach nicht mehr mit ansehen, wie die Massen - Menschen dieser Welt von denen verblödet und zu Schafen gemacht werden und denen auch noch wie Schafe hinterherlaufen, die Jesus und nach Jesus aber Millionen, allein in Lateinamerika über 75 Millionen Menschen im Namen von Jesus und unter dem Schutz des Kreuzes ermordet haben. Die alles Blut der Welt vergossen haben, denn fast jeder Krieg ist ein Religionskrieg. Die sich heute damit brüsten, Leben erhalten, beziehungsweise Leben schützen zu wollen.

Glaube nie an etwas. Niemals!

Durch einen Glauben überzeugst Du Dich von etwas, was Du erst durch Erfahrung wirklich verstehen und wissen kannst. Glaube ist sehr gefährlich, denn im Glauben gründest Du Dein Leben, Deine Einstellungen und Dein Vertrauen auf etwas, was sich nicht als Wahrheit Deines Seins offenbart hat. Dadurch wirst Du sehr verwundbar. In diesem verwundbaren Zustand kann man Dich manipulieren, verwünschen und verdammen, Du kannst Dein Leben verlieren, und das alles nur wegen des Glaubens.

Wisse, was immer Du zu wissen wünschst. Dazu musst Du nur nach Innen um Verstehen bitten (nicht beten) und dann auf die Gefühle in Deinem Inneren horchen. Vertraue immer der Weisheit Deiner Gefühle. Kämpfe niemals gegen sie an und zwinge Dir nicht selbst einen Glauben auf, der sich in Deinem Inneren nicht gut anfühlt.

Es gibt nur einen Gott, nur eine Einheit und jeder von uns Menschen ist eine Zelle davon. Was würde aus unserem Körper werden, wenn sich unsere Körperzellen untereinander bekämpfen würden, so wie wir das tun, anstatt sich in Harmonie gegenseitig zu dienen und für die Einheit Körper zusammenzuarbeiten? Nur weil sich diese gegenseitig achten und lieben und sich gegenseitig dienen, hat jeder von uns einen, wie von der Seele vorgesehen funktionierenden Körper, ist jeder von uns eine funktionierende Einheit von etwa durchschnittlich fünfundsiebzig Billionen einzelner Zellen mit der Bezeichnung Mensch. Und solange die Zelle Mensch jede andere Zelle Mensch verachtet, hasst und abstößt, kann auch die einzelne Zelle als Einheit – Gott – Mensch in sich nicht harmonisch sein. Liebe und achte Deinen Nächsten als Dich selbst, denn alles, was Du Deinem Nächsten tust, das tust Du auch an und für Dich selbst. Und was Du nicht willst, das man Dir tut, das füge auch keinem Anderen zu, denn Du ist der Andere und der Andere bist Du. Und das will und werde ich Dir ganz persönlich und Euch allen beweisen. Ihr wollt immer Wunder sehen als Beweis innerer Stärke eines zum Christus gewordenen Jesus, und wenn Euch ein Wunder geboten wird, wollt Ihr es sogleich als Zaubertrick entlarven. Ich lasse Euch alle, jeden einzigen von Euch ein Wunder an sich selbst erleben. Und Ihr werdet feststellen, wie einfach es ist, Wunder zu erleben, wenn man die Hintergründe kennt.

Du wirst die Erleuchtung nicht finden, solange Du sie willst. Aber wenn Du mir vertraust, dann vertraust Du dem, den Du noch nicht kennst. Und wenn Du mich liebst, dann liebst Du den, den Du noch nicht kennst. Dann wird die Erleuchtung Dich finden. Doch merke, und vergiss niemals, der erste Schritt zur Erleuchtung ist Ehrlichkeit sich selbst gegenüber. Und wenn Du das begreifen willst, dann gehe zurück zu Abschnitt 1 und lese den Artikel: „Der Weg der Erleuchtung" so oft und so lange, bis Du verstanden hast.

Mache Dich endlich frei!

Die Zugehörigkeit zu einer Konfession = Sekte sitzt in einem Menschen so tief und fest in Fleisch und Blut, dass der Austritt aus Überzeugung einem Tod gleichkommt. Ist man als ein religiös erzogener Mensch aus Überzeugung aus einer Kirche = Konfession = Sekte ausgetreten, beschleicht einen anschließend ein Gefühl totaler Hilflosigkeit, wenn nicht sogar das Gefühl in einen bodenlosen Abgrund zu stürzen. Aber dann, das darauffolgende Gefühl der Freiheit, des Bewusstseins, nicht mehr Sklave dieser Heuchler zu sein, überwiegt bei weitem alles bisher da Gewesene.

Macht Euch frei, vertraut auf das Göttliche in Euch und Ihr werdet es leichter haben! Das Göttliche ist in jedem das Selbst. Ihr braucht also keine Schmarotzer als Vermittler mit dem Göttlichen und überlasst den Satan denen und die dem Satan, die ihn ins Leben gerufen haben. Es ist aller höchste Zeit, den Priestern Einhalt zu gebieten! Zu diesem Zweck ist es dringend erforderlich, dass die gesamte Menschheit die volle Wahrheit erfährt, dann schenkt diesen Blut saugenden Parasiten auch keiner mehr ein Ohr. Nur auf diese Weise wird ihnen die Möglichkeit genommen, auch weiterhin ihr Unwesen zu betreiben.

Jagt all die sogenannten religiösen Führer, diese Schmarotzer zu den von ihnen selbst erfundenen Teufeln. Aber handelt nach dem Gebot der Nächstenliebe. Liebe Deinen Nächsten als Dich selbst. Habt mit Euren Peinigern mehr Verständnis, als diese mit Euch bisher hatten, denn auch sie wissen oft nicht was sie tun. Wendet Euch einfach ab von Euren Sektierern, sucht Euch Eure eigene Wahrheit und wendet Euch Eurem Nächsten zu und es wird wieder Friede sein auf der Welt.

Erst, wenn alle Nationen dieser Welt sich ihrer Schmarotzer entledigen. In dem sie auch ihre Kirchenfürsten, Priester, Mönche und auch alle selbsternannten Meister und Gurus zu den von ihnen selbst erfundenen Teufeln jagen, kann und wird wieder Liebe unter den Menschen und dadurch auch Friede unter den Rassen und Nationen sein.

Nur ohne Religionen kann wieder Frieden unter den Menschen sein.

TEIL 1
ABSCHNITT 4

DIE GEGENWART
UND
IHRE PROBLEME

Die Dürrekatastrophen und Hungersnöte der sogenannten dritten Welt repräsentieren und zeigen uns die
geistige Dürre, die tägliche Mehrverblödung der Mate-
rialisten der sogenannten ersten Welt.

Der Staat stirbt mit der Wirtschaft

Wir dürfen uns absolut nichts vormachen, mit der Not im Staate wächst die Verwaltung und mit der Verwaltung des Staates wächst die Not. Dadurch, dass der Wasserkopf Staat ständig, unaufhaltsam und immer schneller wächst, frisst er die Wirtschaft auf und mit dieser sich selbst. Die Ratte frisst sich selbst vom Schwanz her auf. Der Staat begeht Selbstmord.

Was spielt sich im Staat tatsächlich ab?

Der wachsende Druck des Wasserkopfes, ständig höhere finanzielle Belastungen zusammen mit den Forderungen der Gewerkschaften treiben die Produktionskosten und mit diesen automatisch auch die Preise für die Erzeugnisse in die Höhe. Die Unternehmen werden zuerst konkurrenzunfähig dann zahlungsunfähig und sterben. Dadurch werden Arbeitnehmer frei. Sie können von den anderen Unternehmen nicht aufgenommen werden, gehen als irgendein Leistungsempfänger zum Wasserkopf – Staat und werden auf diese Weise zu einer zusätzlichen Belastung für die noch tragende Wirtschaft. Ich schätze mal, dass jeder fünfte, der von der Wirtschaft zum Wasserkopf wechselt einen sechsten als Verwaltung benötigt. Erkennen wir den Trend?

Was erkennen wir als Realisten?

Die sogenannten fünf Wirtschaftsweisen sind in Wirklichkeit die größten Wirtschaftsblinden. Oder sind sie wirklich weise, weil sie das, was sie tun, für Geld und ohne Rücksicht auf ihr Ansehen tun? Jedes Jahr liegen sie mit ihren Vorhersagen für das Wirtschaftswachstum daneben, allein im Jahr 1999 um 50%, doch sie lernen nicht daraus. Und den Massen fällt deren Dummheit scheinbar nicht auf? Obwohl wir alle wissen, dass die Arbeitslosenzahl eigentlich ständig und stetig wächst, behaupten sie, die Talsohle sei überschritten und prognostizieren für das Jahr 2000 schon wieder ein Wirtschaftswachstum von 2,4 – 2,8 %. Was wächst denn überhaupt bei einer inoffiziell geschätzten Arbeitslosenzahl von 6 Millionen? Durch ihre Prognosen verbreiten sie Optimismus bei den „Anlegern". Sie forcieren, ja sie beleben lediglich den sogenannten Anlagenmarkt, das Geschäft der Spekulanten und entziehen dadurch der eigentlichen Wirtschaft das Kapital. Ansonsten verursachen sie nur Kosten. Aber die jeweiligen Regierungen als Auftraggeber wollen dies ja so und wie wir alle wissen, fällt ein Gutachten immer zu Gunsten des Auftraggebers aus.

Man spricht also ständig von Wirtschaftswachstum. Die Journalisten glauben, es handle sich um das wirtschaftliche Wachstum des Staates als ganzes und suggerieren diese Fehlinterpretation über die Medien den Massen. Dies ist jedoch ein gewaltiger Irrtum. Und es ist allerhöchste Zeit, dass uns die Augen aufgehen, um diesen ganz klar zu erkennen. Es wächst nicht der Reichtum und Wohlstand des Staates insgesamt, sondern lediglich die Umsätze einiger Zweige der noch verbliebenen Industrie und auch nur auf Kosten von Arbeitsplätzen durch Rationalisierungen. Man kann also Unternehmen wieder rentabel, beziehungsweise flott machen, in dem man Menschen, den höchsten Kostenfaktor durch Computer, Roboter und Automaten ersetzt, denn diese haben keine Forderungen. Sie wollen keine Lohnerhöhungen, kein Urlaubs-, Kranken-, Weihnachts-, Feiertagsgeld, keine Schichtzulagen, sind nachts zum Teil sogar billiger, durch Nachttarif niedrigere Stromkosten, werden nicht besteuert und sind, menschliches Versagen ausgeschlossen, vollkommen kalkulierbar. Durch Schaffung von Arbeitslosen wird der Notstand aus jedem einzelnen Teilbereich des Staates, also des Unternehmens, auf den Staat selbst verlagert. Fazit ist, je mehr wir uns anstrengen, die sogenannte Wirtschaft zu beleben, um so mehr töten wir den Staat als Ganzes. Man muss die Dinge sehen, wie sie sind. Je höher das sogenannte Wirtschaftswachstum ist, um so mehr wird der Staat durch die, dadurch erzeugten, Arbeitslosen belastet und um so mehr bankrott ist der Staat als Ganzes. In diesem bestehenden veralteten und vermoderten System kann nur mit vorhandenen, konventionellen Mitteln auch nur vermeintlich geholfen werden.

Klimmzüge bewirken also nur das Gegenteil.

Unternehmen wieder flott machen?

Wie sind die Zusammenhänge? Mit der steigenden Zahl bankrottgehender Unternehmen, steigt die Zahl der Arbeitslosen und die Zahl sonstiger Sozialleistungsempfänger. Die Verwaltungskosten steigen und mit diesen wächst der Druck durch Erhöhung der finanziellen Lasten auf die noch verbleibenden Unternehmen und Arbeitnehmer.

Was geschieht im Staat, wenn in einem Unternehmen rationalisiert wird?

Durch die Sanierung einzelner Unternehmen wird der Tod des Staates nicht aufgehalten, sondern beschleunigt. Dieser Prozess ist in und mit diesem System nicht zu wenden und auch nicht zu stoppen. Man muss also die Zusammenhänge sehen, dann erkennt man unter vielem Anderen, in der Sinnlosigkeit der Sanierung einzelner Unternehmen auch die Gefahr für das Ganze. Wir müssen uns ganz klar vergegenwärtigen, mit jedem sterbenden Unternehmen und mit jedem wegrationalisierten Arbeitnehmer, somit also auch mit jedem rationalisierten Unternehmen, steigt der finanzielle Druck des Staates auf die noch verbleibenden.

Die Kompliziertheit und Schwerfälligkeit unseres Systems macht es einfach erforderlich, dass die Wirtschaft wie der Einzelne Bundesbürger unendlich weiter und immer höher belastet werden. Der Staat braucht für sich und für die Verwaltung des Apparates Geld, viel Geld. Er braucht Steuern und zwar jedes Jahr mehr, bedingt schon allein durch die Gehalts- und Diätenerhöhungen der Staatsdiener. Steuern sind in diesem System durch nichts anderes zu ersetzen als durch Steuern, beziehungsweise durch Abgaben mit anderen Bezeichnungen. Doch jede Mehrbelastung des Bürgers, ob sie Pflegeversicherung, Kanalgebührenerhöhung, oder sonst wie heißt, ist eine versteckte Steuererhöhung unter einem anderen Namen. Oder glaubst Du wirklich, Du zahlst nur soviel Steuern an den Staat, wie auf deinem Lohnzettel angegeben ist? Dies ist ein Irrtum. Auf alles, was Du kaufst zahlst Du Durchschnittlich 10 % Mehrwertsteuer. Du zahlst also nicht 30 % Steuern von Deinem Lohn, wie auf dem Lohnzettel angegeben, sondern 40 %. Die Mehrwertsteuer wurde eingeführt, weil diese Dir als Privatperson vom Staat nicht rückerstattet werden muss.

Gleich, ob wir das alles so sehen wollen oder nicht, **es ist so.**

Wir befinden uns in einer systembedingten, sich selbst beschleunigenden Rezession, beziehungsweise Talfahrt, die bereits durch die erste Staatsverschuldung hervorgerufen, verursacht, ausgelöst wurde und nun mit dem wachsenden Schuldenberg und der daraus resultierenden Zinsbelastung Fahrt gewinnt. Wir befinden uns auf dem Hang, der Berg wächst immer schneller und der Hang wird immer steiler. Dadurch gewinnen wir an Fahrt den Berg hinunter. Daraus resultiert auch, dass wir immer schneller immer mehr Arbeitslose, Frührentner und Rentner haben. Wie hoch ist das durchschnittliche Rentenalter heute, 55 oder schon 50 Jahre? Heute denken ja schon die Kinder in der Schule an die Rente.

Die Wochen, wie auch die Lebensarbeitszeit werden immer kürzer. Bei gleicher Leistung des Unternehmens durch Einsatz von mehr Personal und Lohnausgleich wächst der Druck mehr auf den Arbeitgeber, ohne Lohnausgleich mehr auf den Staat durch die verminderten Steuereinnahmen. Weil der Staat darauf nicht verzichten kann, muss er den Druck nach unten ständig erhöhen. In jedem Fall jedoch wächst der Druck auf die noch verbleibenden Unternehmer und Arbeitnehmer.

Dies ist kein Kreislauf, dies ist ein Trend mit tödlichen Folgen für uns alle. Ein Trend zum gesellschaftlichen Selbstmord. Wer da immer wieder behauptet, wir hätten die Talsohle erreicht oder gar überschritten, der lügt ganz einfach und darf nicht mehr für voll genommen werden. Denn, es erholt sich nicht der Staat als ganzes, die gesamte Wirtschaft, sondern lediglich und nur vorübergehend die Unternehmen, welche durch Fusionierung,

Rationalisierung und auf jeden Fall durch die Freistellung von bis zu zigtausend Arbeitnehmern rationalisiert wurden. Der Druck steigt weiter und die soeben rationalisierten Unternehmen müssen in Kürze erneut rationalisiert werden. Je mehr der Staat den Druck erhöht, also die Steuerschraube anzieht, gleich wen er damit auch belastet, um so weniger nimmt er ein. Scheinbar wurde diese Kettenreaktion bisher nicht erkannt und die Politiker, die Allerblindesten, sehen und wollen nur eines, Macht um jeden Preis.

In und mit diesem System kann es keinen gesamtwirtschaftlichen Aufschwung mehr geben, er ist für den Staat insgesamt nicht mehr möglich. Der Wirtschaftsstandort Deutschland ist in und mit diesem System nicht gefährdet, nein, er ist schon längst tot. Wir dürfen uns nur nichts mehr vormachen und vor allem absolut nichts mehr vormachen lassen.

Staatsverschuldung, was ist das?

Die Medien leisten der Dummheit der Politiker in jeder Hinsicht Vorschub. So auch hier, wie von den Politikern, wird auch von den Medien die Staatsverschuldung schöngeredet. Man spricht immer nur von 1,5 Billionen und verschweigt dabei, dass dies lediglich die Schulden des Bundes sind. Man verschweigt ganz einfach, dass auch die Gemeinden und Kommunen mit etwa 0,8 Billionen DM verschuldet sind und somit der Schuldenberg des Staates insgesamt 2,3 Billionen DM beträgt. Man möchte scheinbar vergessen, dass der Staat aus Einzelteilen, sprich Kommunen besteht. Und dabei übersieht man, dass es ja ohne diese Länder und Kommunen gar keinen Bund (der Länder) geben könnte.

Auch die Staatsschulden von etwa 2,3 Billionen DM sind ganz einfach eine auf Umwegen kassierte indirekte beziehungsweise versteckte Steuer. Also Steuerschulden des Bürgers an den Staat, die irgendwann ausgeglichen werden müssen. Um den Bürgern Sand in die Augen zu streuen, erhöht der Politiker nicht die Steuern, um einen fehlenden Betrag zu decken, sondern er nimmt Kredit auf. Und der Bürger als sein Bürge ist damit glücklich und zufrieden. Hurra, hurra, die Steuern wurden nicht erhöht, die Wahlversprechen wurden eingehalten! Ist uns wirklich bewusst, was da abläuft? Verstehen sich die Politiker bei der Geldaufnahme als Bürgen der Bürger? Oder sind wir Bürger längst die Bürgen der Politiker ohne es zu wissen? Der Staat bedient sich im Namen des Bürgers, denn der Staat sind wir alle. Warum machen die Politiker eigentlich Schulden? Ganz einfach, weil ihnen für die versteckten Steuern keine Namen mehr einfallen.

Besitzen wir als Staat überhaupt noch so viel Gegenwert um den Schuldenberg von 2,3 Billionen DM aufzuwiegen? Angesichts der alten, verkommenen Immobilien, des versauten und vergifteten Grund und Bodens darf ich dies wohl berechtigterweise anzweifeln.

Ist uns auch bewusst, dass der Schuldenberg mit und in diesem System immer nur wachsen und niemals, weder von uns, noch von unseren Nachkommen abgetragen werden kann? Andererseits, da die Politiker ständig wechseln kann keiner von ihnen jemals für diese Schuldenlast verantwortlich gemacht werden. Somit muss diese immer weiter wachsende und darum immer mehr drückende Steuerschuld allein von den Bürgern, von uns allen getragen und ertragen werden.

Wir wissen es, wir dulden es, also wollen wir es? Sollen doch unsere Kinder sehen wie sie damit zurecht kommen? Nach uns die Sintflut?

Erst nachdem die Politiker diese, meine Botschaften erhalten haben, begannen sie vermehrt darüber zu debattieren. Dennoch höre ich nur Schuldzuweisungen, nicht Schuldbekenntnisse. Und schon gar keine Problemlösungen. Und ich weiß und bin mir dessen auch ganz sicher, niemals wird auch nur einer, dieser dummen Machtstreber eine Lösung dieses Problems wissen, geschweige denn die Notwendigkeit einer solchen einsehen. Denn dann müssten sie ja auch zugeben und einsehen, dass sie selbst als Schmarotzer die Kostenverursacher, die eigentlichen Geldverschwender sind. Dass sie nur von der sogenannten Macht Abstand nehmen, auf diese verzichten müssten, um alle Probleme ihren Lösungen zu überlassen.

Doch das tun diese Schmarotzer niemals freiwillig.

Wer verursacht all unsere Probleme?

Es sind nicht nur die Politiker, sondern auch unser aller Vorstellungen, ein Land zu regieren und somit auch unsere Duldung dessen, was die Politiker treiben. Die Politiker, Hand in Hand mit den Medien machen die Probleme eines jeden Auslands zu unseren Problemen, damit wir auf diese Weise unsere eigenen Probleme übersehen, vergessen, ja verdrängen. Und das einzige, was die Politiker anscheinend studieren ist, wie man die Bürger vom Wesentlichen ablenkt. Man schreibt ihnen in ihren Reden zwar vor, was sie sagen können und sollen, aber auch **man** weiß nicht, was sie tun sollen. Darum waren, sind und bleiben Politiker, gleich wo sie sich auf nationaler oder internationaler Ebene in dieser Welt durchs Leben schwatzen, in allen Zeiten unproduktiv, uneffizient und nur belastend. Unsere nationalen Probleme werden aus dem Lande nach Europa gebracht, zu europäischen- und somit zu internationalen gemacht, um sie auf diese Weise zu vergrößern und zu komplizieren. Nur so haben die Politiker die Möglichkeit, sich mit den Aufgaben wie die Ratten zu vermehren und ihre Karrierechancen ständig zu begünstigen und zu erweitern. Dieses politische Europa dient, wie einige weitere weltweit organisierten politischen Institutionen auch, ausschließlich den Politikern als verlängerte Karriereleiter, wobei die Unfähigkeit der Politiker sich von selbst, und zwar schon im Landesinneren beweist. Wir haben den Bundestag, wegen dessen Entscheidungsunfähigkeit den Vermittlungsausschuss und die Ländervertretung im Bundesrat als Debatierbühnen in Berlin, doch die Entscheidungen werden alle vom Bundesverfassungsgericht in Karlsruhe getroffen, wobei auch dieses von einzelnen Politikern nicht mehr für voll genommen wird. Wir sind von soviel Sinnlosigkeit umgeben, dass wir das Sinnvolle als solches nicht mehr erkennen.

Hier nur einige Beispiele beispielloser Verschwendung:

Mit dem Rest der Welt verfügen wir bereits über unzählige handlungsunfähige, ja kindergartenähnliche Einrichtungen, doch wir benötigen noch viele mehr. Wir haben den Bundestag, den Bundesrat, den Vermittlungsausschuss, das Bundesverfassungsgericht, die UNO und die OSZE, wir benötigen aber noch das Europaparlament und auch noch den Europäischen Gerichtshof. Wir haben die Bundeswehr, die NATO und die UNO, aber wir benötigen auch noch ein EUROCORPS und auch noch die WEU - die Westeuropäische Union. Wir haben die Deutsche Bank, und die Weltbank aber wir benötigen auch noch die Eurobank. Wir haben die Bundespolizei und die Interpol aber wir benötigen auch noch die EUROPOL.

Es werden jährlich viele Milliarden harte DM ausgegeben, um Lebensmittel im Wert von ebenfalls vielen Milliarden zwecks Verknappung zu vernichten, damit die Preise innerhalb der EU hochgehalten werden können. Billigeinfuhren zwecks günstiger Angebote auf dem Markt sind antieuropäisch, also verpönt und vollkommen **demokratisch und freimarktwirtschaftlich verboten.** Wir subventionieren lieber und kaufen teurer ein.

Wir geben alljährlich zig Milliarden harte DM anderen Menschen und Ländern, damit diese für unser Geld unsere Waren kaufen können. Wir bezahlen also sehr viele Milliarden nur um für wiederum viele zusätzliche Milliarden teurer einkaufen zu dürfen. Und das alles nur um auf diese Weise die sogenannte Europäische (Hoch)Preisstabilität zu finanzieren? Um wenigstens scheinbar konkurrenzfähig zu sein? Dieses Europa ist ein Fass ohne Boden, ein Ungeheuer, in dem immer mehr Kapital, ohne jeden Sinn und Nutzen verschwendet, ja vernichtet wird. Und nur die Politiker benötigen dies alles und noch vieles mehr, um sich in ihrer Sinn- und Zwecklosigkeit, als Europapolitiker sinnvoll darzustellen. Je mehr sich die Politiker untereinander über dieses Europa einig sind, und einig sind sie sich immer, wenn es um ihre persönlichen Vorteile geht, um so größer ist die Schlundöffnung dieses Ungeheuers, um so mehr Kapital verschlingt es, und um so mehr sind die Bürger der Mitgliedstaaten unzufrieden und zerstritten untereinander. Dieses Europa ist eine politische Seifenblase, die platzt, sobald die Deutschen sie nicht mehr finanzieren können. Und man kann an den Fingern einer Hand abzählen, wann dies soweit sein wird. Wir haben täglich mehr Arbeitslose, täglich mehr Kurzarbeiter, täglich mehr Frührentner, täglich mehr Rentner, täglich mehr Europa und mit diesem täglich mehr und höherbezahlte Politiker. Wir haben aber, analog dazu, täglich weniger arbeitende Menschen, welche das erforderliche Kapital erarbeiten, mit dem dieser Irrsinn bezahlt werden muss.

Ist dieser Zirkus wirklich eine Union, eine sinnvolle Vereinigung?

Die Europäische Gemeinschaft wurde in die Europäische Union umbenannt. Warum? Ganz einfach, die einzige Gemeinsamkeit, welche alle Mitglieder in die Gemeinschaft einbringen ist der Wille möglichst viel Geld aus dem Europatopf herauszuholen. Darum hat sich diese Gemeinschaft als eine Gegnerschaft entpuppt und alle Welt weiß dies, nur die Politiker anscheinend nicht, weil diese ihre Hauptaufgabe darin sehen, diesen (Sau)Haufen zusammenzuhalten. Jeder möchte alle anderen nach seiner Pfeife tanzen lassen und weil sich alle weigern, nach der Pfeife eines anderen zu tanzen, bröckelt es ständig. Es ist ein ständiger Konflikt, eine ständige Auseinandersetzung um und für den Zusammenhalt der Mitglieder. Und jede Harmonie ist lediglich Heuchelei nach Außen. Dieses Europa ist ein, über die Grenzen der einzelnen Länder hinaus, erweiterter Zirkus mit falschen Clowns. Clowns, die sich, um die echten Clowns, welche sich ihr Geld schwer verdienen müssen nicht zu beleidigen, Politiker nennen

Wem dient oder nützt dieses Theater?

Niemandem, im Gegenteil, es schadet nur allen Europäern. Den Zahlenden durch die Belastung und den Kassierenden dadurch, dass sie durch das Kassieren das Arbeiten verlernen. Europa kostet die Europäer etwa 160 Mia. DM/a. Dafür könnten jährlich 160 Mia. : 80000 = 2 Mio. neue Arbeitsplätze geschaffen werden. Die EU, in ihren Anfängen EWG genannt, gibt es seit dem 25. März 1957. Das waren bis März 2001 genau 44 Jahre. In dieser Zeit hätten also theoretisch europaweit statt der wahnsinnigen Ausgaben der Wahnsinnigen 2 Mio. x 44 = 88 Mio. neue Arbeitsplätze geschaffen werden können. Und was haben die Europapolitiker in Wirklichkeit nachzuweisen? 20 Mio. Arbeitslose, wobei diese Zahl viel zu niedrig angesetzt ist und auf keinen Fall stimmen kann. Zwar wurden und werden immer mehr hochbezahlte Tummelplätze für die Politiker und ihre Seilschaften geschaffen, doch dienen diese lediglich der Kapitalverschwendung, woraus sich Stagnation und Rückschritt ergeben.

44 Jahre, man bedenke nur, 528 Monate lang haben die Politiker mit ihrem leeren dämlichen Geschwätz an diesem Unikum Politikum namens Europa

gebaut. Das Ergebnis ist ein zerstrittener Haufen Europäer, allen voran die Politiker und 20 Mio. Arbeitslose. Und in den 50 Jahren Demokratie nach dem 2. Weltkrieg haben die Politiker sehr eindrucksvoll gezeigt und auch bewiesen, dass Meinungsaustausch unter Gleichgesinnten, also politisches Geschwätz nicht gleichbedeutend mit Regieren, sondern lediglich Politisieren sein kann. Der politische Zirkus EU kostet die Mitgliedsländer 160 Milliarden DM/a. Also stehen der Wirtschaft dieser Länder diese 160 Milliarden DM für Investitionen nicht mehr zur Verfügung. Und was beschert uns die EU außerdem? In Deutschland arbeiten allein im Bausektor etwa 150.000 Billiglöhner aus EU-Ländern, wobei im gleichen Bereich mehr als 200.000 Menschen arbeitslos sind.

Und was sagen uns die Zahlen noch? 20 Mio. Arbeitslose in der EU und davon allein in Deutschland etwa 6 Mio., also 30%. Weil die meisten Arbeitslosen der anderen EU - Länder bei uns als Billiglöhner eine Arbeit bekommen, werden die Deutschen arbeitslos. An den EU-Kosten von 160 Milliarden DM/a ist Deutschland mit 30%, also mit 48 Milliarden beteiligt. Und für diese 30 % Kostenbeteiligung erhalten wir auch akkurat 30% der Arbeitslosen Europas.

Wie blind sind unsere Politiker, wenn sie solche gravierenden Fakten übersehen? Wie blind, nein blöd muss man eigentlich oder überhaupt sein, beziehungsweise werden, um als Führungspersönlichkeit einer Nation, als Politiker diese Nation vor dem Rest der Welt repräsentieren zu können, zu dürfen? Ist so viel Blödheit die Voraussetzung dafür? Ist die ganze Nation, ist etwa Europa und vielleicht sogar die ganze Welt blind genug, dieses politische Europa, dieses Absurdikum Politikum als eine Wirtschaftsunion zu bezeichnen und darin auch noch eine Wirtschaftsturbine zu erkennen? Oder hat etwa die ganze Welt Angst davor diesen paar Idioten der Bezeichnung Politiker zu widersprechen, ihnen die Stirn zu bieten?

Was ist denn das für eine Welt, in die ich da geboren bin? Ich dachte, ich wäre in eine Welt der sich wiedererkennenden Götter gekommen? Und ich bin ganz sicher, ich habe mich nicht verlaufen. Und was tun diese, sich wiedererkennenden Götter? Sie verarschen sich nur gegenseitig! Daraus kann doch unmöglich geistiges Wachstum resultieren? Oder etwa doch? Doch, ja! Aber erst nach dem diese Blindheit als solche erkannt und beseitigt wurde. Denn alles, was ist, hat seine Richtigkeit und einen Sinn, diesen zu erkennen. Auch diese blinden Politiker muss es geben, damit die Welt erkennt, was Dummheit ist und wie sich diese präsentiert.

Kann und darf eine solche politische Inszenierung überhaupt als Union bezeichnet werden? Oder wohl doch eher als eine Schule, ein Anschauungsunterricht für die unbeteiligten, damit diese erkennen mögen, wie man etwas nicht machen sollte?

Eine Nation ist eine Macht. Man darf deswegen aber nicht glauben, dass 2 politisch vereinigte Nationen ebenfalls eine und vielleicht sogar eine doppelte Macht sind. Nein, es sind zwei halbe Mächte, ja sie sind sogar Gegner, denn jeder macht den anderen von sich abhängig. Und wer Augen hat, der sieht auch, wie sich ständig irgendwo Politiker der NATO- oder auch UNO-Mitgliedsländer durch Worte und ihre Soldaten im Krieg einander bekämpfen. Man darf politisch zu Stande gekommene Zahlen auch nur politisch betrachten und auf keinen Fall mathematisch. Nur unter der Führung einer wirtschaftlich starken Nation vereint sind zwei Nationen eine doppelte, und die EU wäre eben eine vielfache wirtschaftliche Macht. Nur um **einen** Kern kann eine Vereinigung und somit Konzentration der Kräfte stattfinden und nur von **einem** Kern aus gesteuert kann neues entstehen und Wohlstand wachsen.

Nur aus **einem** Kern kann ein großer starker Baum entstehen. Und erst durch diesen wird ein Wald, in dem der erste Baum alles überragend als größter und stärkster in den Himmel wächst. Es ist also ein Irrtum, zu glauben, dass durch das Einpflanzen von zehn Samenkernen für einen Baum, ein zehnmal größerer und stärkerer Baum wächst.

Nein, auf diese Weise kann nur ein Krüppel entstehen.

Die Europäische Idee ist hervorragend, doch politisch nicht machbar. Und wer heute noch glaubt, dass dieses politische Europa irgendeinen Nutzen bringt oder gar Arbeitsplätze schafft, ist ein Narr.

Was leisten die Politiker?

Die Politiker beschäftigen ausschließlich **sich selbst, sich einander, sich miteinander und sich gegenseitig.** Aus diesem Grund haben Politiker noch niemals irgendwelche Probleme gelöst, sondern immer nur welche geschaffen. Und ich höre immer nur, wir müssen etwas tun, es muss etwas geschehen. Doch noch niemals hat auch nur einer von diesen gesagt, was konkret zu tun ist, damit was Nützliches und Brauchbares für den Staat dabei herauskommt.

Es mutet geradezu grotesk an, wenn einige unter ihnen mit geschwellter Brust sagen – **wir** können stolz darauf sein, was **wir** nach dem Kriege aus Deutschland gemacht haben. Und noch mehr, wenn ein Politiker den Anderen, nach dessen Tod wegen seiner großen Leistungen und bisherigen Verdienste in den politischen Himmel lobt.

Wie war denn das eigentlich wirklich nach dem Krieg?

Zuerst waren die Trümmerfrauen, dann kamen die Flüchtlinge, danach die heimkehrenden Kriegsgefangenen, dann verschleppte Heimkehrer und als

die Wirtschaft zum Blühen kam, kamen auch die Politiker mit ihren voll-
mundigen Reden. Seit dem leidet der Staat an Krebs. Denn Politik ist ein
Krebsgeschwür, dem es nicht bewusst ist, dass es sich so lange ausbreitet
bis es seine Lebensgrundlage, den ganzen Körper – Staat aufgefressen hat
und dann aus Nahrungsmangel selbst stirbt.
Die eigentlichen noch lebenden Helden, die Trümmerfrauen, die schweigen.
Die wissen, was sie geleistet haben und das genügt ihnen.

Was denken Politiker?

Denken Politiker überhaupt? Können Politiker denken?
Bei der ersten Kanzlerrunde in Bonn am 23.1.1996 zum Thema "Bündnis
für Arbeit" kam, außer dem Wunsch, durch Entlassung von 7000 Staatsdie-
nern den Staat schlank zu machen noch etwas anderes heraus. Man setzte
ein Ziel: "Halbierung der Arbeitslosen bis zum Jahr 2000."
Den Staat schlank zu machen? Ob 7000, ob 100.000 oder auch einige Mio.
Mitarbeiter vom Staat entlassen werden, wohin gehen diese Leute? Sie gehen zum Arbeitsamt und Arbeitsamt ist Staat. Das Problem ist lediglich
verlagert, aber es ist nicht gelöst. Man streut nur sich selbst und Anderen
Sand in die Augen. Außerdem nützt ein schlanker Staat nichts, solange die
Politiker selbst bestrebt sind durch Diätenerhöhungen zuzunehmen, um auf
diese Weise für einen Gewichtsausgleich zu sorgen. Was an der breiten
Basis eingespart wird, frisst die Spitze wieder auf. Diese naive, kleinkindli-
che Denk – und Verhaltensweise, hier ein Bisschen weg und dort ein Bisschen hin und dann erst einmal abwarten, was passiert, zeugt ganz klar von
der Qualität unserer sogenannten Führungs- beziehungsweise Staatspersön-
lichkeiten.
Halbierung der Arbeitslosen bis zum Jahr 2000?
Alle bisherigen Regierungen nach dem Wiederaufbau haben in etwa 45
Jahren bis zu diesem Tag den Staat heruntergewirtschaftet, sie haben ein
Arbeitslosenheer von inoffiziell über 6 Mio. und einen Schuldenberg von
2,3 Bio. geschaffen. Ausgerechnet jetzt, wo die Wirtschaft um dem Druck
des Staates auszuweichen, ja zu entgehen ins Ausland abwandert, wo der
Bürger beinahe die Hälfte seines Lohnes für seine Verwaltung abgeben
muss und ausgerechnet jetzt, wo Norbert Blüm die Frühverrentung stoppen
wollte, ein solches Ziel? Ein solches Versprechen?
Ich behaupte, dass ich stets sage, was ich denke. Damit dies auch weiterhin
so bleibt, setze ich an dieser Stelle lieber mit dem Denken aus.
Doch Wolfgang Schäuble denkt und spricht im selben Augenblick für mich
weiter. Er machte während der Bundestagsdebatte über die Arbeitslosigkeit
am 1.2.1996, in Heute – ZDF eine erstaunlich ehrliche Aussage. Er sagte:

"Die Opposition tut so, als wüsste sie die Lösung aller Probleme. Es gibt kein Patentrezept und wer behauptet, er hätte eines, der will die Menschen hinter das Licht führen, der lügt ganz einfach." Damit sagte er ganz klar aus, dass auch die sogenannte Bundesregierung nur im Dunkeln tappt. Dass auch diese weder eine Vorstellung, noch ein Konzept für die Lösung der Probleme im Lande nachweisen kann.

Die neue Bewegung „Regierung" Schröder?

Wir erzeugen zunächst einmal viel Hecktick und verhalten uns ganz still dabei. Fällt dies jemandem auf, dann bewegen wir uns ein wenig, und wenn dann jemand meckert, na schön, dann haben wir uns halt in die falsche Richtung bewegt und müssen unsere Richtung ändern. Es wäre doch wohl gelacht, wenn es uns nicht gelingen sollte, auf diese Weise gegängelt, die ersten vier Jahre durchzustehen. Na ja, und vor Ablauf dieser vier Jahre machen wir einfach wieder unhaltbare, utopische Versprechungen, werden wieder gewählt und beginnen von Vorn. Das Volk ist ja dumm genug, es sieht und erkennt in uns Politikern große Persönlichkeiten und ist dadurch gerne bereit, uns unsere Lügen immer wieder aufs neue abzukaufen. Wir streuen einfach wieder ein paar Finten als Erbsen, sorgen für Verwirrung und dadurch werden unsere Lügen vom letzten Mal schon wieder vergessen. Schröder hat mit Hilfe meiner Botschaften die Spitze im Lande übernommen, er hat alle Wahlen gewonnen. Was er allerdings nicht beachtet hat ist, dass er an der Spitze angekommen, etwas zu bieten haben muss, und verpflichtet ist, mindestens seine Versprechen einzulösen. Seinen Bemühungen ist zu entnehmen, dass er dies auch möchte. Doch dazu fehlt ihm etwas, das wichtigste, mein Konzept, beziehungsweise überhaupt ein Konzept. Und ohne Konzept ist eine Spitze keine Führung. Außerdem hat er, wie alle anderen auch scheinbar etwas überlesen – ich gebe doch ganz klar und unmissverständlich vor, dass es nur ohne Politiker und nur mit einem vollkommen neuen System wieder aufwärts gehen kann und auch wird.

Wie ist der Trend?

Den Regierungen und Gewerkschaften aller Länder weltweit steht das Wasser bis zum Halse. Alle Politiker, gleich welcher Schattierungen, sind gezwungenermaßen ständig auf der Suche, ihre Steuereinnahmen zu erhöhen. Jeder will seinem Kenntnisstand entsprechend entweder den Unternehmer oder den kleinen Mann entlasten, um, wie sie meinen, der Wirtschaft zu einem Aufwind zu verhelfen. Jedoch, was anscheinend alle nicht bedenken, ist die Tatsache, dass jeder Pfennig, den die Politiker für ihre Zwecke, also für Politik und Verwaltung, gleich ob vom Kleinen oder vom Großen abzweigen, allenfalls der Wirtschaft entzogen wird.

Deutsche, wie alle anderen Politiker und Gewerkschaftsführer auch suchen angeblich verzweifelt nach Möglichkeiten vorhandene Arbeitsplätze zu erhalten und neue zu schaffen. Jeder würde gerne das Ruder herumreißen, doch sie wissen weder wie, noch wohin. Und wenn diese Menschen auch noch so oft und noch so eindringlich sagen, wir müssen etwas tun, es muss etwas geschehen, es wird nichts getan und nichts geschieht, weil niemand etwas weiß. Forderungen zu stellen ist leicht, weil sich diese aus dem Bedarf heraus von selbst ergeben. Doch die Erfüllungen dieser und die Lösungen dafür weiß auf der ganzen Welt niemand. Das Kind ist bereits im Brunnen, wenn auch noch nicht ertrunken, aber niemand weiß, wie man es dort wieder herausholen könnte. Alles, was von Machtstrebern, also von den Gewerkschaften und Politikern zur Beseitigung der Missstände im Staate gewollt und in Aussicht gestellt wird, gleicht einer Brandbekämpfung mit Öl. Und ich spreche aus Erfahrung, wenn ich behaupte, dass an allen maßgeblichen Stellen im Staate, bei Politik, Gewerkschaft, Wirtschaft, Medien, Kirchen usw. Menschen sitzen, die nicht im Interesse ihrer Mitmenschen, von Staat und Bevölkerung handeln, sondern ausschließlich im Interesse ihrer eigenen Machtposition und ihrer ganz persönlichen Angelegenheiten. Der blinde Machtwahn des Menschen führt zur Selbstzerstörung.

Wollen wir dies nicht endlich erkennen?

Wollen wir nicht endlich erkennen, wohin dieses Lügentheater treibt?

Akzeptieren wir die Lüge bis zum Kollaps? Oder wollen wir nicht doch lieber den Kollaps verhindern, in dem wir die Lüge entlarven?

Macht um jeden Preis?

Nicht nur die Regierungen, sondern auch die Gewerkschaften beteuern ständig, sie würden für die Erhaltung und für die Schaffung neuer Arbeitsplätze kämpfen. Ich wollte es genau wissen und habe mich im Juni und im Juli 1994 wiederholt beim DGB als persönlicher Berater des DGB Vorsitzenden Dieter Schulte beworben, wobei ich auch eine Kostprobe meiner Erkenntnisse eingeschickt habe. Ich wurde abgelehnt mit der Begründung, man verfüge selbst über gute, greifende Konzepte und werde diese demnächst vorlegen. Dass dies eine Lüge war, weiß der DGB am allerbesten und heute wissen wir es alle. Wenn jedoch die zwischenzeitlich vermehrt gemachten Zugeständnisse, man will zu Gunsten der Arbeitsplatzerhaltung auf überhöhte Abschlussforderungen verzichten, eine Art Konzept sein soll, dann soll Blinden von Blinden Sand in die Augen gestreut werden. Dies ist nichts weiter als ein Geständnis dafür, dass die Gewerkschaften selbst die Arbeitslosigkeit mit verschuldet haben und nun einen Rückzieher machen möchten. Doch wissen sie nicht, wie das machbar wäre, ohne an Macht einzubüßen. Fazit ist, auch die Gewerkschaften sind wie die politischen Parteien Machtapparate, die nur um ihre Daseinsberechtigung und somit um das nackte Überleben kämpfen. Schließlich und endlich weiß alle Welt, dass jede neue Lohnforderung Arbeitslose und weitere Pleiten verursacht. Doch um die Daseinsberechtigung nachzuweisen, gehen die Gewerkschaftsfunktionäre sogar so weit, dass sie von den Arbeitgebern gegen mäßige Abschlüsse Arbeitsplatzgarantien fordern. Dies ist eine eindeutig kommunistische Methode, sich ohne Rücksicht auf Verluste, an die Macht zu klammern. Wie kann ein Arbeitgeber ohne die Kenntnis seiner zukünftigen Auftragslage auch nur einen Arbeitsplatz garantieren, wenn dies nicht einmal dieser Staat kann? Sollen die Arbeitslosen nun beim Arbeitgeber verbleiben und von diesem unterhalten werden? Ist diese Idee in Zusammenarbeit mit dem Arbeitsministerium entstanden? Oder ist es allein die Todesangst des DGB angesichts der laufend schwindenden Mitgliederzahlen, die zum Bündnis mit dem Arbeitgeber zwingen?

Bündnis für Arbeit, oder Bündnis gegen Hoffnungslosigkeit?

Der Kampf der Gewerkschaften ist, wie bei Kirche und Partei, ausschließlich darauf ausgerichtet so viele Menschen wie nur möglich als Mitglieder an sich zu binden. Und dass dieser Kampf nur um des Kämpfens Willen und ausschließlich für den Nachweis der Daseinsberechtigung ausgeübt wird, dürfte nun jedem klar sein. Wie absurd er ist und wie dumm diese kämpfende Vereinigung ist, beweist schon ein einziges Beispiel. Vor dem Wissen aus meinen Botschaften kämpfte man gegen Überstunden, man kämpfte aber auch gegen die Nichtanrechnung der Überstunden bei Lohnfortzahlung im Krankheitsfall. Mit dem zweiten Kampf wurde der erste Kampf zum Nonsens, denn man erklärte sich ohne Worte mit den Überstunden einverstanden, ohne den Widerspruch zu bemerken. Man hat davon abgelassen und ist verstummt, nachdem diese Botschaft gelesen wurde. Als dritte Machtposition im Staate nach Kirche und Politik vernichtet die Gewerkschaft mit den Politikern Hand in Hand den Staat bewusst oder Unbewusst von der Wurzel her. Und zwar über die Wirtschaft durch Lohn- und die sich daraus ergebende Preistreiberei. Nun wissen sie es, denn sie haben es aus meinen Botschaften erfahren. Doch dies ist ihnen gleich. Alles, was diese Menschen wollen, ist Macht. Macht um jeden Preis.

Gewerkschaften als Rettungsanker?

Der Mensch will immer nur das Gegenteil von dem, was er erreicht. Und die Gewerkschaften erscheinen mir als das beste Beispiel für diese Paradoxie der scheinbaren Polarität.

Wenn die Gewerkschaftsfunktionäre sich dessen rühmen, die Kinderarbeit weltweit abzuschaffen, dann sind sie ganz einfach dumm. Wir wissen, dass täglich 40.000 Kinder auf der Welt verhungern. Dies stimmt uns unbehaglich und wir wollen es bekämpfen. Wir wissen aber auch, dass täglich 250 Mio. Kinder arbeiten. Auch das ist uns nicht recht, auch das wollen wir bekämpfen. Was wir ebenfalls wissen, jedoch verdrängen, weil wir es vielleicht nicht wahr haben wollen, ist die Tatsache, dass diese 250 Mio. arbeitende Kinder jeweils eine bis zu fünfköpfige Familie ernähren (ZDF, 26.2.97, 19 Uhr, Kinderarbeit soll verboten werden). Wenn wir die durchschnittliche Familiengröße mit nur 3 Personen annehmen, erkennen wir unschwer, dass diese 250 Mio. arbeitenden Kinder sich selbst eingeschlossen alltäglich 750 Mio. Menschen am Leben erhalten. 40.000 Kinder verhungern weil sie, beziehungsweise ihre Eltern keine Arbeit haben und 250 Mio. arbeitende Kinder erhalten 750 Mio. Leben. Natürlich dürfen wir unsere Augen nicht davor verschließen. Doch wenn wir wissen, dass jedes Problem die Lösung für ein anderes ist, dann stellen wir diese Zahlen, bis wir die Lösungen kennen, ganz einfach gegenüber und kommen zu folgendem Ergebnis. Es könnte theoretisch täglich 750.040.000 Tote geben. Davon sind die 40.000 Toten etwa „nur" 0,0053 %. Und wenn ich das weiß tun mir die 40.000 Toten nicht mehr so weh. Was ist uns also lieber? Kinderarbeit oder 750 Mio. Tote? Ich weiß, beides soll nicht sein. Es ist aber und solange es so ist, erscheint mir doch die Kinderarbeit als gerechtfertigt. So lange, bis wir herausgefunden haben, welcher Sinn dahintersteckt. Denn alles, was ist hat den Sinn, diesen zu erkennen.

Und was ist mit unseren eigenen Kindern? Was ist mit den Kindern in den „wohlhabenden" Ländern? All den Kindern, die zum Teil unter schwersten physischen und psychischen Belastungen zu künstlerischen, beziehungsweise sportlichen Höchstleistungen herangezüchtet werden, nur damit die Eltern ihren Stolz haben können? Fällt diese Art Kinder zu belasten etwa nicht unter die Rubrik Kinderarbeit? Wieder einmal wollen wir ein Härchen im Auge eines anderen beanstanden und übersehen den Balken im eigenen? Somit sei an dieser Stelle ein Rat angebracht, man sollte die Welt nicht mit geschlossenen Augen betrachten. Dann sollte man die Welt auch nicht verändern wollen, solange man sie nicht kennt. Wer die Welt verändern will, der muss sie erst verstehen. Und wer sie verstehen will, der muss hinausgehen und sie erleben.

Wenn die Gewerkschaftsfunktionäre sich dessen rühmen, sie hätten die Arbeitszeit reduziert, dann sind sie ebenfalls dumm. Sie haben sich nicht darum bemüht den einzelnen Arbeitnehmern die Arbeitszeit zu verkürzen, sondern sie haben darum gekämpft alle Betriebe und zwar flächendeckend ab einer bestimmten Arbeitszeit stillzulegen, und das war schlicht und ergreifend falsch. Der Einzelne darf durchaus weniger arbeiten aber die Betriebe und Einrichtungen kosten Geld. Auch wenn sie nicht produzieren, sind die fixen Kosten nicht einfach wegzudenken. Also müssen sie 24 Stunden täglich belastet-, um voll ausgelastet, und somit voll genutzt zu werden. Wenn die Gewerkschaftsfunktionäre sich dessen rühmen, sie hätten zur Erhöhung der Löhne und Gehälter beigetragen, auch dann sind sie schlicht und ergreifend dumm. Denn dadurch geben sie ganz klar zu erkennen, dass sie wirklich dämlich sind. Zwar sagen sie dies nicht, weil sie zu dumm sind, um dies auch zu erkennen, aber sie geben zu, dass sie, einzig und allein die Gewerkschaftsfunktionäre die Geldentwertung verursacht haben und somit auch für die Inflation weltweit verantwortlich sind. Denn es dürfte doch wohl zwischenzeitlich allgemein bekannt sein, dass mit den Löhnen und Gehältern auch die Preise steigen.

Beispiel: Ein Facharbeiter hatte im Jahre 1960 einen Stundenlohn von durchschnittlich DM 6,-. Heute beträgt der Stundenlohn des Gleichen Facharbeiters im gleichen Alter etwa DM 30,-. Dies entspricht einer Lohn-, Lohnkosten- und damit auch einer Kostensteigerung von 500%, was die Gegenüberstellung einiger wichtiger Preise beweist. Im Jahre 1960 kostete ein Brötchen 8 Dpf, heute im Jahre 2000 – 40- . Dies entspricht einer Preissteigerung, beziehungsweise Inflation von 500%. 1960 kostete 1 Liter Vollmilch 28 Dpf, heute vor allem in gewerkschaftseigenen Läden genau 140-, Preissteigerung = Inflation = 500%. 1960 zahlte man für einen PKW der Mittelklasse mit allen Extras etwa DM 7000, heute etwa 50.000,-. Dies entspricht einer Inflation von genau 714,29%. Ein Liter Superbenzin kostete damals 40 Dpf, heute etwa 200-, also schon wieder eine Preissteigerung = Inflation von 500% usw., usw., usw.. Das bedeutet also, dass ausschließlich die Gewerkschaften für die Geldentwertung = Inflation von 500%, allein in den letzten vierzig Jahren, verantwortlich sind. Natürlich waren die Regierungen dieses bescheidenen Systems dämlich genug, die Gewerkschaften zuzulassen. Somit sind die Politiker dafür verantwortlich, dass es Gewerkschaften gibt. Aber die eigentlichen Inflationäre sind die Gewerkschaften. Der Lebensstandard wurde lediglich dadurch verbessert, in dem die Arbeitgeber die Arbeitnehmer am Gewinn durch die Technisierung, Automatisierung und Rationalisierung beteiligten. Doch genau dadurch blieben Millionen von Mitmenschen als Arbeitslose auf der Strecke.

Was haben die Gewerkschaften nun wirklich bewirkt? Genau das, was sie nicht ausdrücklich angestrebt haben, die Kehrseite der Medaille. Als der Druck der Gewerkschaften auf die Unternehmer zu wirken begann mussten sich die Unternehmer zur Wehr setzen. Die Arbeitskraft Mensch wurde allmählich zu teuer und schmälerte den Gewinn. Die Abhilfe war Mechanisierung, Technisierung, Automatisierung, Rationalisierung. Der große, wenn auch nicht gezielt angestrebte und auch fragwürdige Verdienst der Gewerkschaften ist der Beginn und die rasende Entwicklung unserer Technik. Der Preis dafür als Lohn und Auszeichnung für die Gewerkschaftsfunktionäre, sind sechs Millionen Arbeitslose allein in der Bundesrepublik.

Die Unternehmer im Osten Deutschlands wissen und sagen auch ganz klar, dass ihre Unternehmen nur aus dem Grund noch bestehen können, weil die Preise und Kosten im Osten niedriger sind als im Westen und sie nur darum in der Lage sind, mit westlichen Unternehmen Geschäftsbeziehungen zu unterhalten. Sie sind also in der Lage, billiger nach dem Westen zu liefern, als der Westen selbst herstellen kann. Sie wissen ganz genau, dass sie dicht machen müssen, wenn die Ostlöhne an die Westlöhne angeglichen werden. Trotzdem organisieren und rufen die Gewerkschaften auf zur Demonstration für den gleichen Lohn, wie im Westen, für eine kürzere Arbeitszeit und für den Erhalt der Arbeitsplätze. Sie wissen, dass sie durch diese Forderungen gleichzeitig den Abbau von Arbeitsplätzen fordern. Doch es kommt ihnen lediglich darauf an, ihre Daseinsberechtigung nachzuweisen, ihren organisierten Marionetten zu mehr Geld und weniger Arbeitszeit zu verhelfen. Und es interessiert diese demonstrierenden Marionetten nicht im geringsten, dass sie dies nur auf Kosten ihrer Mitmenschen erreichen können? Oder sind diese etwa wirklich so blind, dass sie im eigenen Vorteil, den Nachteil für ihre Mitmenschen nicht erkennen?

Oder ist ihnen diese Tatsache scheißegal?

Alles, was irgendwann einmal vielleicht auch eine Notwendigkeit war, entwickelt sich mit der Zeit zu einer Belastung, zur Bremse, zum Klotz am Bein. Nun ist der Zeitpunkt gekommen, wo es ganz klar ersichtlich ist, dass die Gewerkschaften zerstörerisch auf das Gesamtsystem wirken. Sie haben nicht nur keine ersichtliche Seinsberechtigung, sondern entpuppen sich nun als Feind jeglicher Entwicklung. Denn, je höher die Lohnkosten sind, um so weniger bleibt für Ausbildung und Weiterbildung, für Forschung und Entwicklung. Und jedes zahlende Mitglied dieser organisierten Vereinigungen ist gelinde ausgedrückt ein Dümmling. Weil er nicht in der Lage ist selbst und auf den eigenen Füßen zu stehen. Weil er sich von dümmeren führen, leiten, sprich organisieren lässt. Weil er blind genug ist, nicht zu erkennen, welchen unermesslich großen gesamtwirtschaftlichen Schaden diese Vereinigungen weltweit verursachen. Weil er bis heute noch nicht zu wissen scheint, dass nur eine zwanglose, unorganisierte Entwicklung durch Freisetzung von Innovation durch Motivation eine fortschrittliche, positive Entwicklung sein kann. Alles zu seiner Zeit. Öffne also endlich die Augen und erkenne die Qualität dieser, unserer Zeit.

Hat das sehr weh getan? Ja? Dann ist es gut, dann ist meine Freude groß! Dann weiß ich, dass auch Du Dir jetzt dessen sicher bist, die Wahrheit gehört zu haben. Denn Du weißt doch – nur eine Rede, die bitter ist und weh tut, kann wahr sein.

Die Unzulänglichkeit unseres Systems

Die Probleme dieser Welt werden von Menschen gemacht und von anderen Menschen gelöst. Wenn es eine geraume Zeit lang scheinbar unlösbare Probleme gibt, dann nur aus dem einen Grund, weil die Menschen, welche die Probleme verursachen auch peinlichst darauf achten, dass die Menschen, welche die Probleme lösen könnten, nicht an diese herangelassen werden. Die Problemverursacher wissen nicht, dass und wie sie Probleme verursachen. Denn sie wissen nicht, was sie tun, in dem, was sie tun. Jedenfalls, solange sie darüber nicht aufgeklärt wurden. Also haben sie keine Probleme. Die Masse, die Bevölkerung kommt niemals darauf, was das eigentliche Problem der Massen ist, und darum auch nicht, von wem und wie dieses verursacht wird. In der Masse empfinden die meisten Individuen nur und ausschließlich ihre eigenen, ganz persönlichen Probleme und setzen sich lediglich voll dafür ein, diese zu beseitigen.

Der Problemlöser, der Idealist sieht sofort jedes Problem, von wem und wie es verursacht wurde und was getan werden kann, um es zu beseitigen. Es gibt also einige wenige, die Probleme schaffen, einige wenige, die diese lösen könnten und es gibt die große Masse, die mit den Problemen konfrontiert wird und diese ausleben muss.

Die gesamte westliche, demokratisch orientierte Welt, einschließlich ihrer Politiker wird von den Journalisten mit Hilfe der Medien regiert, beziehungsweise manipuliert. Als Gedankenpolizei der öffentlichen Meinung bestimmen sie diese und somit auch, was die Politiker zu sagen, zu tun und zu lassen haben. Sie ganz allein bestimmen, wann welche Politiker an die Macht kommen und auch, wie die gehenden verabschiedet werden, mit Schimpf oder Gloria. Allein die Einstellung, die Meinung, das Wort, also das Urteil und somit auch die Gnade der Journalisten bestimmen das Schicksal der demokratisch orientierten Nationen. Und sie achten auch peinlichst genau darauf, dass eine gegen Sie gerichtete, wahrheitsgetreue Meinung niemals an die Öffentlichkeit kommt.

Die Marionetten mit der Bezeichnung Politiker sind einfach zu dumm, um diese Tatsache zu erkennen. Würden sie andererseits die Gängelei durch die Journalisten erkennen, wären sie wiederum zu klug, um diesen Zustand zuzugeben und zu ändern, denn dann müssten sie ja ebenfalls zugeben, dass sie selbst, sich selbst und diese unschuldige Welt in diesen bemitleidenswerten Zustand hinein manövriert haben.

Seit 1985 versuche ich, mein Wissen meinen Mitmenschen zur Verfügung zu stellen, doch kein Politiker, kein Zeitungsverleger, kein Zeitschriftenverleger, kein Fernsehveranstalter, kein Kirchenfürst und kein Gewerkschaftsfunktionär ist bereit, dieses Wissen der Öffentlichkeit zugänglich zu machen. Es gibt keinen leitenden Journalisten, nur wenige Verleger und nur ganz wenige und auch nur untergeordnete Politiker in der Bundesrepublik Deutschland, die meinen Namen nicht kennen.

Allein im September 1993 zum Beispiel schrieb ich in einer Massenaktion 225 Journalisten für Arbeit und Soziales, 121 Korrespondenten und 93 leitende Redakteure an und machte darauf aufmerksam, dass die wirtschaftliche Talfahrt nun erst richtig beginnt sich zu beschleunigen. Diese Massenaktion brachte mir damals allen Hohn und Spott der Welt ein. Ich wiederhole heute lediglich, was ich schon damals wusste. Damals, als der neue strahlende, lachende Wirtschaftsminister Rexroth die politische Bühne betrat. Als Deutschland auf Grund seiner Versprechungen voller Euphorie das Ende der Talfahrt feierte, startete ich unbeirrt und unbeeindruckt diese Massenaktion. Weil ich ganz einfach damals schon sah und wusste, wohin dieses System noch führen wird. Rexroth lacht immer noch und er wird auch weiterhin lachen, denn er lacht nur über die Dummheit derer, die ihm diese Position der Macht auf Grund seiner leeren Versprechungen ermöglichten.

Seit Jahren also, während sich die Welt mit nutzlosen Dingen herumschlägt, versuche ich der Öffentlichkeit die Wahrheit mitzuteilen. Doch stets scheitere ich, wie vor einer Mauer, an denen, die es sich scheinbar zur Aufgabe gemacht haben, die Massen zu informieren, zu beeinflussen, jedoch ihre Pflicht darin erkennen, den Massen die Wahrheit vorzuenthalten.

Warum ich nicht aufgebe?

Woher ich die Kraft nehme, immer wieder weiterzumachen?

Ich bilde mir ein, wenn ich aufgebe, gebe ich die Menschheit auf, die Massen und damit auch mich selbst. Und die Massen können wirklich nichts dafür, dass es einige Menschen gibt, welche mich und mein Wissen von ihnen trennen. Und sie können auch nichts dafür, dass sie von meinem Kampf mit diesen Widersachern nichts wissen. Und mir aus diesem Grund auch nicht entgegenkommen können, um mich zu unterstützen.

Mein Wissen ist für mich eine Verpflichtung, dieses den Massen zur Verfügung zu stellen. Dieses Pflichtbewusstsein zusammen mit meiner Liebe zu meinen Mitmenschen erweckt in mir die Gewissheit, dass am Ende die Wahrheit siegt. Diese Gewissheit verleiht mir die Kraft und auch die Ausdauer weiter zu machen. Darum geht der eigentliche Kampf gegen den Herodes unserer Zeit jetzt erst richtig los. Denn nun komme ich in die Lage, mich auch ohne und sogar gegen die, von Journalisten gesteuerten Medien mitzuteilen, allen meinen Mitmenschen die Wahrheit zu servieren und **zu beweisen,** dass die Verantwortlichen dieses Staates überhaupt keinen Fortschritt wollen. Dass jede Aktivität nur Heuchelei ist.

Politiker, Gewerkschaftsfunktionäre, Kirchenfürsten und Medienbosse bilden eine undurchdringliche Lobby. Verbrecherische Vereinigungen, welche unter dem Deckmantel der Gesetze als eine Art Mafia die Geschicke der Welt bestimmen. Somit ist jede sogenannte Mafia lediglich eine konzentrierte Form dieser lockeren legalen Lobby und kann nur aus deren Mitgliedern bestehen. Sogar das Internet wird von dieser Mafia überwacht und kontrolliert. Sogar hier bestimmen diese Schmarotzer, was genehm und was verpönt ist, was als staatsfördernd und was als staatszersetzend zu gelten hat.

Alle Politiker, Gewerkschaftsfunktionäre, Kirchenfürsten und Medienbosse geben vor, Innovation für die Entwicklung und den Fortschritt anzustreben und zu fördern? Hier ist der Beweis für das Gegenteil, der Beweis für deren Lüge und Heuchelei.

Sechzehn, der maßgeblichsten und führendsten Persönlichkeiten Deutschlands, also Persönlichkeiten, von denen man am allermeisten Verantwortungsbewusstsein erwarten darf, wurden von mir am 4. Oktober 1996 angeschrieben. Unter dem Betreff: „**Wem die Stunde schlägt**" (Wurde im Wahlkampf 1998 von Politikern verwendet) bot ich an, mit meinen Ausarbeitungen „Drei Schritte, die, die Welt verändern" der Welt zu einem wirtschaftlichen Senkrechtstart zu verhelfen.

1. Der Bundespräsident Prof. Dr. Roman Herzog
2. Der Bundeskanzler Dr. Helmut Kohl
3. Der Vorsitzende der CSU und Finanzminister Dr. Theodor Weigel
4. Der Vorsitzende der FDP Dr. Wolfgang Gerhard
5. Der Bundesvorsitzende der Bündnis 90/ Die Grünen Jürgen Trittin
6. Der Bundesvorsitzende der SPD Oskar Lafontaine
7. Der Fraktionsvorsitzende der SPD im Bundestag Rudolf Scharping
8. Der Bundesvorsitzende der PDS Prof. Dr. Lothar Bisky
9. Die Bundestagspräsidentin Prof. Dr. Rita Süssmuth
10. Der Präsident der Vereinigung der Deutschen Arbeitgeberverbände

11. Der Vorsitzende des DGB Dieter Schulte
12. Der Vorsitzende der Deutschen Bischofskonferenz Prof. Dr. Dr. Karl Lehmann
13. Der Vorsitzende des Rates der EKD Prof. Dr. Klaus Engelhardt
14. Der Chefredakteur der Zeitung "Die Welt", Dr. Thomas Löffelholz
15. Der Programmdirektor der ARD Dr. Günter Struve
16. Der Intendant des ZDF Prof. Dr. Dieter Stolte

Hier in Kurzform die Zusammenfassung des Begleitschreibens:
„Bedenken Sie bitte, wir befinden uns in einer *systembedingten* sich *selbstbeschleunigenden* Rezession.
Ich sehe unsere gemeinsame Aufgabe und Ihrer aller vornehmste und vordringlichste Pflicht darin, unseren Mitmenschen reinen Wein einzuschenken.
Sie sehen also, ich komme nicht als Bittsteller zu Ihnen, sondern ich biete Ihnen ganz persönlich, sowie allen Menschen dieser Erde auch, etwas, woran Sie alle nicht mehr glauben können, eine Zukunft, ja sogar eine wunderbare Zukunft."

Schon allein dieses Anschreiben sagt ganz klar aus, wir befinden uns in einer *systembedingten* sich *selbstbeschleunigenden,* wirtschaftlichen Talfahrt. Der erste Schritt der Ausarbeitungen „Die Gegenwart und ihre Probleme" (Jetzt Abschnitt 4 und überarbeitet) war und ist eine klare und schonungslose Offenlegung der Probleme der Welt und dieser, unserer Zeit. Der zweite Schritt „Die Gegenwart der Vergangenheit" (Jetzt Abschnitt 5 und überarbeitet mit dem Titel „Der gesellschaftliche Selbstmord") war und ist ebenfalls eine schonungslose Aufklärung darüber, wie und von wem diese Probleme verursacht werden und gab vor, was zu deren Beseitigung geschehen muss.
Gelesen haben es Alle, die angeschrieben wurden und viele mehr, was am Verhalten aller Politiker in der Öffentlichkeit für mich erkennbar wurde. Doch billigst mit dem üblichen Bla, Bla geantwortet haben lediglich, siehe Auflistung 4, 5, 7, 9, 11, 12, 13 und 14. Und geändert hat sich nichts, außer, dass das von mir vermittelte Wissen im Wahlkampf vor den Wahlen 1998 verwendet wurde. Aber auch weiterhin nach den Wahlen im Kampf gegeneinander verwendet wird.
Dieses Scheitern und das allgemeine Schweigen danach ist der eindeutige Beweis für die Richtigkeit meiner Behauptungen in meinen Ausarbeitungen.

Wüssten die Angeschriebenen nicht, dass der Verfasser in jeder Phase seiner Ausarbeitungen die Wahrheit sagt, und hätten sie nicht Angst davor, dass die Wahrheit an die Öffentlichkeit kommt, hätten sie diesen ganz sicher schon längst mit einer terroristischen Vereinigung in Verbindung gebracht und ihn angeklagt, oder zumindest in Untersuchungshaft in Gewahrsam genommen. Aber alles wird stillschweigend hingenommen in der bangen Hoffnung, dass es ihm schon nicht gelingen wird an die Öffentlichkeit zu gelangen und es wird auch weiterhin den Machtgelüsten gefrönt.

Dürfen sich die Angeschriebenen, beziehungsweise alle informierten Verantwortlichen einfach aus der Verantwortung stehlen und so weitermachen wie bisher, in dem Sie schweigen und irgendwann behaupten, sie hätten die Wahrheit nicht erkannt, oder sie hätten den Verfasser nicht verstanden, oder vielleicht sogar nicht für voll genommen?

Ich biete eine Problemlösung an, die dem ganzen Globus zu Gute kommen wird. Darum bin ich der Meinung, dass die Öffentlichkeit eine Gelegenheit und die Möglichkeit erhalten **muss,** über die Brauchbarkeit der Ideen zu befinden und zu entscheiden, ob und wann diese zur Anwendung kommen.

Dummheit regiert die Welt

Not und Verzweiflung entsteht immer nur, wenn Menschen das Wissen ihrer Mitmenschen, aus welchen Gründen auch immer, nicht in Anspruch nehmen. Medien, welche Wissen blockieren, beziehungsweise wie in diesem Fall nicht zulassen, dass die Massen vom Wissen eines ihrer Mitmenschen überhaupt erst erfahren, verhindern Bewusstseinserweiterung, Wohlstandsmehrung und Fortschritt überhaupt. Sie blockieren die Entwicklung insgesamt. Solche Medien passen und gehören auch nicht mehr in die neue Zeit, in das Wassermann – Zeitalter, in das Zeitalter der Erkenntnisse. Entweder diese Medien ändern ihre Einstellung, oder man entledigt sich dieser Art Journalisten, um nicht noch mehr Schaden anrichten zu lassen. Die Medien haben die Massen nicht mehr auszubeuten, sondern ihnen zu dienen. Sie haben die Massen nicht mehr zu belehren und zu beeinflussen, sondern nur noch ausschließlich kommentarlos zu informieren. Jeder Mensch hat das Recht, sich seine eigene Meinung zu bilden. Dies war und ist bisher nicht möglich. Die Medien als Gedankenpolizei der öffentlichen Meinung lassen nur das an die Öffentlichkeit gelangen, was sie für gut und richtig halten. Und scheinbar wie auch bei Industrieunternehmen, lassen diese brauchbare Ideen aus der Öffentlichkeit in ihren Schubfächern verschwinden, um diese irgendwann als ihre eigenen zu präsentieren. Sensationen sind nur lebensfeindliche Ereignisse, wie Mord und Totschlag, Katastrophen, wer die meisten Prominenten zu Tode hetzt oder auch, wenn Königin Elisabeth mal einen Hut trägt, der nicht zu ihrem Unterhöschen passt. Jedoch niemals etwas Positives, Lebenswichtiges, Lebensfreundliches. Seien wir uns also dessen bewusst, wenn wir weiter- und auch wieder besser leben wollen, wenn wir der Wirtschaft zu einem Aufschwung verhelfen wollen, dann müssen wir nicht nur die Politiker, Gewerkschaftsfunktionäre und Kirchenfürsten, sondern auch alle entwicklungshemmenden Medien und die gesamte Lobby der alten Macht auflösen und alle Machtstreber verjagen, soweit die Füße tragen, um das neue Wirtschaftssystem meiner Vorstellungen, etablieren zu können. Blutsaugende, lästige, beziehungsweise sogenannte schädliche Insekten nennt man Parasiten. Menschen, die anderen Menschen den Lebenssaft entziehen werden Blutsauger genannt und sind ebenfalls Parasiten. Somit haben Menschen, die zu Parasiten werden, sich damit abgefunden, dass man sich ihrer, wie auch der Parasiten entledigt. Und wie man sieht, sie lassen es regelrecht darauf ankommen.

Wie Roman Herzog auf der Hannover-Messe 1997 nichts weiter als Schuldzuweisungen zu Stande brachte, in dem er über die Politiker herzog, er war ja kein Politiker, so verhalten sich auch die Journalisten, wie zum Beispiel Klaus Bresser. Als Chefredakteur des ZDF nach Dianas Tod vor der Öffentlichkeit große Reden zu schwingen und anderen, den sogenannten Paparazzis die Schuld zuzuweisen ist die einfachste Art sich selbst und alle Anderen zu belügen. Man braucht doch nur zu verschweigen, dass man selbst, sich als Paparazzis, als Sensationsjäger in diese hohe Position hochgearbeitet hat, von der aus man heute große Reden schwingen kann, dass man selbst den Paparazzis die Aufträge erteilt und diesen jede Sensation für viel Geld abkauft. Auf diese Weise seine Hände in Unschuld zu waschen, ist nicht nur Augenwischerei, sondern derart billig und so niederträchtig, dass ich kaum noch Worte finde, um mein Empfinden auszudrücken.

Mein lieber Herr Dr. Thomas Löffelholz, Chefredakteur der Zeitung „Die Welt" und alle anderen Journalisten, Ihr journalistisches Herz sagt Ihnen, Sie dürfen sich nicht auf die Seite einer Idee oder Ideologie schlagen? Sie dürfen diese nicht propagieren, sonst würden Sie andere Lösungs- und Denkansätze verwerfen? Und es stehen tatsächlich alle Journalisten zu dieser Meinung, vertreten alle diese Einstellung? Sie bitten mich um Verständnis für Ihre Einstellung? Wissen Sie, dass Ihr journalistisches Herz nur deswegen schlagen kann weil es von dem menschlichen belebt wird? Wenn Ihr menschliches Herz dem Leben nicht mehr den Takt geben kann weil es verhungert ist, stirbt automatisch auch Ihr journalistisches Herz mit.

Ich verstehe zwar Ihre Einstellung, denn Sie haben diese so gelehrt bekommen, doch ich teile sie nicht, weil sie veraltet und daher dumm ist. Seit Jahren vegetiert unsere Jugend dahin erfolglos auf Stellensuche und ohne jegli-

che Zukunftsperspektiven. Ich habe selbst Nachwuchs. Darum weiß ich auch, was und wie die Eltern der Heranwachsenden mit erleiden. Und Sie bitten mich um Verständnis für Ihre und die Dummheit Ihrer Lehrer? Nein, ich habe kein Verständnis dafür, dass Dummheit auch weiterhin die Welt regiert. Sie, die Journalisten bilden und beeinflussen die Meinung und Denkweise der ganzen Menschheit dieser Welt durch Ihre Berichte und Kommentare und verhindern auf diese Weise eine eigene Meinungsbildung der Einzelnen. Sie gestalten beziehungsweise verunstalten durch Ihre Dummheit die Welt weil Sie diese in ihrer Einfachheit so kompliziert wiedergeben. Und ausgerechnet da, wo es darauf ankommt, etwas zu sagen, kneifen Sie und machen einen Rückzieher? Nein, dafür habe ich absolut kein Verständnis! Und tun Sie nicht genau das, was Sie vermeiden wollen? Sich auf die Seite einer Idee oder Ideologie schlagen, wenn Sie sich zur Politik bekennen? Wenn Sie sich auf die Seite der Politiker schlagen? Diese beschützen in dem Sie mich und mein Wissen verschweigen und auf diese Weise verwerfen? Soll die Welt auch weiterhin unter dem Machtwahn der Schmarotzer wegen der Uneinsichtigkeit der Journalisten leiden? Sie, die Journalisten haben sich seit Jahren gegen mich und mein Wissen gewehrt und auf diese Weise den Fortschritt im Lande und weltweit verhindert. Doch was Sie scheinbar nicht bedenken ist – die Medien und mit diesen alle Journalisten und sonstigen Mitarbeiter werden von den Nutzern, den Bundesbürgern bezahlt, finanziert, am Leben erhalten. Euer Leben, Euer Wohlstand ist also nicht vom Wohlwollen der Politiker und aller anderen Schmarotzer abhängig, sondern vom Nutzen der Medien durch die Bundesbürger. Somit haben diese auch das Recht von und über die Medien die volle Wahrheit zu erfahren. Und garantiert die Demokratie nicht die Redefreiheit? Wo ist dann meine Freiheit, meinen Mitmenschen mitzuteilen – und wo ist die Freiheit meiner Mitmenschen zu erfahren, was ich ihnen zu sagen und zu geben habe und zu wählen, ob sie dieses annehmen wollen?
Die Ideen sowie die gesamte Innovation des von mir ausgearbeiteten Projektes sind so wertvoll, dass nicht mehr darauf verzichtet werden kann. Der vorgegebene Weg aus der Wirtschaftskrise dieser Welt ist einmalig, hervorragend und im Augenblick nicht besser denkbar. Oder kennen Sie etwa andere, vielleicht sogar bessere Lösungs- und Denkansätze ?
Warum propagieren Sie diese nicht?
In diktatorisch regierten Ländern kämpfen die Journalisten für die Wahrheit und in der Demokratie blockieren sie diese, sie schweigen sie ganz einfach tot. Entweder die Journalisten stellen sich mit allen Medien ab sofort in den Dienst für den Fortschritt oder wir jagen sie zusammen mit den Priestern, Politikern, Gewerkschaftsfunktionären, sogenannten Rechtshütern und allen

anderen Schmarotzern so weit, die Füße tragen. Wer nicht für die Wahrheit einsteht, steht auf der Seite der Lüge und stellt sich somit gegen die Wahrheit.

Solange die Medien alle Wahrheit über die Verhältnisse im eigenen Lande entstellen, auch in dem sie unseren Blick ständig ins Ausland lenken, sich mit den falschen Angaben der Politiker zufrieden geben, alle Missstände der Wirtschaftspolitik im Landesinnern schönreden und auch weiterhin nur der Sensationslust frönen, kann sich in unserer Denkweise nichts ändern, weil dem Kollektivbewusstsein die wahren und wichtigen Informationen fehlen. **Der Blick muss buchstäblich von außen nach innen gewendet werden.**

Der ersehnte Ruck durch die Nation?

Hoch verehrte Politiker, regierende Verbrecher, wenn Sie, die Regierenden und Gesetzgeber, die eigentlich Verantwortlichen der Nation, dieser Nation selbst und dem Rest der Welt das Wissen eines Mitmenschen, welches zum Wohlstand der gesamten Menschheit dieser Erde gereichen soll vorenthalten, um ohne Rücksicht auf Verluste an der Macht zu hängen, begehen Sie das wohl allergrößte Verbrechen!

Wie die alte Brut des Herodes Hängen Sie an der Macht und denken nur an sich selbst und an den Kampf um die Macht. Nicht im Geringsten denken Sie an die Probleme des Volkes und schon gar nicht an die Zukunft unserer Jugend. Weder kennen Sie Perspektiven, noch suchen sie danach. Und man kann ja schließlich auch nicht ständig nur nach etwas suchen, was man nicht verloren hat. Sie weisen jegliche Verantwortung von sich, in dem Sie die Bürger ständig und immer wieder auffordern, sie mögen selbst mehr Initiative entwickeln und vermehrt selbst für sich sorgen. Wozu gibt es Euch dann? Warum drängt dann jeder von Euch an die Macht? Nur um den Bundesbürgern zu sagen, dass sie sich selbst regieren sollen? Sind Sie wirklich davon überzeugt, dass in Berlin regiert wird? Wenn Sie doch nur wüssten, was das ist, Regieren! Wenn Sie mit dem Rest der Welt glauben, dass in Berlin oder in sonst irgendeiner Hauptstadt der Welt zur Zeit regiert wird, befinden Sie sich mit dem Rest der Welt gewaltig im Irrtum. Die Welt wird zur Zeit nicht regiert, sie wird von Machtstrebern und Schmarotzern, wie Sie zerredet, verpulvert und verprasst. Sie, die Politiker bezeichnen nämlich Ihren ständigen Wahlkampf, Ihren Kampf gegeneinander als Regieren. Sie kämpfen um das Regieren, aber was Regieren ist, weiß keiner von Euch.

Ist Ihnen nun bewusst, was Sie aus Deutschland nach dem Krieg wirklich gemacht haben? Sind Sie immer noch Stolz auf Ihre Leistungen? Jetzt dürfte Ihnen allen Klar sein, dass Sie, die Machtstreber als wahre Zerstörer, die Wirtschaft in den Bankrott und den Staat in der Entwicklung hemmend in den Ruin getrieben haben. Die Führenden von Ihnen und offensichtlich auch die meisten anderen haben meine Botschaften erhalten und gelesen. Sie alle kennen also unsere Probleme und auch woraus diese resultieren. Und da Sie trotzdem alle auch weiterhin an der Macht festhalten und mit Ihrer Unwissenheit sozusagen regieren wollen, wollen Sie Deutschland bewusst und mit voller Absicht, also vorsätzlich in den Bankrott treiben, die Bevölkerung aushungern und den Staat ruinieren.

Eine andere Erklärung gibt es für Ihr Verhalten nicht.

In Abschnitt fünf, meiner Ausarbeitungen wird Ihnen mit dem Rest der Welt vollkommen bewusst werden, was von Ihnen als Politiker und von Ihrer sogenannten Arbeit zu halten ist. Doch ich will, dass Jeder von Ihnen bereits nach diesem vierten Abschnitt seine wahre Größe und somit auch seine Grenzen erkennt. Und nur noch soviel vorab, ich bemitleide jeden Menschen, der Politiker wird und empfinde tiefstes Verständnis für jeden Politiker, der wieder Mensch werden möchte.

Roman Herzog wünschte sich, ein Ruck möge durch die Nation gehen? Nun, hier ist er, der Ruck, der nicht nur durch die Nation, sondern durch die ganze Welt geht. Ob er wohl in dieser Form gedacht war, der Ruck? Oder sollen wieder nur die Anderen rucken, Herr Herzog? Nun können Sie noch einmal mit Herrn Kohl beratschlagen, was die Stunde schlägt. Wie seinerzeit im Oktober 1996, nachdem Sie meine Botschaften erhalten haben, als die Journalisten Herrn Kohl auf dem Weg zu Ihnen fragten, ob er seinen Abschied einreichen will. Erinnern Sie sich, Herr Herzog, Herr Kohl?

Gesammelt, kombiniert und in einigen Variationen verschickt seit 1992, zuletzt mit Rundschreiben.

Seither ständig überarbeitet und ergänzt.

TEIL 1
ABSCHNITT 5

DER
GESELLSCHAFTLICHE
SELBSTMORD

Gesetze sind Dogmen und haben ihren Ursprung in der Religion. Sie sind lediglich geeignet und ausschließlich dazu geschaffen, die Massenmenschen zu Versklaven. Sie vermögen zwar nicht das Denken zu kontrollieren und zu lenken, aber sie verbieten kategorisch das Entscheiden.
Der Weg in eine bessere Zukunft ist der Weg in die Freiheit. Kann aber auch nur ein Weg über und durch die Freiheit sein. Und wenn die Menschheit aus lauter erleuchteten Individuen bestehen soll, muss die Freiheit – die Gedankenfreiheit und die Entscheidungsfreiheit des Menschen zu den höchsten moralischen Werten werden.

Wirtschaftskrise oder Systemkrise?

Weil wir Deutschen uns um Alles und Jeden, um die Vergangenheit und die Zukunft, nur nicht um uns selbst und unsere Gegenwart kümmern, gleicht die Entwicklung in unserem Lande einem immer mehr überlasteten, sich immer müder und schlaffer dahinschleppenden, sich auf dem Todesgang befindlichen Kamel. Dabei müsste doch eigentlich das Wachstum unserer Wirtschaft und damit die Beschleunigung der Gesamtentwicklung gleich einer Rakete sein. Ich behaupte, dass wir mit unseren Fähigkeiten und Möglichkeiten durchaus in der Lage sind, sämtliche Probleme dieser leidgeprüften Welt zu lösen. Doch, es gibt etwas, das uns daran hindert, ja sogar daran hindert, eine zusammenhaltende Einheit und eine einheitliche Nation zu sein. Es ist ein Denkfehler im System. Nein unser System ist ein Denkfehler und wir wollen diesen Denkfehler gemeinsam korrigieren, um so die Lösung aller Probleme dieser Welt zu ermöglichen.

Nun? Was ist unser Problem? Welches ist unser Denkfehler?

So banal, ja schrecklich die Feststellung für manchen auch sein mag, doch **wir haben keine Regierung.** Und noch bevor wir am Ende dieses Projektabschnitts angelangt sind, werden wir es alle wissen. Wir haben zwar einen hochbezahlten die Bevölkerung zersplitternden und zersetzenden, diskutierenden Haufen von Machtstrebern, die sich Politiker nennen, aber wir haben keine Regierung. Und anscheinend ist dies bis heute noch keinem Menschen aufgefallen.

Wirtschaftskrise oder Systemkrise? Das ist hier die Frage!

Dies ist der springende Punkt, auf dem meine Ausarbeitungen aufgebaut wurden. Zunächst machen wir eine Ist – Analyse, eine Art Bestandsaufnahme aus meiner persönlichen Sicht.

a) Welches sind die wichtigsten Probleme dieser Welt? Arbeitslosigkeit, Hunger und Kriminalität.

b) Über welche besonderen Stärken beziehungsweise Fähigkeiten verfügen wir Deutschen, mit deren Hilfe wir diese Probleme lösen können?

Stärke Nummer 1.
Die Deutschen der deutschsprechenden Nationen Deutschland, Österreich und der Schweiz, gleich wo auf der Welt sich diese befinden, sind die intelligentesten und fleißigsten Menschen dieser Welt.

Stärke Nummer 2.

Wir Deutschen liefern nur beste Qualität, Wertarbeit durch höchstes Verantwortungsbewusstsein.

Stärke Nummer 3.

Wir verfügen über viel freie Kapazität durch die Arbeitslosigkeit. Ja natürlich, ich mache die Arbeitslosigkeit zu unserer Stärke, denn ohne die Stärke – freie Kapazität können wir weder unsere eigenen, noch die Probleme der Welt angehen.

c) Resultierend aus der Ist – Analyse ergibt sich die Frage nach dem Engpass. Der Mangel an welchen Kenntnissen, Mitteln, Beziehungen, Fähigkeiten, Produkten verhindert die Erreichung des Zieles am stärksten? Was hindert uns am stärksten daran, das Ziel zu erreichen?

Aus meiner persönlichen Sicht ist die Antwort klar, aber aus der Sicht des Staates ??? sehe ich nur noch Fragezeichen.

Welches Ziel will ich denn als Staat überhaupt erreichen?

Sehr viele von uns, wahrscheinlich sogar die Meisten, glaubten, Europa sei unser aller Ziel. Doch kann ein von den Politikern zusammengeschustertes Europa, nach all dem, was wir nun wissen, immer noch ein erstrebenswertes Ziel sein? Die Antwort ist ein ganz klares Nein!

Die Europäische Idee ist hervorragend, doch politisch nicht machbar.

Nein, aus der Sicht des Staates erkenne ich kein Ziel.

Die Feststellung ist entsetzlich – wir sind ein zielloser Haufen. Zwar hat jeder Politiker und jede Politische Gruppierung, genannt Partei, das Ziel an die Macht im Staat und darüber hinaus zu kommen, aber nicht die sogenannte Regierung und der Staat als Ganzes. Und genau darum weiß auch kein Politiker, was er außer korrupt im Rampenlicht zu stehen, mit der Macht eigentlich anfangen soll.

Dies stimmt mich schon sehr nachdenklich. Ein strategisch geführtes Unternehmen wächst und verursacht keine Arbeitslosen. Wenn ein strategieloses Unternehmen keine Arbeit hat, entlässt es Arbeitnehmer aber es hat keine Arbeitslosen. Wenn ein Staat jedoch über keine Arbeit verfügt, kann er keine Bürger entlassen. Warum gibt es Arbeitslose? Und warum muss der Staat für Arbeitslose aufkommen, für Menschen, die von Unternehmen freigestellt werden. Weil er diese Arbeitslosen durch hohe Belastungen der Unternehmen selbst verursacht. Der Staat belastet die Unternehmen? Ist denn der Staat nicht selbst ein Unternehmen? Gibt es denn einen Unterschied zwischen einem Unternehmen und einem Staat? Wenn ja, worin unterscheiden sich Unternehmen und Staat? Nur in der Größe. Ansonsten gibt es keinen Unterschied. Das Unternehmen ist eine Einheit bestehend aus einer Anhäufung von kleineren Unternehmen in Form von Familien, und der Staat ist eben nur eine größere Einheit, ein Großunternehmen bestehend aus den kleineren Unternehmen.

Worin unterscheiden sich bankrottgehende Unternehmen von den Aufsteigern? Warum expandieren einzelne Aufsteiger und große Konzerne gehen ohne Staatshilfe, beziehungsweise ohne Kapitalerhöhungen, genannt Aktien, bankrott? Warum sind die alten Reiche Ägypten, Griechenland und das alte Rom gewachsen und wieder zerfallen? Ganz einfach, durch das Verhalten, durch die Strategie, aus welcher der Führungsstil resultiert, durch die Konzentration oder die Verzettelung der Kräfte, denn der Erfolg hängt vom Einsatz der Kräfte ab.

Den Aufstieg ermöglichte die kraftkonzentrierte Führung einzelner und den Zerfall verursachte die kraftverzettelnde ziellose Führung mehrerer, als diese begannen zu diskutieren. Die Anführer einzelner Gruppen wollten sich nicht mehr einem einzigen König, Kaiser oder sonst einer Führungspersönlichkeit, Häuptling, beziehungsweise Priester beugen. Jeder wollte mitreden, jeder wollte mitbestimmen. Man begann zu diskutieren, es meldeten sich immer mehr Rädelsführer zu Wort, das Volk zersplitterte wie heute immer mehr, man begann sich zu bekämpfen, führte Kriege gegeneinander, das Reich zerfiel und ward nicht wieder. Einige Kommandeure römischer Legionen monierten bereits zu ihrer Zeit, vor zweitausend Jahren, **es sind zu viele am Hebel** in Rom.

Nun erst, kann ich das Problem, Unternehmen – Staat, strategisch angehen.

Warum haben wir als Staat kein Ziel?

Die Frage nach dem individuell erfolgversprechendsten Ziel für Mensch, Unternehmen und Staat ist entscheidend. Je klarer das Ziel formuliert ist, desto klarer können die Entscheidungen ausfallen.

Wiederholen wir also die Engpassfrage: "Was hindert uns am stärksten daran, als Staat ein Ziel zu haben?" Die Antwort lautet – wir verfügen über absolut alles, nur nicht über eine ganz bestimmte Fähigkeit. Die Fähigkeit, unsere Kräfte spitz und konzentriert auf ein Ziel auszurichten, weil wir unsere Kräfte aufeinander und so gegeneinander ausgerichtet haben, um uns gegenseitig zu vernichten. Entgegen aller Lehren und Beispiele der Natur ist der Mensch nur darauf bedacht, seine Kräfte gegen seine Mitmenschen einzusetzen und Widerstände gegen diese aufzubauen. Widerstände begrenzen die Entwicklung. Man, der Einzelne, die Familie, das Unternehmen, der Staat kann sich jeweils nur so weit entwickeln, wie es die Widerstände erlauben. Das zentrale aller strategischen Probleme wird gelöst durch die Beantwortung der Frage: „Wie setzt man die zur Verfügung stehenden Kräfte und Mittel am Wirkungsvollsten gegen die Widerstände der Umwelt ein?" Und die Politiker selbst beweisen dies, nach dem sie es hier erfahren haben. Dies war und ist scheinbar auch das einzige, was sie interessiert, um gegeneinander bestehen zu können. Allein durch die zur Kenntnisnahme dieses Artikels haben Schröder, Scharping und La Fontaine 1998 die Wahlen gewonnen, aber auch, sich nach den Wahlen gegenseitig ausgebootet.

Das Eldorado der Schmarotzer

Die Kräfte aller gezielt gegen alle ausgerichtet ist nicht nur Chaos, sondern bereits Terror.

Politiker kämpfen um die Macht gegeneinander. Politiker sind Konkurrenten, Feinde, Gegner untereinander und demonstrieren dies auch täglich der Nation. Woher soll also der Mensch, als Bürger **einer von Gegnern angeführten Nation** etwas anderes lernen, als den Kampf gegen jeden anderen? Genauso, wie die Parteien gegeneinander ausgerichtet sind, sind auch die Wählergruppen und jeder einzelne als Konkurrent gegen jeden anderen ausgerichtet. Wobei die Ausrichtung bereits im Kindergarten beginnt und die Konfessionen die Grundlage dafür bilden. Worauf ist dies zurückzuführen? Jeder Politiker ist bewusst oder unbewusst ein egozentrierter Demagoge. Ich wiederhole in Klartext, jeder Politiker ist ein ausschließlich auf den eigenen Vorteil bedachter Volksverführer. Das Volk wird von jedem einzelnen belogen, hin – und hergerissen, verunsichert, auf diese Weise zerrüttet, zerrissen und entwurzelt. Und solange sich egozentrierte Demagogen um das Rechthaben, also um die Macht als Politiker vor der Nation streiten, kann es keine kooperative Dialektik geben. Nur was die Politiker, die sogenannte Führung ihrer Nation vormacht also lehrt, kann diese nachmachen. Durch ihr Verhalten demonstrieren die Politiker, wie die einzelnen Bürger sich zu verhalten haben. Solange die Politiker, also die Führung untereinander zerstritten ist, kann die Nation keine Idealvorstellung, kein Ideal und somit auch kein Ziel haben.

Was veranlasst die Menschen, sich anderen gegenüber so feindlich zu verhalten? Woraus resultiert dieses Verhalten? Was macht es den Politikern möglich, sich so zu verhalten? Was ist es, das jedem Spinner und nichtswissendem Schwätzer die Möglichkeit gibt, nach der Macht zu greifen und auf diese Weise über das Schicksal einer ganzen Nation zu bestimmen, ohne eine Qualifikation oder Fähigkeit nachweisen zu müssen? Es ist die Irreführende Ziellosigkeit der Demokratie.

Es ist die Demokratie, das Eldorado aller Schmarotzer.

Das Sprichwort – viele Köche verderben den Brei ist zwar längst und allen bekannt, doch niemandem fällt es im rechten Moment ein und niemand nimmt Notiz von ihm.

Die Demokratie, **eine Philosophie** aus dem Griechenland um 508 v. Chr. wurde als sogenannte Volksherrschaft **von dem Philosophen** Aristoteles neben der Herrschaft eines einzelnen (Monarchie) und der Herrschaft weniger (Oligarchie) **als dritte mögliche** Staatsform vorgestellt und seit dem unterliegt die Menschheit dem Irrtum, ein Land oder Staat könne mit Hilfe einer Philosophie namens Demokratie regiert werden. Demokratie ist Philosophie und lediglich eine Art zu diskutieren beziehungsweise, Kommunikation miteinander, Dialektik und ist nur als ein Spiel bei Langeweile anwendbar. Doch niemals geeignet um eine wichtige Entscheidung herbeizuführen, geschweige denn ein Volk beziehungsweise einen Staat zu regieren. Philosophie dient der Spaltung. Philosophie spaltet alles, womit sie in Berührung kommt – Freundschaften, Familien, Unternehmen, Staaten, Nationen. Niemals endet eine Diskussion mit dem Einvernehmen aller Beteiligten, sondern immer nur mit einer handfesten physischen Auseinandersetzung, oder mit einem Kompromiss, weil es keine zwei Menschen gibt, die gleich denken. So, wie es auf der ganzen Welt nicht einmal zwei gleiche Fingerabdrücke gibt, gibt es auch keine zwei Gehirne, die gleich strukturiert sind. Dadurch kann es auf der ganzen Welt auch keine zwei Menschen geben, die gleich denken. Und Gleichdenkerei, beziehungsweise Einheitsdenken – das Volk denkt wie ein Einzelner – ist auch die einzige und wichtigste Voraussetzung für die Volksherrschaft, für die Demokratie, also unmöglich. Demokratisch sollte das Verhalten in einem Chor-, wo jeder mitsingen kann, ja sollte, kann aber nicht auch beim Regieren sein.

Wir können also im Chor singen, aber nicht regieren.

Im vierten Abschnitt haben wir über die politischen Kindergärten NATO, UNO, EU und so weiter erfahren. Diese Einrichtungen liefern uns vor allem Anderen, die sichere Erkenntnis über die Unfähigkeit und Ohnmacht großer und größter politisch orientierter Mächtevereinigungen. Wie im Großen, so im Kleinen, wie weltweit, so auch im Lande. Auch das demokratische System eines Staates ist eine politisch orientierte Mächtevereinigung unterschiedlichster Parteien, die sich lediglich gegenseitig behindern und sich gegenseitig an den Kräften zehren können. In einem demokratischen System kann es keine Regierung als Volks- und Staatsführung geben, denn jede Partei, die an die Macht gelangt, nur eines zu tun hat, sich gegen alle anderen zu wehren, die ebenfalls an die Macht wollen. Auf diese Weise wird der Staat verzehrt, denn Machtstreber können nicht auch Geld verdienen. Der einzige Gedanke jedes Einzelnen kann nur sein, alle anderen niederzumachen. Darum weiß auch jeder nur, was Kämpfen ist, aber niemand weiß, was eigentlich Regieren im Sinne des Wortes bedeutet. Und ich darf an dieser Stelle wiederholen, **Politiker beschäftigen ausschließlich sich selbst, sich einander, sich miteinander und sich gegenseitig.** Und dieses Gerangel um die Macht, wie es sich bis in jedes Rathaus hinunter fortpflanzt, das sich gegenseitige Beschwatzen, beschimpfen und Beschmutzen, kann doch wohl unmöglich als Regieren bezeichnet werden.

Die Demokratie macht eine zielgerichtete Führung jeglicher Art unmöglich. Durch die Verlogenheit der gesetzgebenden Religionen entstanden und gefördert, ist sie die Ursache aller Zerstrittenheit unter den Völkern den Nationen und aller Familien auf dieser Welt. Ja, sogar in der Familie ist es aus mit dem Frieden, wenn diese beginnt um Recht und Unrecht zu diskutieren. Dann hat sie keine Führung mehr, sie verliert das Gefühl, eine Einheit zu sein und endet in der Zerstrittenheit. Jeder Mensch ist ein Egoist und Besserwisser. Niemals würde auch nur einer einem anderen freiwillig, aus Einsicht und purer Menschenfreundlichkeit Recht geben. Daher ist die Demokratie nicht der einzige, doch der sicherste Weg in das Chaos.

Das Werkzeug der Volkszersetzung

Das Kernproblem unseres Staates ist die Demokratie. Demokratisch regierte Staaten, Völker, Unternehmen und Familien leiden an innerer Zerrissenheit. Innere Zerrissenheit führt zu Ziellosigkeit, Ziellosigkeit führt zu Führungslosigkeit, Führungslosigkeit führt zu Haltlosigkeit, Haltlosigkeit führt zu Orientierungslosigkeit, Orientierungslosigkeit führt zu Chaos und Niedergang. Und solange ein Volk, eine Nation bereit und in der Lage ist, die spaltende Philosophie namens Demokratie zu bezahlen, ja zu finanzieren, sprießen und wachsen immer schneller und immer mehr neue Parteien wie die Pilze aus dem Boden als Reaktion gegen die Bestehenden. Man bedenke nur, dass für die Wahlen am 16.10.1994 bereits 41 – und bei den Wahlen in Russland am 17.12.1995 sogar 43 Parteien anstanden.

Die Demokratie als Werkzeug der Volkszersetzung hat nicht nur unser Land in 16 eigenständige Länder gespalten, und somit erforderlich gemacht, dass vier übereinander angeordnete Verwaltungen sich gegenseitig, beziehungsweise einander verwalten (Ortsverwaltung mit dem Gemeinderat, Landkreisverwaltung als Vereinigung der Kommunen, Landesverwaltung mit Landtag und schließlich die Bundesverwaltung). Sie hat unsere Bevölkerung in sage und schreibe 41 Gruppen gespalten. Diese Spaltung geht solange weiter, bis das Volk nur noch aus lauter einzelnen Parteien, also aus Splittern besteht, und dann beginnen sich diese wiederum in sich zu spalten. Denn in keiner einzigen Partei herrscht Einigkeit und wenn, dann nur weil sie zwischenzeitlich aus meinen Botschaften gelernt haben und dann auch nur als Heuchelei nach Außen.

Demokratie ist Philosophie und führt zu Beschlussunfähigkeit und somit auch zu Handlungsunfähigkeit. Wie kann man von so vielen Menschen in einer Vereinigung, die sich Regierung nennt eine Entscheidung erwarten, wo doch jeder Jedem anderen lediglich mehr vorzuheucheln versucht, als jeder Andere? Viele Führer geben viele Richtungen an. Das Volk ist ratlos und verzettelt, beginnt sich auseinander zusetzen, zu zersetzen und kann sich für keine Richtung mehr entscheiden.

Die Bürger werden durch die, von Psychologen geschriebenen, Marathonreden der Politiker in Trance und somit blindgeschwatzt, und auf diese Weise für die Lüge, gegen die Wahrheit und gegen einander ausgerichtet. Wir alle werden bewusst oder unbewusst durch die ausrichtende Meinungsbildung in unterschiedlichste kleine und handliche Bürger – Initiativgruppen aufgesplittert, nach dem Motto, jedes kleine Grüppchen kocht sein eigenes Süppchen und mit dem Hintergedanken, je mehr Gruppen, um so größer die Verwirrung, um so kleiner die Chance, dass jemand erkennt, wie dämlich wir Politiker doch eigentlich sind und, dass wir außer unserer Redegewandtheit, also unserem leeren Geschwätz, absolut nichts zu bieten haben. Durch diese Philosophie wird den Politikern die Möglichkeit und ein Werkzeug geboten, ihre Dummheit in Heldentum umzuwandeln.

Das Resultat dieser Ausrichtung erkennt man klar und deutlich am Verhalten des Wählers. Ich kann hinhören, wohin ich will, man wählt heutzutage nur noch irgendeine Partei, um einer Anderen eins auszuwischen, also aus Reaktion gegen eine Andere Partei. Verhält sich so ein gegenwärtiger, selbstbewusster Mensch, der genau weiß, was er will?

Und nun hoffe ich, wir öffnen endlich unsere Sinne und erkennen, dass die Demokratie wirklich und wahrhaftig nichts weiter ist, als eine grausame, völkerspaltende Philosophie. Und damit ist die Demokratie auch eine sichere Grundlage für den Weg zum Terrorismus.

Hass verursacht Terror.

Wenn jede Zelle in der Natur gegen jede andere kämpfen würde, würde dies den Zerfall allen Seins bedeuten. Dann ist also unser Staat mit dem Rest der Welt im Begriff zu zerfallen und wir brauchen uns über die Zerfallserscheinungen nicht mehr zu wundern. Demokratie führt nicht nur zum Chaos der Kräfte, Demokratie erzeugt und bedeutet Terror. Durch die Demokratie werden die einzelnen Kräfte nicht nur verzettelt, nein sie werden aufeinander und somit gegeneinander ausgerichtet.

Wir brauchen unseren Blick nur nach Osten zu wenden ohne die Augen und alle anderen Sinne zu verschließen, und wir sehen wohin die Demokratie führt. Mag die kommunistische Führung der Ex-Sowjetunion noch so falsch oder auch schlecht gewesen sein, sie hat alle Nationen zu einer Koexistenz und zu einer Union vereint und zusammengehalten. Nun, nach der Einführung der Demokratie sind die Nationen von einander getrennt, ist das Land zerfallen, es herrscht Chaos, Hass und Terror und sogar innerhalb einer jeden Nation beschießen und bekriegen sich die Menschen gegenseitig. Weil viele an die Macht wollen und wenn sie an der Macht angelangt sind, haben sie kein Ziel mehr. Oder doch? Sie haben nur noch ein Ziel, die Machtposition zu halten, also zu kämpfen und diese zu verteidigen.

Und wo bleibt das regieren?

Demokratie ermöglicht Politik und Politik ist ein sich Gegenseitiges Beschwatzen und Bekämpfen dummer Menschen, die sich anmaßen den Willen einer Nation zu repräsentieren und so die Geschicke der Welt zu lenken. Es sind Menschen, die so dumm sind, dass sie nicht einmal bemerken, dass und wie sehr dumm sie sind. Dass sie statt ihren Vorsätzen entsprechend – die Menschen aller Länder zu vereinen – sogar die eigenen Nationen schwächen in dem sie diese in Wählergruppen zersplittern und dadurch die einzelnen Gruppen innerhalb einer jeden Nation auf einander hetzen, gegen einander ausrichten.

Diese nach Macht strebenden Menschen sind so dumm, dass sie nicht einmal bemerken, dass die Nation bereits bei zwei Repräsentanten gespalten und bei einer Demokratie nur noch vollkommen zersplittert sein kann, weil jeder Repräsentant nur und ausschließlich seine ihn wählende Gruppe und deren Interessen vertritt. Ja sie sind sogar strohdumm. Sie beschimpfen ihre Gegner wegen deren Fehler und merken gar nicht, dass sie eigentlich nur ihre eigenen Fehler, ihre eigene Dummheit im jeweils anderen beschimpfen. Ich könnte nur noch darüber lachen, wenn diese Dummheit für meine Mitmenschen nicht derart tragische Folgen hätte.

Man bedenke nur, Landespolitiker bekämpfen Bundespolitiker, um selbst welche zu werden. Landesregierungen stehen gegen die Bundesregierung, um diese zu stürzen. Finanziell besser gestellte Bundesländer wollen sich von den schlechter gestellten abkoppeln, sie wollen mit diesen nicht mehr teilen. In absehbarer Zeit ist unser Land genau so zersplittert, wie das ehemalige Jugoslawien, wie Russland? Wir sind also die nächsten, die im Chaos versinken? Nur weil wir von den nach Macht strebenden Idioten, Namens Politiker fehlgeleitet werden wollen? Was, wir wollen gar nicht? Warum stellen wir ihnen dann die vielen Milliarden zur Verfügung? Nur weil sie so lustig- und uns wegen ihrer Dummheit und Hilflosigkeit so sympathisch sind, sind sie uns so viel wert?

154

Politik ist Kampf um die Macht. In jedem Kampf geht es um die Macht und in jedem Kampf, ob dies im Wahlkampf oder auf dem Kriegsschauplatz an der Front ist, stehen sich Parteien auf nationaler oder internationaler Ebene gegenüber. Ausnahmslos jede Gruppierung, gleich welcher Art, ob Politik, Kirche oder Gewerkschaft ist eine Kampfeinheit und erzwingt, wenn auch unbewusst, allein durch ihre Existenz, die Bildung einer Gegengruppierung, damit ein natürliches Kräftegleichgewicht erhalten und gewährleistet bleibt. Dies ist das Gesetz der Polarität. Jede existierende Partei ruft durch ihre Aktion, gleich welcher Art, automatisch eine Reaktion und somit eine Gegenpartei auf den Plan. Und dies ist demokratischer Terror, wie er sich gegenwärtig nicht nur in unserem Lande, sondern weltweit in seiner schönsten Blüte zeigt. Terror kommt durch Terror, denn Aktion erzeugt Reaktion. Somit ist jede politische Gruppierung die Reaktion gegen eine jede Andere. Jede Partei ist die Reaktion gegen jede Andere. Wenn es also die Linken nicht mehr gibt, kann es auch die Rechten nicht mehr geben und umgekehrt, wenn es die Rechten nicht mehr gibt, kann es auch die Linken nicht mehr geben. Wo keine Aktion, da ist auch keine Reaktion möglich.

Terror erzeugt Terror und da die Demokratie ein Werkzeug des Terrors ist, müsste doch eigentlich auch den sogenannten Links- beziehungsweise Rechtsradikalen die Daseinsberechtigung zuerkannt werden. Der beste Beweis der Unzulänglichkeit und Unglaubwürdigkeit der Demokratie ist wohl die Tatsache, dass Emporkömmlinge, sogenannte radikale Gruppen, wie sie auch heißen mögen, welche ja ebenfalls von Teilen des gleichen Volkes gegründet werden, von den bestehenden Parteien niedergehalten, ja als verfassungswidrig verboten werden. Was ist denn das für eine Verfassung, die eine vom Volk gegründete Partei als Demokratiewidrig verbietet? Mit welchem Recht nimmt sich eine Partei mehr Recht zur Existenz in der Demokratie als eine andere? Ganz einfach, mit dem Recht der Demokratie. Denn Konrad Adenauer, lehrte: "In der Politik geht es nicht darum, Recht zu haben, sondern Recht zu behalten (PM 10/93,S.50 Zitate)."

Ich stelle also fest, die Demokratie ist als Staats- und Regierungsform nicht weniger radikal und verheerend, als der Kommunismus oder eine brutale Diktatur. Nur wer alles andere verbietet, kann Recht behalten. Und dass dies tatsächlich, durch Augenwischerei und viel Geschwätz getarnt, so gehandhabt wird, beweist die gegenwärtige Politik auf der ganzen Welt. Es reden so viele von Demokratie, dass es anscheinend niemandem mehr auffällt, dass jemand, der von wehrhafter Demokratie spricht, eigentlich Terror meint.

Terroristen sind also nicht diejenigen, die auf die Straßen gehen, demonstrieren und randalieren. Diese Menschen leben nur ihre, durch den Druck und Terror von oben verursachten und angestauten Aggressionen auf der Straße aus. Sondern Terroristen sind Menschen, welche den Terror provozierend verursachen, ja durch ihr Verhalten hervorrufen. Terroristen sind alle demokratischen Machtstreber, weil diese die Demokratie als Instrument für ihren eigenen Vorteil benutzen. Die eigentlichen Terroristen, sind bewusst oder unbewusst die Politiker. Alle Politiker dieser Welt, denn jeder von diesen strebt an die Macht, obwohl keiner von ihnen etwas zu bieten hat, außer dem starken Willen, an der Macht zu sein, und seinem dummen Geschwätz mit leeren Versprechungen als Inhalt.

Und wenn der Begriff Demokratie ins Deutsche übersetzt wahrhaftig Volksherrschaft bedeutet, dann ist die Demokratie neben den Konfessionen die größte Völkerverarschung seit Menschengedenken. Demokratie als sogenannte Volksherrschaft macht aus Menschen Idioten, denn auch in der Volksherrschaft bestimmt das Volk lediglich, welche Politiker an die Macht kommen. Was dann geschieht, bestimmen die Politiker und dagegen ist das Volk machtlos. Das Volk merkt nicht, dass auch die Volksherrschaft nur bestimmen darf, der Willkür welcher Politiker sie sich aussetzen will. Wenn die Politiker erst an der Macht sind, können sie tun und lassen, was sie für gut und richtig halten, sie haben sich durch die, von ihnen selbst geschaffenen Gesetze, dem Zugriff des Volkes entzogen. Durch die Immunität schützt der Politiker sich selbst vor den eigenen Gesetzen und vor dem Volk. Kein Politiker ist der Öffentlichkeit gegenüber zur Rechenschaft verpflichtet. Bestes und jüngstes Beispiel dafür nach der Affäre Kohl, ist die von Koch. Es wurden zwar Untersuchungsausschüsse zur Klärung der undurchsichtigen Spendenaffären eingesetzt, jedoch sind die „ehrenwerten und höchst verehrten Herren" nicht verpflichtet, sich selbst belastend auszusagen, um der Wahrheitsfindung zu dienen. Welch eine Augenwischerei!

Bis heute sind uns die negativen und verheerenden Aspekte der Demokratie scheinbar nicht aufgefallen. Man zieht den Tod durch Erschießen dem Tod durch den Strang vor, nur weil man die Möglichkeit hat demokratisch zu wählen. Man übersieht dabei aber, dass es darüber hinaus auch noch die Möglichkeit gibt, zu leben. Zuerst der Verstand und dann ist das Leben **der Preis für die Macht – wählen zu dürfen?** Ist die zweifelhafte Macht der sogenannten Volksherrschaft diesen hohen Preis wert?

Nur weil man unendlich viele Gesetze hat, glaubt man recht zu handeln? Offenkundig ist aber doch, dass einzig und allein die Gesetze die Grundlage jeglichen Verbrechens sind. Moses war mit seinen zehn Geboten der erste Gesetzgeber und somit auch der erste Gesetzesbrecher. Als er mit seinen in Stein eingebrannten zehn Geboten vom Berg zurückkam und sah wie ein Teil seines Volkes nach dem Rückfall in die Stierzeitreligion um das goldene Kalb tanzte, befahl er, diese Menschen abzuschlachten und zerschmetterte daraufhin seine Steintafeln. Genau so verhält es sich mit den Gesetzgebern unserer Zeit. Jeder Politiker schwört, all seine Kraft und sein Wissen zum Wohle des Volkes einzusetzen und begeht damit einen Meineid, für den jeder Bürger ins Gefängnis müsste. Meineid deswegen, wenn ein Politiker durch seine Tätigkeit korrupte Beziehungen knüpft und auf diese Weise etwa 20 Ämter häuft, so kann er für jedes Einzelne, auch für sein Mandat, den Auftrag des Volkes, nur 5% seiner Kraft und seiner Zeit widmen. Alle, die Gesetze schaffen, werden zwangsläufig zu Verbrechern weil diese das wichtigste aller Gesetze – das Gesetz der Polarität außer Acht lassen.

Entsprechend dem Gesetz der Polarität verursacht jede Aktion eine Reaktion. So ist die Reaktion auf Druck – Gegendruck und auf jedes, vom Menschen gemachte Gesetz – Widerstand. Das Gesetz der Polarität verhilft dem Menschen dazu, genau das Gegenteil von dem zu erreichen und zu erleben, was er anstrebt. Alles, was der Mensch egoistisch begehrt, wird für ihn unerreichbar und alles, wogegen er sich sträubt, fesselt, versklavt und vernichtet ihn. Wenn er zum Beispiel in der Demokratie die Freiheit sucht, grenzt er sich immer mehr unbewusst ein, um so das Gegenteil zu erfahren. Nur so lernt er die Freiheit zu schätzen, die er, durch Schaffung von Gesetzen zum sogenannten Schutz der Demokratie, sich und anderen nimmt. Er wird auf Schritt und Tritt geführt, geleitet, bevormundet und gegängelt. Ständig wird er durch irgendwelche Regeln, Gesetze, Paragraphen, Vorschriften und Verordnungen von anderen Menschen in irgendwelche Schranken verwiesen und innerhalb dieser Schranken gehalten. Er merkt nicht, dass er selbst demokratisch bestimmt, was er will und zürnt den von ihm selbst eingesetzten Beamten, die doch nur seinen Willen ausführen. Jedes Gesetz nimmt dem Menschen einen Teil seiner Freiheit und nimmt ihm so die Möglichkeit, seine innere Freiheit zu leben, sich dieser entsprechend selbst für oder gegen etwas zu entscheiden und so sich selbst zu erleben. Aus dem Unvermögen heraus, für sich selbst entscheiden zu können, wachsen Aggressionen. Je mehr der Mensch durch seine eigenen Gesetze in seiner Freiheit eingeengt wird, um so mehr wird er unter Druck gesetzt, um so mehr Gegendruck erzeugt er, um so mehr ist er voller Hass, der sich als Aggression in Form von Demonstration, Terrorismus, Überfall, Mord und Totschlag entspannt, beziehungsweise befreit. Er entwickelt Emotionen und aus diesen Entsteht Gewalt.

Niemand auf der ganzen Welt hatte auch nur die geringste Ahnung über die Wirkungen und Auswucherungen der Demokratie. Darum dürfen und sollten wir uns selbst vergeben und unser bisheriges Verhalten einfach übergehen. Doch wer nach der heutigen Erkenntnis auch weiterhin für die Demo-

kratie eintritt, fördert bewusst den Terror und mit diesem den gesellschaftlichen Selbstmord. Dies sind in erster Linie alle deutschen Politiker, denn sie kennen diese Botschaften. Demokratie, die heilige Kuh aller Politiker der prowestlichen Welt ist nichts weiter, als ein Versteckspiel für strohdumme Menschen, die an die Macht wollen, beziehungsweise an der Macht bleiben wollen. Schauen wir uns in der Welt um, dann stellen wir fest, wie viele Gesichter die Demokratie hat und auch, dass jedes einzelne tödlich ist. Sie ermöglicht, fördert und ist das Verbrechen an der Menschheit. Die Bürger eines demokratischen Staates können nur so lange friedlich miteinander auskommen, wie sie in der Lage sind, die Demokratie, beziehungsweise das demokratische Geschwätz und Gerangel der Politiker um die Macht zu bezahlen, zu finanzieren und eigentlich tragend zu fördern. Wird das Geld knapp, weil die Politiker alles verbrauchen, kommt es zur Inflation und es beginnen die Auseinandersetzungen der Politiker auf die Massen überzugreifen. Die folgen sind handgreifliche Auseinandersetzungen, Revolution, Bürgerkrieg. Demokratie ist der sicherste Weg ins geistige, gesellschaftliche, materielle Chaos und somit in den wirtschaftlichen Bankrott. **Das Endergebnis der Demokratie ist die totale gegenseitige Vernichtung.** Und das beste Beispiel dafür ist das derzeitige Jugoslawien, beziehungsweise das, was von diesem übrig ist. Dort liegt der Beweis auf der Hand, der Hass verursacht Terror und der Terror erzeugt Hass. Und der Trend auf der ganzen Welt kann nicht mehr übersehen werden. Es ist also nicht die Demokratie, welche sich gegen jemanden wehren muss, sondern wir alle müssen uns endlich gegen die Demokratie wehren. Wer das nicht sieht, ist blind, und wer, wie die Politiker, aus purer Machtgier die Augen vor der Wahrheit verschließt, stellt sich blind und ist ein Verbrecher.
Gesetze dienen nicht dem Schutz, sondern der Trennung und Entfernung der Menschen von einander. Das Gesetz der Polarität richtet jedes vom Menschen gemachte Gesetz und jede Regel gegen den Menschen selbst. Die Wissenschaft hat dieses längst erkannt. Unsere Kinder demonstrieren uns täglich, wie sie auf Druck reagieren. Wir wissen es also alle. Nur den nach Macht lechzenden Priestern und Politikern scheint dies noch nicht bewusst zu sein? Und ich sage bewusst und gewählt Priester und Politiker, weil die Priester die Menschen für die Politik gefügig machen und die Politiker schaffen dafür kirchenfreundliche Gesetze. Und für wen gelten die Gesetze? Wehrpflichtige Soldaten töten auf Befehl und werden dafür bezahlt. Freiwillige Soldaten töten freiwillig, also vorsätzlich und gezielt für mehr Geld. Jedoch alle Soldaten töten unter dem Schutzmantel des Gesetzes und verwahren sich davor, Mörder genannt zu werden.
Ein Zivilist, auch wenn er unter dem Zwang des Hungers tötet, gilt auf je-

den Fall als Mörder. Wo ist denn da die Gleichheit vor dem Gesetz? Sind die Gesetze nicht ein wenig zu willkürlich? Oder werden sie nur willkürlich angewendet? Offensichtlich sind sie allenfalls grenzenlos dehnbar und somit von Fall zu Fall anders interpretierbar, also auch anders anwendbar. Sollst Du nun töten? Oder sollst Du nicht töten? Haben die Priester sich selbst jemals nach den von ihnen selbst geschaffenen Gesetzen = Dogmen gleichermaßen gerichtet, wie sie es von ihren Untertanen, den Schafen verlangen? Haben nicht die Kirchenfürsten selbst über Jahrtausende hinweg den Schwächeren im Namen ihres Gottes und mit viel Blutvergießen, das Recht des stärkeren aufgedrückt? Und werden diese und vor allem, die schlimmsten von diesen, für ihre Taten, nicht auch noch heilig gesprochen? Wo ist denn da die Gleichheit vor dem Gesetz? Gesetze gelten eben nicht für diejenigen, die Kraft ihres Amtes Gesetze = Dogmen erlassen und somit selbst über allen Gesetzen stehen. Also gelten Gesetze = Dogmen nur für diejenigen, die auf Grund ihrer Schwäche unter und durch das Gesetz gezwungen werden können? Nur die Untertanen, die Sklaven, die man sich durch Gesetze zu Schafen macht? Vor dem Gesetz sind alle gleich? Wo auf dieser Welt sind alle Menschen vor dem Gesetz gleich. Vielleicht in Amerika, wo die Demokratie erneut ins Leben gerufen wurde? Gibt es ein Land auf dieser Welt, wo die Demokratie mehr als in Amerika von den Gesetzgebern selbst mit den Füßen getreten wurde und wird? Wo die Gesetze so gedreht und gewendet werden, bis sie der jeweiligen Partei für ihre Zwecke passen? Vielleicht Deutschland?! Vielleicht Europa, diese Vereinigung demokratischer Idioten mit der Bezeichnung Politiker?! Nein, dieses Land gibt es nicht. Aber in jedem Land der Welt gibt es Tausende von Schmarotzern, die den Massenmenschen mit Hilfe von Gesetzen schablonisieren und auf diese Weise gefügig machen.

Unsere Gesetze sind bereits dermaßen verworren, dass sie sich zum Teil gegenseitig behindern oder sogar aufheben. Nicht zuletzt sind auch dadurch die Ausländer in Deutschland besser geschützt als die Deutschen. Sie genießen volle Narrenfreiheit. Sie terrorisieren uns, zerstören unsere Einrichtungen, fügen uns in vielerlei Hinsicht Schaden zu und können, ja dürfen laut Gesetz von unseren Gesetzgebern nicht ausgewiesen, und schon gar nicht in ihre Heimat abgeschoben werden. Unsere Gesetzgebung garantiert auch den Mördern unter den terroristisch orientierten Ausländern einen Blanko – Freispruch und verurteilt dadurch uns Deutschen dazu, alle Ausländer und ihren Terror zu ertragen. Somit sind wir Sklaven unserer eigenen Gesetze. Die Gesetzgeber haben sich in ihren eigenen Gesetzen verfangen und verstrickt. Der neueste Beschluss der Politiker lautet, wir würden ja gerne gegen diesen Terror etwas unternehmen, aber wir dürfen nicht, es ist gesetz-

lich verboten. Das Gesetz verbietet also dem Gesetzgeber selbst jegliche brauchbare Entscheidung. Und diese Dämlichkeit unserer Politiker ist allen Terroristen weltweit bekannt und lockt diese regelrecht ins land. Welch eine grandiose Leistung!!!
Ist dies wahrhaftig unser aller Wunsch, unser aller Idealvorstellung?

Auch Rechtshüter sind Kriminelle

Auch unsere Rechtshüter sind im Sinne ihrer eigenen Gesetze Kriminelle. Auch sie gehören zur Lobby der demokratischen Maffia. Am 02. 12. 1999 schrieb ich an das Landgericht Augsburg, Staatsanwaltschaft, Am Alten Einlass 1, 86150 Augsburg.

Betreff: Globale Erneuerung durch den Tod der Demokratie
Sehr geehrte Damen, sehr geehrte Herren,
sicherlich komme ich mit dem ungewöhnlichsten Anliegen zu Ihnen, das Ihnen jemals vorgekommen ist.
Als die Schmiergeldaffäre von Walter Leisler Kiep zur Sprache kam, war ich höchst erfreut, denn ich dachte, nun endlich wird die Politik zerfleischt. Doch als es spannend wurde, als Sie feststellen hätten müssen, dass es sich um Schmiergeld = Bestechungsgeld handelt, haben Sie aufgehört zu fragen? Das erscheint mir höchst seltsam. Sie überlassen die Politiker sich selbst? Kohl lässt alle Unterlagen verschwinden, Schäuble legt jetzt bereits Zeugnis ab, welch ein braver Politiker Kohl ist und es soll wieder einmal bis zum endgültigen Schweigen alles schöngeredet werden? Das lasse ich nicht zu. Ich weiß, dass ohne Ausnahme alle Politiker der Welt Verbrecher sind und die Demokratie deckt den Mantel der Gesetze darüber, in dem diese es ermöglicht, dass jedes Vergehen der Politiker wieder schöngeredet wird.
Ich klage hiermit alle Deutschen Politiker an und vor allem alle von mir am 04 Oktober 1996 angeschriebenen und auf beiliegender Diskette unter der Überschrift „Die Unzulänglichkeit unseres Systems" aufgelisteten Persönlichkeiten. Mit dem Projekt: „Das Konzept der Globalen Erneuerung" biete ich der Welt die Lösung all ihrer Probleme an, Beweis beiliegende Diskette, und diese Menschen verschweigen dies vor der Welt nur weil sie um ihre Macht bangen.
Es kommt mir sicher nicht darauf an, dass auch nur einer verurteilt wird, aber ich will, dass die Menschheit erhält, was ich ihr zu geben habe. Ich will, dass diese Angelegenheit öffentlich zur Sprache kommt. Ich will, dass Ihr Urteil das Todesurteil für die Demokratie sein wird. Und wenn Sie als Staatsanwälte und Richter beweisen wollen, dass Sie wirklich Recht sprechen, dann müssen Sie dies auch tun. Und wenn Sie den Wahrheitsgehalt

dieser Diskette nicht selbst beurteilen können, dann empfehle ich Ihnen alle Wissenschaftler und Wirtschaftssachverständigen der Welt einzuberufen und jeder einzelne wird den Wahrheitsgehalt bestätigen. Auf Grund dieses Wahrheitsgehaltes werden Sie mich niemals mit einer terroristischen Vereinigung in Verbindung bringen können. In Ihrer Haut möchte ich jetzt wahrlich nicht stecken.

Und kommen Sie bloß nicht mit der scheinheiligen Aufforderung, ich solle den Dienstweg einhalten, in dem ich mir einen Anwalt nehme. Erstens kann ich mir keinen Anwalt leisten, denn ich habe kein Einkommen und zweitens kennen auch Sie keinen Anwalt der mich vor einem Gericht vertreten würde, welches seinen Beruf überflüssig macht, in dem es Recht spricht.

Eine Abschrift dieses Schreibens und dem Begleitschreiben der Schneeballdiskette wie beiliegend geht zusammen mit einer Kopie der beiliegenden Diskette jeweils an die Polizeidirektion Augsburg und an die Augsburger Allgemeine Zeitung. Ich will Euch auf diese Weise zeigen, dass die Wahrheit auch den Mächtigsten besiegt, sobald er nur behauptet, die Wahrheit zu vertreten. Und den Journalisten will ich die Möglichkeit der Einsicht geben, dass einmal gelerntes nicht für alle Zeiten gut ist und dass alles Neue irgend wann einmal zur Konvention wird.

Sollte dieser mein Anlauf ebenfalls scheitern, sollte also mein Projekt nicht innerhalb von zwei Wochen öffentlich bekannt sein, starte ich die bereits vorbereitete Schneeballaktion und glauben Sie nicht, dass Sie durch eine Hausdurchsuchung alles beseitigen und verhindern. Im Haus ist nichts mehr, wodurch Sie die Aktion verhindern könnten. Und Sie machen alles nur noch schlimmer. Tun Sie also Ihre Pflicht und sorgen Sie für Recht und Ordnung. Nur dafür werden Sie bezahlt und nicht, um diese verbrecherische Maffia zu schützen. Mit freundlichen Grüßen

Anlage war die Schneeballdiskette und das nachfolgende Begleitschreiben.

An alle, meine lieben Mitmenschen, aber auch an diejenigen, die glauben, dass sie nicht lieb sind!!!

Betreff: Das Konzept der globalen Erneuerung

Mein Lieber Mitmensch,

nichts ist so frustrierend für Menschen, wie die Enttäuschung, sich für ein falsch verstandenes Ziel engagiert zu haben – und nichts ist so befriedigend, wie die Einsicht in die Notwendigkeit jedes eigenen Beitrags für ein bekanntes, erstrebenswertes Ziel, auf das man in bewusster Vereinigung mit Gleichgesinnten hinarbeitet. Bist Du wirklich glücklich mit all dem, was zur Zeit in Deiner Heimat, in Europa und in der ganzen Welt abläuft? Für mich unvorstellbar. Du kannst unmöglich glücklich und zufrieden sein mit all

dem, was Du scheinbar wehrlos täglich auf Dich einwirken lässt.
Hinzu kommt, es ist eine unumstößliche Tatsache, dass kein Mensch dieser
Welt in jedem Augenblick sicher ist, das Richtige zu tun. Warum das so ist?
Weil sowieso kein Mensch weiß, was er tut in dem, was er tut. Ach, das
glaubst Du nicht? Dann muss der Gekreuzigte vor zweitausend Jahren ja
gelogen haben, in dem er sagte: „... denn sie wissen nicht, was sie tun."!?
Er hat nicht gelogen, er hat die volle Wahrheit gesagt. Du weißt nicht, wer
Du bist, darum weißt Du auch nicht, was Du tust in dem, was Du tust in
dieser Welt der Symbolik. Und wenn Du auch das nicht glaubst, beziehungsweise keine Vorstellung davon hast, dass und warum es so ist, dann
wage den Einstieg in die Wahrheit und lies das Dir auf Diskette vorliegende
Projekt. Du hast keinen Computer? Du hast sicher Freunde, die einen besitzen. Du wirst durch den Inhalt gleichzeitig schockiert und überrascht, jedoch dadurch wiederum erweckt und erleuchtet. Darum wünsche ich Dir
viel Freude bei Deiner Entdeckungsreise in die Wahrheit.
In Liebe verbunden

Es folgt die Reaktion des Oberstaatsanwalts:
„Der Leitende Oberstaatsanwalt in Augsburg
Geschäftsnummer: 180 AR 2509/99   Augsburg, 1999-12-10 / schr
Zu Ihrem Schreiben von 02.12.1999-12-31
Sehr geehrter Herr Thillmann,
mit Ihrem vorbezeichneten Schreiben mit der Überschrift „Globale Erneue-
rung durch den Tod der Demokratie" vermag ich ebenso wenig anzufangen
wie mit der jenem Schreiben beigefügten Diskette mit der Überschrift „Die
Unzulänglichkeit unseres Systems". Tatsächliche Anhaltspunkte für das
Vorliegen einer Straftat im Sinne des § 152 Abs. 2 StPO sind nicht ersichtlich. Für politische Unmutsäußerungen ist die Staatsanwaltschaft der falsche
Adressat. Hierfür bitte ich um Verständnis.
Mit freundlichen Grüßen   Gezeichnet Nemetz"
Schon wieder jemand, der mich um Verständnis bittet? Dieser Oberstaatsanwalt verschließt tatsächlich die Augen vor der Wahrheit, in dem er sich
ganz einfach dumm stellt. So dämlich kann man doch gar nicht sein, mein
vollkommen unmissverständlich verfasstes Schreiben derart miss zu verstehen. Und weder die Presse, noch die Oberstaatsanwaltschaft, noch die Polizeidirektion reagieren auf meine Erpressung, auf meine Drohung mit der
Schneeballaktion? Auch dies ist für mich der ganz klare Beweis dafür, dass
die Lobbyisten, zu denen auch alle Advokaten und scheinbar auch die Polizisten gehören jede Konfrontation mit mir scheuen, weil sie Angst davor
haben, dass die Öffentlichkeit von mir und meinem Projekt erfährt. Sie alle

wissen, dass sie allesamt ihre Jobs, mit diesen ihre Macht verlieren und richtig arbeiten gehen müssen. Denn von mir wissen sie ja nun, dass sie nichts weiter, als Schmarotzer sind.

Wie wollen wir Fortschritt und Wahrheit in Punkto Wirtschaft, Recht, Gesetz und Moral erzielen, wenn diese von den Politikern, von Bundespräsidenten ebenso, wie von Bundesministern, also von Repräsentanten der Macht, der sogenannten Führung unseres Landes selbst verschmäht und diese Verschmähung von Staatsanwälten, unseren Rechtshütern vertuscht und geschützt werden? Durch Schaffung von Gesetzen täuschen die Machthaber vor, dass sie selbst Recht, Gesetz und Moral achten. Und nur, weil der Massenmensch die Gesetzgeber als große, ehrbare Persönlichkeiten zu erkennen glaubt, zollt er diesen einen so großen Respekt, dass er regelrecht Angst davor hat, die Gesetzgeber selbst als eine verbrecherische Maffia – und somit als die eigentlichen und größten Verbrecher zu erkennen.

In diesem Land sowie in der ganzen Welt ändert sich erst etwas zum Positiven, wenn das derzeitige betrügerische, demokratische System vor der breiten Öffentlichkeit bloßgestellt wird. Wenn die breite Öffentlichkeit die volle Wahrheit erfährt. Wenn der breiten Öffentlichkeit bewusst wird, dass auch die Demokratie nur eine Art Diktatur ist, wobei die Macht lediglich auf mehrere verteilt wird. Dass auch in der Demokratie nur Verbrecher Herrschen, die ihre eigenen Gesetze als Deckmantel benutzen. Dass Gesetze ausschließlich dazu dienen, Gewalt auf die Massen auszuüben. Und dass Gesetze nur zu dem Zweck geschaffen werden, um sich selbst gegen das gemeine Volk zu schützen und abzusichern.

Kirche – Steigbügel der Politik

Die stillschweigend vorausgesetzten ethischen Normen unserer allgemeinen Gesetzgebung vermischen sich auf undurchsichtige Weise, und in ihren Ursprüngen in nichts als einem Aberglauben wurzelnd, mit christlich - religiösen Werten. Hierbei verbirgt sich die Gesetzmäßigkeit hinter einer scheinbaren Objektivität und prägt dadurch ein soziales Gerechtigkeitsempfinden, welches dem über zweitausend Jahre lang tabuisierten christlich – religiösen Gut – Böse – Aberglauben entspringt. Dieser Gesetzgebung fehlt die geistige Komponente. Den einzelnen, als Untergebenen betrachteten Individuen wird jegliche Eigenverantwortlichkeit, jeglicher Sinn für Verantwortungsbewusstsein aberkannt. Darum erstarrt unsere sogenannte Zivilisation im leeren Bürokratismus, Prinzipienreiterei, moralischer Fassade, wird unglaubwürdig und gleitet immer mehr ab in Engstirnigkeit, Stumpfsinn, Idiotie. Das glaubst Du nicht? Dann trete vor den Spiegel, schau Dir in die Augen, sei ehrlich Dir selbst gegenüber und erkenne Dein Unvermögen

Mündig zu sein. Denn Du selbst verleihst ja den Dümmsten, vermeintlich Mächtigen die Macht Dich zu beherrschen. Oder belüge Dich selbst, in dem Du Dir einredest, dass Du bewusst und absichtlich die Verantwortung für Dich selbst und Deine Mitmenschen ablehnst und auf diese Weise bewusst und absichtlich wiederum den Dümmsten die Macht verleihst, Dich zu beherrschen. Welche Variante ist Dir lieber? Ein Mensch, der bedingungslos und ohne Bedenken glaubt, was ihm gleich welche Anderen sagen, wird immer belogen, bleibt für alle Zeiten ein Aber – Gläubiger und kann niemals mündig werden. Das gefällt Dir nicht? Dann hör auf zu glauben und beginne zu denken! Es ist ganz einfach! Wer aufhört zu hören, hört nicht auf zu hören, wer aufhört, hört auf zu hören.

Selbstentwürdigung für die Macht

Wenn einer ein Vermögen besitzt, ist er reich. Wenn das gleiche Vermögen unter vielen aufgeteilt wird, sind viele arm. Genauso verhält es sich mit der Macht. Wenn einer über eine Macht verfügt ist er mächtig, er verfügt über Entscheidungsgewalt. Wenn jedoch viele über die gleiche Macht verfügen, sich also die Macht teilen, sind die einzelnen den anderen gegenüber gleichberechtigt, sie sind machtlos, eben ohnmächtig, denn sie sind entscheidungsunfähig. Einer ist verantwortungsbewusst, beschlussfähig und entscheidungsgewaltig. Viele sind verantwortungslos, orientierungslos, verzweigt, verzettelt, also Ziellos und nur zu Kompromissen fähig, niemals zu einer klaren Entscheidung. Jeder Kompromiss jedoch ist ein Zeugnis der Ohnmacht und Entscheidungsunfähigkeit, ein Zeugnis der Armut und der Schwäche, der Dummheit und der Unsicherheit, sowie der Orientierungslosigkeit und Haltlosigkeit.

Ist ein Zeugnis für einen total entwürdigten Menschen.

Jeder, der einen Kompromiss eingeht, gesteht seine Schwäche ein. Entweder er hat keinen eigenen Standpunkt, oder er verlässt diesen im Augenblick der Kompromissbereitschaft und begibt sich so in die Unsicherheit. Denn sobald jemand seinen Standpunkt, also seinen festen Halt verlässt, beziehungsweise seine Meinungslosigkeit verrät, wird er als Schwächling zum Spielball für alle Anderen, die mit ihm in jeder Weise und nach Belieben spielen können. Bei der letzten Regierung war die CDU/CSU auf die FDP angewiesen, die FDP hatte die CDU/CSU vollkommen in der Hand und machte mit diesen, was sie für gut und richtig hielt. Zwei riesige Parteien, die CDU und die CSU waren einer Dreigroschenpartei auf Gedeih und Verderb ausgeliefert. Zwei riesige Zerstörer im Sinne des Wortes kapitulierten vor einem Windsurfer im Sinne des Wortes. Der Regierung Schröder sind diese Botschaften bekannt, also lassen sich die Roten nichts von den Grünen

gefallen. Dadurch würde die Koalition zerbrechen und die sogenannte Regierung scheitern, wenn die Grünen nicht bunt geworden wären.
Was ist, beziehungsweise bleibt an den Grünen noch grün? Wohl nur noch der grüne Streifen am Briefkopf ihres Briefpapiers. Weil sie ihr Ziel aufgegeben haben, das Land unregierbar zu machen, haben sie ihr Ziel, an die Macht zu gelangen erreicht. Sie sind an der Macht und was demonstrieren sie uns? Schöne Kleidung, ein rasiertes Gesicht und vielleicht auch ein neuer Haarschnitt verändern zwar äußerlich die Form und Gestalt, aber ganz sicher nicht den Gehalt. Sie sind geblieben, was sie schon immer waren – Taugenichtse, wie alle anderen Politiker auch. Sie haben ihre Ansichten angepasst, ihre Ziele verändert und verschoben, ihre Einstellungen aufgegeben, sie haben alle ihre Ideale und somit sich selbst, ihre Persönlichkeit für die Macht geopfert. Widerlich, mit ansehen zu müssen wie die Aussicht auf Macht die Menschen verändert. Wie sie aus Persönlichkeiten Trottel und aus freien Menschen Sklaven macht.
Jeder also, der an die Macht will, beziehungsweise an der Macht bleiben will und dies vom eigenen Standpunkt aus nicht schafft, signalisiert Kompromissbereitschaft und sucht mit anderen Machtstrebern, die sich in der gleichen misslichen Lage befinden, eine Koalition einzugehen. Derjenige ist ein Verräter an seinen Anhängern und Wählern, denn er geht sogar mit seinem schärfsten Gegner, den der Wähler nicht haben wollte, eine Koalition ein, nur um an die Macht zu kommen, beziehungsweise um an der Macht zu bleiben. Ich könnte nur noch weinen, nein schreien, wenn ich so billig wäre.
Und ich denke, dass die Welt bereits an dieser Stelle mit mir darüber einig ist, dass jeder Machtstreber in diesem System, ob König, Priester, Politiker oder Gewerkschaftsführer nur ein Schwächling sein kann. Sie alle reden und tun nur das, was irgendwelche Andere von Ihnen erwarten. Nur um, wie sie meinen, die Anderen zu beherrschen. Die ganze Welt wird mittlerweile mit Hilfe der Demokratie von Dummen und Dümmsten (regiert) manipuliert, nur weil diese in der Lage sind, der Welt zu suggerieren, es sei gut und in Ordnung so. Und dies nur, weil vor über 2500 Jahren ein griechischer Philosoph einmal gesagt haben soll, **es könnte gut sein.**
Alle anderen Konfessionen vereinen sich wieder mit den Katholiken, damit der Papst wieder zu mehr Geld und Macht kommt?
Die CDU/CSU verbrüdert sich mit der SPD, also die Schwarzen mit den Roten und umgekehrt. Nur um an der Macht zu bleiben? Alle Parteien, die sich vor den Wahlen erbittert bekämpfen, gehen nach den Wahlen Koalitionen ein, und suggerieren dem Wähler, sie hätten den Auftrag so verstanden. Nur um an der Macht zu bleiben?
Der DGB ist ganz plötzlich gewillt, sich mit dem Arbeitgeberverband zu

verbrüdern, das Einverständnis der Gewerkschaftsmitglieder einfach vorausgesetzt. Nur um, wenn auch nur vermeintlich, mächtig zu bleiben? **Demokratie pur??? Idiotie total???** Wo ist denn Euer Kampfgeist geblieben, Ihr Schwächlinge? Wo ist überhaupt Euer Geist? Nun, wo Euch das Wasser bis zum Halse steht weil Euch das Geld für das weitere gegenseitige Bekämpfen ausgegangen ist, müsst Ihr Euch verbünden? Seid Ihr gezwungen einzulenken, um an der Macht zu bleiben? Nur Schwächlinge suchen Kompromisse. Nur Machtlose sind bereit ihre Macht zu teilen, in dem sie sich mit anderen zu verbünden suchen. Dummheit und Ratlosigkeit verbindet? Doch Achtung, eine solche Verbindung ist immer sehr trügerisch, zweifelhaft und daher riskant. Menschen mit einem festen Standpunkt suchen keine Verbündeten, sie stellen die Bedingungen und schaffen sich Freunde und Verbündete weil sie etwas zu bieten haben, was alle Anderen brauchen.

Die Wiege der Dummheit

Der Kompromiss als Resultat einer Verhandlung dient lediglich als Grundlage für viele weitere ergebnislose Verhandlungen. Man kommt niemals zu einem brauchbaren Ergebnis weil alles nur zerredet wird. Sogar ein vom Bundesverfassungsgericht als Beschluss gefälltes Urteil zum Beispiel (§ 218, oder auch das Kruzifix – Urteil) wurde als Diskussionsgrundlage weiterhin zerredet und somit entkräftet. Kompromisse haben also einen ganz faden Beigeschmack, darum kann man sie auch nicht essen. Man kann von, beziehungsweise mit Kompromissen weder ein Volk ernähren, noch einen Staat unterhalten. Im Gegenteil, wie wir sehen, fressen die Kompromisse den Staat auf und hungern die Bevölkerung aus. 80 Millionen Bundesbürger müssen jährlich über eine Billion DM, Tendenz steigend, berappen damit 800 Idioten, die sich Politiker nennen, zusammen mit ihren Millionen von Bediensteten und deren Seilschaften ein sorgenfreies Leben haben? Ein demokratischer Wähler ist also nichts weiter, als ein ausgeschmierter Bundesbürger, der das ganze Lügentheater auch noch zu finanzieren hat. Demokratie ist die Wiege der Dummheit, sie macht aus Menschen Idioten. Ist denn der Schlaf dieser Bundesbürger und aller anderen Menschen dieser Welt so tief, dass nicht einmal so viel Dummheit Schmerz bereitet? Sehen wir nicht einmal, dass jeder Politiker, der einen seiner Gegner wegen dessen Fehlern angreift nur die eigenen Fehler im anderen anprangert? Dass jeder nur sich selbst, die eigene Dummheit im anderen beschimpft? Was muss denn noch geschehen, damit wir endlich aufwachen und erkennen, dass Dummheit die Welt regiert, auch die Welt der Denkfähigsten? Soll die Dummheit auch weiterhin an der Macht bleiben? Es kann sich doch absolut nichts ändern, solange wir Denkfähigen auch weiterhin nur schlafen wollen. Vor lauter Dummheit und Hilflosigkeit wissen die Politiker doch gar nicht, was sie überhaupt wollen, oder was sie tun könnten. Beispiel, da hat doch glatt jemand von sich gegeben, Soldaten sind Mörder. Seit dem zerrissen sich alle Politiker die Mäuler, nur weil sie ihre eigenen Gesetze nicht auslegen können. Was ist ein Mörder? Ein Mörder ist nach dem Gesetz ein Mensch, der einen Anderen aus gleich welchen Gründen vorsätzlich geplant und bewusst gewollt das Leben nimmt. Mörder sind also auch alle freiwilligen Soldaten. Denn diese gehen freiwillig und somit vorsätzlich geplant und bewusst gewollt für Geld zum Töten. Die Wehrpflichtigen sind lediglich das Werkzeug, beziehungsweise der verlängerte Arm der eigentlichen Mörderbande, der Politiker. Ihr wollt einen Beweis? Außer Russland, gehört jede waffenproduzierende Nation der NATO an. Alle, auch die waffenproduzierenden Nationen gehören der UNO an. In Konkurrenz zu und im Wettbewerb mit allen anderen ist jede waffenproduzierende Nation bestrebt, mehr Waffen, also Kriegsgerät in alle Welt zu liefern, als jede andere waffenproduzierende Nation. Als Mitglied der Kriegsallianz NATO stellt man die eigenen zum Teil weiß lackierten Waffen der Friedensallianz UNO zur Verfügung und stationiert diese nun in Kriegsgebieten, wo mit den gleichen, von einem selbst gelieferten Waffen in der Farbe NATO – oliv, krieg geführt wird. Im Glauben, das Recht auf seiner Seite zu haben, schießt man also mit weiß gefärbten, sogenannten Friedenswaffen auf Menschen, die mit NATO – oliv gefärbten, also Kriegswaffen auf einander Schießen. Und alle glauben, dass sie wissen, was sie tun?

Nun meine sehr verehrten Politiker, wer von Euch jetzt noch behauptet, er handle gezielt und bewusst, der gibt entweder zu, dass er ein Kriegsverbrecher ist, oder dass er ein Vollidiot ist. So einfach ist alles, wenn man für nur einen kurzen Augenblick die Klappe hält und den Verstand in Tätigkeit setzt. Doch dies zählt nicht zu den Eigenschaften und Qualitäten der Politiker. Sie sind erst ganz plötzlich verstummt nach dem sie diese, meine Botschaften gelesen haben.

Alles wird nur immer weiter zerredet und auf diese Weise gespalten. Spaltung ist jedoch, ein Ergebnis der Philosophie und führt zur Entfremdung durch Entfernung von einander. Das denkbar schärfste keilförmige Spaltwerkzeug zur Spaltung der Menschheit ist die Demokratie. Darum ist die Demokratie auch die, von allen möglichen, ungeeignetste Staats- und Regierungsform. Es ist allerhöchste Zeit, dass wir beginnen zu denken und aufhören zu spalten.

Unser Engpass oder auch Minimumfaktor ist also die fehlende Fähigkeit, ein gemeinsames Ziel zu haben, ist somit die Unfähigkeit zur einheitlichen

Verfolgung eines gemeinsamen Zieles. Warum? Weil bis heute absolut nichts im Namen des Volkes, sondern alles nur im Namen und nach dem Willen der Politiker geschieht, also nichts. Und weil es bis heute unter den Machtstrebern auf der ganzen Welt niemanden gibt, der über Führungsqualitäten verfügt. Der fähig- und in der Lage ist, einen politischen Staat in ein florierendes und expandierendes Wirtschaftsunternehmen umzuwandeln. Sie alle wissen nur, wie Geld ausgegeben wird, darin sind sie Weltmeister. Aber keiner von ihnen weiß auch nur annähernd, wie man es erwirtschaftet. Und an dieser Stelle wiederhole ich, was ich zu Beginn dieses Abschnitts gesagt habe, wir haben einen hochbezahlten diskutierenden Haufen von Politikern, die bewusst oder unbewusst als Terroristen das Volk zersetzen, aber **wir haben keine Regierung.**

Wir brauchen dringend eine klare Führung. Solange wir keine klare Führung haben, ist unsere Umwelt und mit dieser auch unsere Welt in Gefahr.

Es gibt nur zwei alternative Möglichkeiten dem wirtschaftlichen Bankrott zu entgehen, beziehungsweise diesen zu vermeiden. Das totale Chaos, die Vernichtung durch einen Krieg, und siehe da, unsere Truppen sind bereits wieder in Bewegung geraten. Oder den Weg, im Lande wieder Ordnung herzustellen. Und dazu erkenne ich nur eine Möglichkeit. Seit Anbeginn lebt die Natur dem Menschen vor, wie er sich zu verhalten hat. Jede Herde hat nur ein Leittier. Schon bei einem zweiten Emporkömmling kommt es zum Kräftemessen, nach welchem der daraus hervorgehende Sieger die Führung übernimmt. Es kommt jedoch auf keinen Fall, wie bei uns Menschen nur noch zu beobachten ist, zur Spaltung der Herde, was eine Verzettelung der Kräfte zur Folge hätte. Allem Anschein nach wissen die Tiere, dass sie nur als eine Herde eine Einheit bilden, auf diese Weise vor jedem Angreifer als Block, also stark erscheinen und es auch sind. Und am Ende des zweiten Jahrtausends dieses Zeitalters haben wir Menschen, die wir uns doch eigentlich einbilden intelligent zu sein, immer noch nicht von der Natur gelernt? Oder sind wir etwa vermessen genug zu glauben, die Natur habe von uns zu lernen?

Überheblichkeit führt zu Fall

Nun werden die Deutschen von ihrer Überheblichkeit eingeholt. Den Rest der Welt zur Demokratie zwingen wollen und im eigenen Land demonstrieren, wohin diese führt. Wozu diese die Menschen verleitet. Dass diese gewöhnliche Menschen im Sinne ihrer eigenen Gesetze zu Verbrechern macht. Viermilliarden Menschen der prowestlichen, also der demokratisch orientierten Welt stöhnen unter dem Joch der Demokratie und werden nun, nach dem Erscheinen dieses Buches aufatmen. Und Zweimilliarden Chinesen lachen sich jetzt tot über die Dämlichkeit der Deutschen und der übrigen demokratischen, prowestlichen Welt.

Ausgerechnet die pingeligen, die alles besser wissenden, die alles besser könnenden, die tausendprozentigen Perfektionisten und in jeder Hinsicht penetrant genauen und auch noch arischen und eingebildeten Deutschen, die alles unter Kontrolle haben, bei denen man nirgendwo, bei keiner auch noch so geringen Anstellung ohne ein hervorragendes Zeugnis ankommt, verfügen scheinbar über die meisten und größten Verbrecher in den Reihen „hochrangiger" Politiker. Andererseits aber auch über die größten und fähigsten Schwätzer, diesen Verbrechern aus den eigenen Reihen auch noch Edelmut und Heldentum nachzusagen.

Wenn Helmuth Kohl als regierendes deutsches Oberhaupt, als deutscher Bundeskanzler sich mit dem Einverständnis seiner Parteifreunde mit Millionen schmieren lässt, um eine Schiebung von todbringenden Waffen zu genehmigen? Der nun den Helden spielt, weil er seine „Freunde" nicht verrät? Weil er kein Judas sein will? Genau dadurch blendet und täuscht er darüber hinweg, dass er durch seine Schmiergeldaffäre bereits die ganze Nation, das gesamte deutsche Volk verraten, in Mitleidenschaft gezogen und in Verruf gebracht hat? Gibt es einen noch mehr triefenderen Hohn? Kann man einem Volk noch mehr Schmach zufügen? Kann man ein Volk noch mehr beschämen, als wenn man es als ein ehemals verhasster Jude sechzehn Jahre lang regiert, Henoch Kohn unter dem Decknamen Helmut Kohl?

Wenn Helmuth Kohl als regierendes deutsches Oberhaupt, als deutscher Bundeskanzler mit dem Einverständnis seiner Parteifreunde diejenigen als steuerflüchtige Straftäter verfolgt, welche ihr Geld „auf Kosten des deutschen Steuerzahlers" in Steueroasen deponieren und das Gleiche selbst praktiziert?

Wenn Helmut Kohl als regierendes deutsches Oberhaupt, als deutscher Bundeskanzler mit dem Einverständnis seiner Parteifreunde täuschend echt gläserne Durchsichtigkeit aller Politiker fordert und jede Information über die eigene Person demokratisch verbietet?

Und wenn diesem Helmut Kohl nun, nach dem er ertappt wurde, von seinen Parteifreunden auch noch Edelmut und Heldentum nachgesagt wird? Und wenn von allen Politikern und allen anderen Schmarotzern die „Leistungen" dieses Helmut Kohl gepriesen werden?

Und wenn mit Helmut Kohl die Politiker aller Schattierungen und viele andere Schmarotzer, welche durch die Auflistung der Empfänger meiner Botschaften von einander wissen und somit im gegenseitigen Einvernehmen meine Botschaften und mit diesen mein Wissen, welches der gesamten Menschheit zu Gute kommen soll und nun auch wird, denen vorenthalten, die sie angeblich regieren und informieren wollen?

Und wenn dieser Helmut Kohl, nachdem er ertappt wurde, bei den Unternehmern 6 Mio. DM zusammenbettelt, um sich damit bei allen Politikern wieder freizukaufen, um sein Ansehen wieder zu erkaufen? Um auch vor dem Gesetz wieder freizukaufen?

Dann zeugt dies alles nicht nur von den typisch jüdischen Eigenschaften des Helmut Kohl, aller anderen Politiker und sonstiger Schmarotzer, sondern auch von der Ferne der Demokratie von der ihr zugesprochenen Loyalität, Bürgernähe und Menschenfreundlichkeit. Zeigt uns ganz klar, dass die Gesetze nur für die Massen geschaffen wurden und werden, um diese zu versklaven und keineswegs von denen selbst befolgt werden, die sie schaffen. Helmut, Du bist ein Held! Du bist einfach spitze! Das hast Du wirklich supergut gemacht! Aber Du hast Dich über alle anderen erhoben. Hochmut führt zu Fall. Durch Deinen Hochmut hast Du die letzte Wahl verloren. Dein Hochmut hat Dich zu Fall gebracht. Dein Hochmut, Deine Überheblichkeit hat Dich unvorsichtig werden lassen. Dein Hochmut brachte Dich dort hin, wo Du Dich nun befindest. Aber Du bist noch nicht dort, wo Du eigentlich hingehörst, nämlich dort, wohin Du weniger mächtige bereits für viel geringere Missetaten verurteilst.

Alle Politiker sind im Rahmen ihrer eigenen Gesetze Verbrecher. Denn hätten sie keinen Dreck am Stecken, hätten sie keine unlauteren Absichten, dann hätten sie auch nichts zu verbergen. Dann allerdings würden sie auch auf die Immunität verzichten. Doch nur die Dümmsten, und die machtgierigsten sind die Dümmsten, lassen sich erwischen. Und stellvertretend für alle Dümmsten – lässt Helmut Kohl sich erwischen. Und wie war das noch, die Dümmsten beißen die Hunde?

Das, was da geschehen ist und auch weiterhin in allen Parteien und in jedem Land der Welt geschieht, solange es Politiker gibt, war und ist keine Fahrlässigkeit, sondern pure Absicht. Und nach all dem, was Helmut Kohl bisher als Politiker, allein meines Wissens und mir gegenüber seit 1992 abgezogen hat, suggeriert mir den Glauben, dass er tatsächlich kein Deutscher ist. Aus meiner Sicht ist er ein waschechter Jude. Denn nur die Juden sind in ihrer Annahme, das auserwählte Volk zu sein, noch hochmütiger als die deutschen. Daher bin ich geneigt, ihn Judas zu nennen. Nur so bin ich in der Lage, seine Handlungsweise zu verstehen. Auch er selbst wird mich verstehen, wenn er sich an all die Gelegenheiten erinnert, bei denen er in seinen Reden voller Hochmut und Sarkasmus, meine Worte verwendete, mich durch die Glotze hämisch angrinste und mich dadurch verletzte?

Aber es will mir einfach nicht in den Kopf, warum und wie es möglich ist, dass die jeweils einheimischen Politiker und alle anderen Schmarotzer

weltweit dies alles übersehen, mitmachen und diesem ehemaligen Bundeskanzler, sowie jedem anderen, gleich aus welchem Grund, aus dem Amt
scheidenden Politiker auch noch große Leistungen, Edelmut und Heldentum
nachsagen? Es will mir einfach nicht in den Kopf, wie man aus purer
Machtgier so dämlich tun, oder auch wirklich so verblendet sein kann, um
den eigenen Staat, die Heimat totregieren zu wollen, beziehungsweise dieses zuzulassen? Nein, das ist nur möglich, das bringen nur Menschen zu
Stande, die aus Rache handeln. Oder solche, die wirklich vollkommen dämlich sind, sonst könnten sie es nicht ertragen.

Ich kann gegen keinen einzigen Menschen, gleich welcher Nationalität,
Rasse oder Religion, der scheinbar anders ist, als ich, persönlich etwas haben. Denn ich weiß, jeder Andere bin ich und ich ist jeder Andere. Aber ich
habe sehr viel gegen Lüge und Heuchelei. Und ich habe noch viel mehr
dagegen, von irgendwelchen strohdummen Schmarotzern mit der Bezeichnung Politiker, scheinbar vollkommen legal versklavt und gehandhabt zu
werden.

Trendänderung durch Umdenken

Wir haben also bisher erfahren, dass die Demokratie eine vom Menschen
festgelegte Ordnung ist. Diese Ordnung aber bedeutet für den Massenmenschen Freiheitsberaubung. Diese Ordnung ist nur durch viele tausend Gesetze, Paragraphen, Vorschriften, Verordnungen und sonstige Gängeleien,
durch sehr hohen finanziellen, geistigen und physischen Energieaufwand,
also nur gewaltsam herbeigeführt, möglich. Gesetze sind Werkzeuge der
Menschen zur Selbstversklavung. Sie sind wohl oder übel ein eindeutiger
Beweis für die Unbewusstheit der Menschen. Der Beweis dafür, dass sie
nicht wissen, was sie tun.

Die Demokratie ist mit ihren zigtausend Gesetzen um ein Vielfaches totali-
tärer, als jede noch so totale Diktatur. Und jeder Radikalismus und jede
Demonstration innerhalb des demokratischen Systems ist eine Ventilöff-
nung. Ist ein Weg, der in der Ordnung zu Spannungen eingezwängten Energien, sich zu entspannen, sich zu befreien. Gesetzlich geregelte Ordnung ist
also energie- und somit spannungsgeladen, daher belastend, ja unwirtschaft-
lich und führt überall dort, wo sie Einzug hält zu Revolutionen und daraus
resultierend zum wirtschaftlichen Bankrott.

Der Zustand der Normalität ist Neutralität, Entspannung durch Gleichrich-
tung, also Aktion = Reaktion, das Chaos in unserem Sinne, beziehungsweise
die von uns unverstandene göttliche Harmonie. Und ich kann nur dringend
empfehlen, schleunigst, bewusst ein kontrolliertes Chaos herbeizuführen,
bevor wir unwissentlich in ein unkontrolliertes stürzen.

Der Unterschied ist – das bewusst und kontrolliert herbeigeführte Chaos ist eine geistige Revolution, und endet in der vollkommenen Ordnung durch symbiotische Selbstordnung mit Hilfe eines neuen Geistes in einem neuen System.

Das unwissentlich und somit unkontrolliert herbeigeführte Chaos ist eine physische Revolution unter Einsatz von Waffen und körperlicher Gewalt, die mit Demonstrationen und Krawallen beginnt und mit der totalen gegenseitigen Vernichtung in der Verwirrung durch Kopflosigkeit endet. Denn es gibt niemanden, der einen neuen Geist, mit diesem einen neuen Trend einbringt, und somit eine neue Richtung vorgibt. Das ehemalige Jugoslawien ist wohl ein Lebendiges Beispiel für das Sterben einer Nation auf diese Weise.

Die Politiker fordern wiederholt die Nation zur Bereitschaft auf, Umzudenken. Ich weiß zwar nicht, wie das Gemeint ist, wer alles umdenken soll und in welche Richtung, aber, wenn wir wirklich alle und allen voran die Politiker dazu bereit wären, stünde einem Senkrechtstart der Wirtschaft nichts mehr im Wege.

Nun, meine hoch verehrten, nach Macht strebenden, Schmarotzer – Kirchenfürsten, Gewerkschaftsfunktionäre, Medienbosse, Journalisten und Politiker, seit meinem Rundschreiben vom 04. 10. 1996 hatten Sie genügend Zeit und Gelegenheit, zu beweisen, dass es Ihnen wahrhaft, wie Sie stets beteuerten und auch schworen, ausschließlich um das Wohl des Volkes geht und nicht nur allein um die Macht. Sie haben meine Botschaft alle empfangen und auch gelesen. Sie hatten genügend Zeit zur Einsicht, und hängen dennoch alle, ohne Rücksicht auf den, von Ihnen weltweit verursachten Schaden, an der Macht. Sie sind nicht zur Einsicht gekommen, darum werden Sie jetzt zur Einsicht gebracht. Wer nicht freiwillig Rückt, um dem Fortschritt Platz zu schaffen, wird verrückt, nicht wahr Herr Herzog. Auch wenn es schmerzlich ist, müssen wir alle bereit sein zum Umdenken und Einsehen, wie sehr sich die Zeiten geändert haben. Wir müssen bereit sein, das Alte loszulassen, wenn wir in die Gegenwart gelangen wollen, um auf diese Weise etwas Neues zu beginnen.

Die Zukunft gehört nicht mehr der volkszersetzenden und hasserzeugenden Philosophie namens Demokratie, sondern der Weisheit und der Liebe durch die Liebe am Nächsten. Nur wenn wir aufhören uns zu hassen und beginnen uns zu lieben, hat sogar das Auseinanderdriften des Universums ein Ende und wir beginnen zusammenzuwachsen.

172

Kettenreaktion der Problemlösung!

Um uns allen die nun anstehende und alles verändernde Entscheidung zu erleichtern, will ich an dieser Stelle zusammenfassend mit Hilfe einiger Beispiele nochmals in geraffter Form plastisch vor Augen führen, in welcher aussichtslosen Lage wir Menschen dieser Welt uns befinden und warum. Wie wir uns am schnellsten und schadlosesten aus dieser Lage befreien können, und was wir alle auf dem schnellsten Wege lernen sollten.

Der wirtschaftliche Niedergang ist durch das Viel – Parteien – System der Demokratie vorprogrammiert und gesetzlich geregelt.

Demokratie ist das Gleiche, als wenn jeder Musiker eines Orchesters das selbige dirigieren wollte. Je mehr dirigieren, um so weniger spielen, um so mehr Chaos entsteht. Und wenn alle dirigieren, spielt keiner mehr. Daran erkennen wir auch das Prinzip unseres, sich aus der Demokratie ergebenden wirtschaftlichen Niedergangs – alle wollen regieren, keiner mehr will arbeiten.

Demokratie bedeutet Führungslosigkeit und somit Disziplinlosigkeit. Ohne die von einer Führung vorgelebte Disziplin verkommt jede Besatzung, wird jedes Schiff führerlos, zerschellt an irgendeinem Riff und sinkt.

Demokratie ist durch Gesetze und Vorschriften erzwungene Disziplin, ist Diktatur übelster Art, ist Dogmatismus und dogmatischer Zwang erzeugt Widerstand. Nur vorgelebte Disziplin bedeutet Freiheit, wirkt begeisternd und dadurch auch nachahmenswert.

Ein demokratisch regierter Staat, in dem alle mitreden können, aber niemand konkret etwas zu bestimmen hat, ist vergleichbar mit einem Rettungsboot, welches mit einhundert Schiffbrüchigen auf dem Meer ziellos umhertreibt, weil jeder der Insassen zu einem anderen Hafen will und man sich nicht darüber einig wird, welcher Hafen zuerst angesteuert werden soll. Sie wissen in ihrem Innersten, dass sie alle Sterben werden und dennoch, **weil jeder mitreden also mitbestimmen darf**, besteht auch jeder auf sein demokratisches Vorrecht, als erster zu Hause anzukommen. Mein lieber Mitmensch, wir wissen es, die Insassen des Bootes wissen es, sie werden alle sterben. **Und warum? Sie haben kein gemeinsames Ziel.**

Ein Einzelner übernimmt das Kommando, also die Führung und gemeinsam rudern sie bald den nächsten Hafen an, unabhängig davon wessen Ziel das ist, oder ob dieser Hafen überhaupt das Ziel eines Insassen ist. Dort angekommen, kann jeder, eventuell sogar noch am gleichen Tag, nach Hause fliegen. Auf Grund der Verkettung aller Probleme miteinander lösen sich die meisten von selbst auf, wenn das Kernproblem, wie hier das Führungsproblem gelöst ist. Jeder, der Insassen muss also lernen, dass sie nur ein Ziel gleichzeitig erreichen können und nur gemeinsam, **Einer für Alle und Alle**

für Einen.

Da jeder Staat als Einheit ein Teil des ganzen Unternehmens – Welt ist, ist er auch als ein Teil – Unternehmen zu führen. Führen kann immer nur einer. Nur die Idealvorstellung eines Einzelnen kann der Menschheit, ein Ziel und mit diesem eine Richtung geben. Ohne die totale Vernichtung gibt es also nur einen einzigen Weg aus der Sackgasse. Die Auflösung der Demokratie und die Übernahme der Führung durch einen Einzelnen. Einen, der die Fähigkeit besitzt und in der Lage ist, die Vorhandenen Kräfte in eine Richtung zu bündeln und so auf ein Ziel zu konzentrieren.

Nun müssen wir uns entscheiden. Entweder wir wollen auch weiterhin alle mitreden und so demokratisch wählen, auf welche Art und Weise wir sterben wollen. Oder wir wollen Leben und frei genug sein, ein letztes Mal nicht zu wählen, sondern zu bestimmen, **niemals mehr unter den Dümmsten wählen zu müssen.**

Mag jeder Mensch diese meine Botschaften auslegen, wie er es für gut und richtig hält. Er mag sie abwägen, beurteilen oder auch verurteilen. Doch kein einziger Mensch dieser Welt kann mir weismachen, dass er sich angesichts und unter dem Druck sowie der Bevormundung von zigtausend Gesetzen, Vorschriften und Regelungen der Demokratie frei fühlen kann. Was nützt mir freies Denken, wenn ich nicht frei entscheiden darf. Nur ein freier Mensch kann auch frei atmen. Nur vollkommene Gesetzlosigkeit ermöglicht auch das Empfinden vollkommener Freiheit. Wobei unter Gesetzlosigkeit nicht auch Rücksichtslosigkeit zu verstehen ist. Und wenn alle Deutschen der gleichen Meinung sind, dann wollen wir uns doch endlich erheben und uns vollkommen demokratisch von diesem kapitalistischen Joch der Demokratie und deren Gesetzgebung befreien! Der Rest der Welt wird unsere Entscheidung als Beispielhaft erkennen und zieht nach. Denn der Weg in eine bessere Zukunft ist auch der Weg in die Freiheit und kann auch nur ein Weg über und durch die Freiheit sein.

Die Auflösung der Demokratie und die Abschaffung der Politik in unserem Land bedeutet den Beginn der Lösung aller Probleme dieser Welt.

Gesammelt, kombiniert und in einigen Variationen verschickt seit 1992, zuletzt mit Rundschreiben an und am Siehe Abschnitt 4, Seite 137 und 138. Seither ständig überarbeitet und ergänzt.

TEIL 2
ABSCHNITT 6

DER SENKRECHTSTART
IST FÜR DIE WIRTSCHAFT DIESER WELT DER EINZIGE AUSWEG
AUS DER SACKGASSE

Dieser Abschnitt führt zum endgültigen Umdenken. Ist der eigentliche Weg der gesamten Welt aus der geistigen- und eben dadurch auch aus der materiellen Armut.

Dieser Abschnitt verursacht, dass der Kapitalanlagenmarkt und mit diesem der Kapitalismus weltweit wie ein Kartenhaus zusammenbrechen. Genau dies ist die Grundvoraussetzung dafür, dass das Kapital wieder der Wirtschaft zufließt und nur noch allein dieser zur Verfügung steht. Und dies wiederum verhilft unserer eigenen, sowie der Wirtschaft, der sich uns anschließenden Welt, zum Senkrechtstart aus der Sackgasse.

Ein Ziel vereint in eine Richtung!

Das Resultat aus den bisher gemachten Fehlern sollte sein – ein konkretes, brauchbares Ziel für jede Nation und ein jeweils idealer Weg zu diesem Ziel.

Das Ziel eines jeden Unternehmens sollte sein, Marktführer bei einer bestimmten, ins Auge gefassten Zielgruppe zu werden. Nur durch ein optimales Dienen und Befriedigen dieser Zielgruppe ist dieses Ziel zu erreichen.

Das Ziel eines jeden Staates sollte sein, als Weltmarktführer entsprechend seinen individuellen Stärken, alle Probleme der Zielgruppe – Welt zu lösen. Nimmst Du Dich der Sorgen Deiner Nächsten an, werden Dir die Deinen genommen. Das heißt man soll der Allgemeinheit dienen und bedeutet nichts anderes, als die optimale Befriedigung der Bedürfnisse aller anderen Menschen, entsprechend den eigenen individuellen Stärken. Nur wenn wir bereit sind anderen zu dienen, wird uns alles gegeben, was wir dazu benötigen und noch vieles mehr.

Ein Ziel lenkt die Kräfte um. Aus Gegenkräften werden Anziehungskräfte. Ja, sogar verfeindete Gruppen werden zu Freunden, wenn es darum geht, einen schweren Schatz zu heben. Ein Ziel vereint, denn es bestimmt die Richtung. Nur durch die Konzentration der Kräfte auf ein Ziel werden die Mitwirkenden vereint und es wachsen die Anziehungskräfte untereinander.

Das Ziel der von mir angestrebten Vereinigung sollte sein, eine neue lebenswerte und liebenswerte Welt zu schaffen. Eine Welt ohne Machtstreber wie Politiker, Kirchenfürsten, Gewerkschaftsfunktionären und Journalisten. Das heißt Journalisten ja, aber mit einer neuen Einstellung. Journalisten mit der Einsicht, dass alles einmal gelernte nicht für alle Zeiten gut ist und auch, dass alles Neue irgendwann einmal zur Konvention wird. Journalisten, die nicht mehr subjektiv Sensationen, wie zum Beispiel welcher Qualität der Stuhlgang von Königin Elisabeth entspricht, sondern objektiv die Realität, die Wirklichkeit und die Wichtigkeit der Ereignisse für unsere und die Entwicklung unseres Landes in den Vordergrund stellen.

Meine Ausführungen sollen nicht dazu dienen das Alte, Konventionelle mies zu machen, sondern das Miese im und am Alten zu erkennen, um es ablegen, loslassen zu können. Um bereit zu sein, Kopf und Hände frei zu haben, für die Annahme des Neuen.

Wer glaubt, er weiß etwas Besseres für einen Neubeginn, als dieses vorliegende Konzept, der irrt. Der will nur über die Fähigkeit eines anderen diskutieren, um sie auf diese Weise zu zerreden und zu entwerten, weil dieses Wissen nicht von ihm selbst stammt. Wer könnte, der hätte, denn wer kann, der handelt, diskutieren will nur, wer nicht kann. Und wer die Zeit aufhalten will, wird von der Zeit überrollt, es gibt nichts schmerzlicheres. Beweg Dich also mit der Zeit und sei dankbar, dass Du in diese Zeit des Umbruchs geboren bist und am Umbruch mit beteiligt sein darfst.

Eine große Idee erwartet, dass man sich voll und ganz für sie einsetzt, seine Arbeitskraft selbstlos in ihren Dienst stellt. Das eigene Engagement jedes Einzelnen ist deshalb wichtig und von großem Wert für die Sache. Und persönliche Bedenken, dass man sich ja nicht für eine eigene Idee einsetze, sollten gegenüber der segensreichen Bedeutung der Sache schnell verblassen. Nicht die Urheberschaft, sondern der Anteil an der Veredelung der Welt und der Menschen, den man für sich in Anspruch nehmen kann, ist von kosmischer Relevanz. Im Zweifelsfall ist der Kosmos selbst der einzige Urheber, der sich zur Kommunikation lediglich des Bewusstseins geeigneter, reifer Menschen bedient. So auch hier. Auch ich bin nicht der Initiator, auch ich bin „nur" ein Werkzeug. Als Transformator von Ideen, also kosmischer Energien wandle ich die empfangenen Impulse in eine für Jedermann verständliche Sprache um, damit diese materiell realisiert werden können.

Also lieber Mitmensch, lass den Neid der Besitzlosen nicht zur Geltung kommen, er schadet nur allen, wie Dir selbst. Nimm, was Dir gegeben wird, fang an daran und damit zu arbeiten und Du wirst reicher, als Du Dir denken kannst. Hör also auf zu reden und beginne zu handeln.

Die Idee

Der öffentliche, gesellschaftliche Beginn einer fruchtbaren Kooperation von Menschen ist ihre Vereinigung um ein Projekt oder eine Idee. Trennungsfaktoren, wie sozialer Rang, Gesinnungsunterschiede oder eine Hierarchie der Talente treten dabei als unbedeutend zurück, sind allenfalls gleichwertige und gleichberechtigte Qualitäten, die sich ergänzen und zu einem wirksamen Potential vervollständigen. Hierin besteht die Aufforderung zu Kommunikation über alle bisherigen Schranken und Trennungslinien hinweg, einer Verständigung aller gesellschaftlichen Kräfte, auch wenn sie in gewöhnlichen Zeiten verschiedenen Lebensbereichen angehören. Weder (unberechtigte) Minderwertigkeitsgefühle noch eitle Selbstüberschätzung sollten an diesem „Communicare" gemeinsamen Machen hindern.

Die Grundidee ist das **Ziel = Arbeit, Wohlstand, Glück und Erleuchtung** für alle Menschen dieser Welt. Und wie anders ist dieses besser, leichter und schneller zu realisieren, als durch ihre Vereinigung. Durch eine Art Denkfabrik als Kern einer deutschland-, europa- und weltweiten wirtschaftlichen Organisation.

Der Grundgedanke ist also, die individuellen Fähigkeiten und Möglichkeiten der einzelnen Menschen sowie der einzelnen Länder zu vereinen, um diese gemeinsam und dadurch wesentlich effizienter, zu nutzen. Es ist ganz sicher nicht erforderlich, dass am Nordpol Bananen und am Äquator Rentiere gezüchtet werden.

Wir Deutschen können am besten denken und planen. Also machen wir den Anfang. In dem wir uns zunächst einmal unter uns selbst alle einig werden, vereinen wir alles organisatorisch erforderliche zur Denkfabrik und anschließend um uns Europa und den Rest der Welt, die bereit ist ihre Waffen niederzulegen, um sich einer wirtschaftlichen Organisation Anzuschließen. Eine Macht kann niemals zusammengeredet werden, wie die Politiker glauben, sondern sie kann nur um einen Kern wachsen. Und niemals Waffen, Politik noch große Worte, sondern Wirtschaft und gegenseitiges Vertrauen, also Nächstenliebe. Die Liebe überhaupt ist die größte Kraft, die alle Hürden überwindet, gegen die jede sogenannte Macht als ein unbedeutend kleiner Aspekt erscheint. Der Macht der Wirtschaft, auf einer freundschaftlichen Basis, kann sich keine andere, vernünftige Macht entgegenstellen. Es kann nur jede deren Nähe suchen. Mit der Liebe erwacht die Hoffnung, mit der Hoffnung wächst der Wille und wo ein Wille, da ein Weg.

Aus der Wohlfahrt in den Wohlstand!

Meine Vorstellung von einem Neubeginn ist – die deutschsprechenden Nationen Deutschland, Österreich und die Schweiz werden eine Einheit. Als Kern Europas werden wir zur Denkfabrik der Welt, welche wir dann mit Hilfe des Internet als dem Zentralnervensystem regieren. Das Internet ist zwar die globale Verbindung und bietet sich als Medium an, ist aber noch nicht das zentrale Denken selbst. Das Denken übernehmen wir. Wir allein haben alles das, was die Welt braucht – Wissen, Fleiß und freie Kapazität. Entsprechend dem vorliegenden Konzept ist Europa, **durch den Zwang der Wirtschaft zur Expansion,** in spätestens einem Jahr nach Annahme dieses Konzeptes ohne Politiker, sonstiger Machtstreber und ohne leeres Geschwätz zu einem stabilen, wirtschaftlichen Europa zusammengewachsen. Wir werden, als die alles verbindende Innovationszentrale zum Steuerungs- und Regierungsorgan zwecks Wegweisung und Anregungen aus dem Zentrum. Damit werden wir zum Kristallisationskern für die Einheit, die nichts kostet, aber alles gibt. In der nicht nur Europa, sondern die ganze Welt vereint sein wird. Diese Einheit entwickelt sich von selbst, zunächst zum europäischen und innerhalb kürzester Zeit zum weltumfassenden Verbundsystem. Doch wir alle wissen, es kann nur etwas expandieren, das wirtschaftlich rentabel ist. Darum wird diese Einheit nicht mehr ein bewaffnetes Politikum, sondern ein waffenloses Wirtschaftsunternehmen sein, denn wir wollen nicht mehr nur von Frieden reden, wir wollen endlich Frieden vormachen, leben, erleben, praktizieren.

Die nationalen- wie auch die Europapolitiker streben einen schlanken Staat an. Sie wollen den Staat schlank machen, um **Wettbewerbsfähigkeit** auf dem Weltmarkt zu erlangen. Abgesehen davon, dass sie dazu nicht fähig und in der Lage sind, ist mir persönlich Wettbewerbs**fähigkeit allein** zu wenig. Unsere Stärken befähigen uns zur Führung auf dem Weltmarkt.

Andererseits tun die Politiker, als wüssten sie nicht, dass nur von oben abgespeckt werden kann, dass nur von oben her unten entlastet werden kann. Als wüssten sie nicht, dass sie selbst der Speck und somit der Ballast sind, der von den Mageren, dem blinden Volk aus Unwissenheit mühsam mitgeschleppt wird. Scheinheiligkeit oder Dummheit? Das ist jetzt Egal!

Ab heute wissen wir es alle und das bedeutet, dass in Zukunft unsere Energien nicht mehr wie bisher in die Politik, sondern in die Wirtschaft eingebracht und ausschließlich dafür verwendet werden. Nur so ist es uns möglich, die Kosten und mit diesen entsprechend sämtliche Preise auf ein Niveau zu senken, das in etwa den Preisen der anfangsechziger Jahre entspricht. In Klartext bedeutet dies, dass ausnahmslos alle arbeitskostenintensiven Inlands- und Exportpreise um mindestens 75% gesenkt werden. Das bedeutet auch, dass wir uns finanziell um etwa 75% entlasten aber auch das Leben allgemein um etwa den gleichen Prozentsatz erleichtern. Auf diese Weise landen wir nämlich wieder auf dem Boden der Normalität.

Niemand, kein Land, kein Staat und kein Unternehmen dieser Welt wird es sich leisten können, nicht dieser Einheit anzugehören, beziehungsweise, nicht bei dieser Einheit einzukaufen.

Wir waren schon immer die Vorreiter, die Pioniere, und wir werden es auch jetzt wieder sein. Und weil wir als Pioniere die ersten sind, übernehmen wir auch die Führung auf dem Weltmarkt, denn der Erste ist immer vorne und vorne wird dort sein, wo wir sind.

Dies, was sich hier und heute abspielt ist keine Utopie, keine Halluzination und auch kein Traum. Was wir nach der Annahme dieses Konzeptes erleben, ist Realität. Es ist eine wundervolle Wahrheit – mit diesem ersten Schritt, der Zielsetzung, beginnt für uns eine neue Ära. Dadurch erkennen und zeigen wir dem Rest der Welt – wir haben den Lehrstoff der vergangenen 2.500 Jahre verstanden und können nun endlich davon profitieren. Unsere Kinder werden nicht mehr sagen, wie die Alten sungen, so zwitschern auch die Jungen, sondern sie werden sagen:

„Aus den Erfahrungen der Alten, resultiert unser Verhalten!"

Ab heute wird jeder Einzelne, jede Familie, jedes Unternehmen und jeder Staat der Welt seine besonderen Stärken und Fähigkeiten erlernen, erkennen und danach sagen, ich werde ich selbst, ein Monopolist auf Grund meiner Individualität.

Doch das komplette vermoderte alte System durch ein neues zu ersetzen, darf auf keinen Fall mit dem Umblättern einer Buchseite verglichen werden. Ein Zeitalter ist zu Ende und damit ist auch ein Kapitel der Evolution abgeschlossen. Wir gehen also über in ein neues Zeitalter und eröffnen somit ein neues Kapitel. Mit dem Ende des Fische – Zeitalters ist es auch zu Ende mit dem Machtstreben, der Heuchelei, mit dem Schmarotzen und mit der Gefühlsduselei. Klaren Einsichten folgt ein klarer Verstand und daraus resultierend klare, für alle unmissverständliche, durchschaubare Handlungen. Wir erleben etwas noch niemals da Gewesenes, das größte von Allem, was die Menschen bisher auf dieser Erde erleben durften – den bewussten Übergang in ein neues Zeitalter. Das bewusste Loslassen alles vermoderten, herkömmlichen Alten und die bewusste Annahme alles glanzvollen noch niemals da gewesenen Neuen. Bei diesem Zeitalterwechsel geht das Licht für die Welt der Zukunft von Europa aus, von den Deutschen. Darum sind wir auch die ersten, die dies erfahren und erleben dürfen.

Der Weg am Anfang wird holprig sein, denn wir müssen zunächst einmal alle gemeinsam auslöffeln, was wir uns selbst eingebrockt haben, bevor wir ein neues Süppchen kochen können. Doch wenn der Weg einmal eingefahren ist, geht es so rasend schnell voran, dass manchen vor der eigenen Courage Angst und Bange wird. Es gibt viel zu tun und wenn wir es gemeinsam, gleichzeitig und miteinander angehen, beschreiten wir einen Weg aus der Sackgasse, den bis heute noch niemand für möglich hält, **den Weg nach oben.**

Vorteile des Verbundsystems

Jede freie Kapazität kann sofort genutzt werden.
Man ist nicht mehr auf Makler und Zwischenhändler angewiesen und kann jederzeit aus jedem Teil der Welt das günstigste Angebot in Anspruch nehmen. Es ist alles gespeichert, was irgendwie gespeichert werden kann. Jeder kann mit jedem durch uns als Querverbindung auf dem schnellsten Wege in Kontakt treten. Jeder Bedarf kann zu jeder Tages- und Nachtzeit abgefragt und abgerufen werden. Alle Probleme der Welt sind zentral erfasst und neutralisieren sich gegenseitig durch den Innovationsbeitrag der anderen Probleme. Denn jedes Problem birgt in sich die Innovation und somit auch die Lösung für ein anderes Problem. Von der Zentrale aus kann die Welt kontrolliert und gesteuert werden. Jeder Machthaber der Welt kann auf diese Weise entmachtet und gezwungen werden, sich seinem Volk und nicht mehr länger seiner Macht zu widmen. Wir stiften der Welt Frieden, denn wir selbst gehen ohne „Wehr?" – Macht und Waffen mit gutem Beispiel voran.

Strategie des Umbruchs

Wir könnten jetzt anfangen wie folgt zu planen. Es ist festzustellen, aus welchen Quellen der Staat wie viel Einnahmen hat und wie und zu welchem Zweck diese verteilt und verwendet werden. In welcher Form wird die Wirtschaft durch welche staatlichen Institutionen, wie stark belastet? Welche, den Menschen belastenden, Einrichtungen gibt es, welche sind unnütz und können somit ersatzlos abgeschafft werden? Wie viel Geld verschlingen diese, also wie viel wird durch deren Abschaffung eingespart? Wie viel nutzbringende, produktive Arbeitsplätze können durch diese Einsparungen mit der Zuhilfenahme entsprechender Innovation geschaffen werden? Usw., usw., usw.. Doch sicher ist, niemand könnte eine konkrete Auskunft geben. Und noch niemals wurde ein Projekt ausgeführt, wie geplant. Da wir andererseits zum Planen auch nicht mehr die erforderliche Zeit verschwenden wollen, legen wir ganz einfach fest, wie wir mit der globalen Erneuerung beginnen und legen los.

Die Zukunft soll nicht geplant, sondern es soll ihr nur ein adäquater Manifestationsraum geschaffen werden, in dem sie ihre Möglichkeiten offenbaren und entfalten kann. Ist das Haus der Erinnerungen, Vorstellungen und Welt – Bilder erst vom alten Gerümpel befreit, offenbart es auf Anhieb die Neuen Möglichkeiten der Innenraumgestaltung, die das Finden eines neuen Ich- und Weltbildes problemlos machen. Gemeint ist der Durchbruch neuer Wahrheiten und Ideale durch die engen Mauern überlieferter Konzepte und Moral. Was Untergrund war, taucht jetzt auf und etabliert sich als gültige, blühende Norm, was unterschwellig wuchs, durchbricht jetzt seine Dämme, zeigt sich und verändert Ansichten. Die neue Wirklichkeit ist eigentlich schon da, sie tritt jetzt aus den Köpfen ins aktive Leben ein. Was aus ihr werden soll, hat sie als Bild, Idee schon mitgebracht: „Ein Leben, reicher als zuvor. Ein Denken, klüger als zuvor. Eine Gesellschaft, eine Welt, freier und vielfältiger als zuvor. Und Menschen, heller, größer, selbstbewusster, kreativer und unsterblicher als jemals zuvor."

Das Konzept der globalen Erneuerung ist nicht das Konzept einer Steuerreform und auch nicht einer politischen Reform, sondern das einer Systemreform, ist eine geistige Revolution. Die Grundvoraussetzung für das Funktionieren des neuen Systems ist die komplette und vollkommene Abschaffung des alten Systems. Kein einziger Politiker darf jemals wieder zum Reden kommen. Kein einziger Beamter darf auf seinem Platz bleiben.

Absolut nichts mehr darf noch das und so sein, was und wie es bisher war.

Warum einfach, wenn es auch kompliziert geht?   Nein!!!!

Das war das Motto der Vergangenheit.

Die konzentrierteste Form der Genialität ist die Einfachheit.

Das ist das Motto der neuen Gegenwart, in der wir unsere glanzvolle Zukunft gestalten. Und ich weise ausdrücklich darauf hin, dass dieses Konzept lediglich ein Grundkonzept ist, welches jedem Menschen ermöglichen soll, sich (s)eine Vorstellung zu schaffen von dem, was ihn insgesamt erwartet, wenn er bereit ist anzunehmen, was ich zu bieten habe. Dann wird er erleben, dass das vermeintlich Unmögliche möglich ist, und dass es keine Wunder gibt, weil der Mensch selbst zu **Allem** fähig und in der Lage ist. Das Grundkonzept als solches soll ja auch zunächst lediglich dazu dienen, dass ein Anfang gemacht werden kann. Es ist sozusagen ein Vorschuss, nur ein Schneeball, der die eigentliche Lawine auslöst und ins Rollen bringen wird. Details zu den nachfolgenden Ideen sowie zu den einzelnen Punkten und noch unendlich viele mehr, welche den eigentlichen Evolutionsschub sowie den unermesslich großen wirtschaftlichen Nutzen und somit alle Vorteile dem alten System und der alten Welt gegenüber beinhalten, werden mit dem noch zu gründenden Topteam der **IDI – Innovationsservice Datenbank International** zu gegebener Zeit besprochen, festgelegt und durch die IDI - Organisation an die Anwender (Nutzer) weitergeleitet. Menschen, welche für dieses Topteam befähigt sind und in Frage kommen sind mir bereits begegnet. Dies wird der Kern, die sogenannte Regierung, das Topmanagement Deutschlands, Europas und der zukünftigen Welt sein, wogegen sich Helmut Kohl bereits gewehrt hat. Ich selbst erhebe weder Anspruch auf Macht noch auf Reichtum. Ich bitte nur um Gehör, ich bitte nur anzunehmen, was ich zu bieten habe. Dies ist für mich genug der Ehre.

Die Reihenfolge

1) Schonungslose Aufklärung der Öffentlichkeit über die Ursache aller Probleme dieser Welt. Alle bisher verborgene schmerzliche aber auch erfreuliche und erhebende Wahrheit wird enthüllt durch die Projektabschnitte 1 – 3.

2) Schonungslose Offenlegung der Ursachen aller Probleme der Gegenwart sowie der Möglichkeiten für deren Beseitigung durch die Projektabschnitte 4 – 5.

3) Öffnen der Schatztruhe und Anwendung der darin enthaltenen Innovation als Projektabschnitt 6.

4) Abschaffung der Demokratie und aller Politiker mit ihren Gesetzen, des Staates als solchem und Einsatz des zwischenzeitlich gebildeten Topteams der zukünftigen IDI – Organisation.

5) Übernahme aller Banken und Versicherungen einschließlich Belegschaft und Inventar sowie Umgestaltung einer erforderlichen

Anzahl davon zur IDI – Organisation durch das IDI – Topteam.

6) Abschaffung aller anderen negativ wirkenden und somit belastenden Einrichtungen.

7) Schaffen, denn nach all dem Abschaffen haben wir nun die Möglichkeit zu schaffen.

Die Einhaltung der Reihenfolge garantiert den Erfolg, denn der Mensch, das Kollektivbewusstsein der Menschheit muss auf die Änderungen eingestimmt werden. Ich kann nicht sagen, die Demokratie muss weg, um erst anschließend zu erklären, warum. Es wird niemand mehr zuhören. Wird die Reihenfolge beachtet und eingehalten, ist ein Misserfolg ausgeschlossen, denn die kosmischen Kräfte unterstützen jeden guten Willen.
Und ein guter Wille ist das Wollen zum Wohle der Allgemeinheit.

Austausch der Systeme

Eine Regierung darf nicht länger ein Machtapparat zur Ausbeutung der Bürger sein, sondern muss zu einer Innovationszentrale zur Förderung und Motivation der Bürger werden. Nicht mehr die Bürger dienen dem Wohle der Politiker, der sogenannten Regierung, sondern die Regierung dem Wohle der Bürger. Somit ist angebracht die komplette Abschaffung der herkömmlichen kriminellen, trennenden, politischen Staatssysteme und Einführung des einenden Wirtschaftssystems nach meinen Vorstellungen unter der Schirmherrschaft der **IDI**. Die IDI ist der vereinende Kern, in, um und durch den sich die wirtschaftliche Welt vereint und Verwaltet.
Bereits an dieser Stelle gebe ich eindringlichst zu bedenken, man kann nicht Teile eines Systems austauschen, sondern nur das komplette, vollständige. Denn man kann nicht die Ersatzteile eines Oldtimers verwenden um damit ein Formel 1 – Rennauto zu bauen.
Das kann nicht funktionieren.

Der Staat wird zum Unternehmen

Es gibt absolut nichts staatliches mehr. Der Staat wird zum Unternehmen, die Verwaltung erfolgt durch die IDI, die Verwaltungsbetriebe werden privatisiert, die Verrechnung der Leistungen erfolgt durch die IDI. Die IDI übernimmt Funktionen der Wirtschaft, auch in der Industrie und trägt sich somit nicht nur selbst, sondern sie erwirtschaftet Überschüsse. Da die IDI demnach als Verwaltungsapparat kein Geld kostet, sondern sogar welches verdient, entfallen sämtliche lohnbezogenen Abgaben, wie an den Staat bisher, 1997 waren es mehr als eine Billion DM. Vorläufig bleiben lediglich die kostenverursachenden, verbrauchsspezifischen Steuern wie Tabak-,

Spirituosen-, Rauschmittel-, (Mineralöl-?) Kfz- usw. Um jedoch den Start zu sichern und auf jeden Fall zu erleichtern, schlage ich vor, dass auf jede Geldbewegung eine Art Bearbeitungsgebühr von 10%, wie etwa bisher die Mehrwertsteuer, erhoben wird.

Diese 10% werden nicht erhoben auf Lohn- und Darlehensauszahlungen.

Die Folgen sind, eine totale und vollkommene Steuerentlastung der Arbeitgeber wie der Arbeitnehmer und daraus resultieren entsprechende Kosten- und Preissenkungen.

Schlagartig übernehmen wir die Führung auf dem Weltmarkt, denn wir sind konkurrenzlos. Sogar die Kehrseite der Medaille ist positiv. Man stelle sich nur vor, wie viel Arbeit, Kosten, Zeitaufwand und Ärger uns in den Unternehmen wie auch in den Privathaushalten durch den Wegfall des bisherigen Staatsbürokratismus erspart bleibt! Paradiesisch!!!!!!

Verantwortungsbereich der IDI

Die IDI ist die Leitung des Unternehmens Einheit (Staatenbund) und die oberste Instanz aller darin enthaltenen Unternehmen im Verbund.

Den Handel, die Bank mit Bargeldlosem Zahlungsverkehr, den Verkehr, die Versicherungen die Innovation, die Kommunikation – sämtliche Postaufgaben einschl. Computer, das Verwaltungswesen, Straßenbau, Wasser, Kanalisation, Bauwesen, Kultur, Bildung, Wissenschaft.

Als oberste Unternehmensleitung – das Management, die Lohnbuchhaltung, das Personalwesen, ersetzt die private Arbeitsvermittlung, das Arbeitsamt aber auch die Personalbüros in den Unternehmen. Die IDI wird schlichtweg zum Weg, zur Anleitung und zur Führung unseres kompletten Lebens.

Korrektur der Kompetenzen

Die Bewussten, Intuitiven, Subjektiven, Weisen, Ungenauen, Langsamen, Kreativen unterscheiden sich von den Wissenden, Logischen, vermeintlich objektiven Klugen, Hochgenauen, Schnellen, Produktiven. Die Einen bestimmen über sich selbst, die Anderen werden bestimmt. So sollte es sein. Meistens jedoch bestimmen die Produktiven über die Kreativen. So wird aus den Produktiven ein Sozialfall und aus den Kreativen ein Dummkopf.

Nur Eigenverantwortlichkeit führt zum Denken nach dem Motto, **nur ein freier Mensch kann frei atmen und frei denken.** Darum gibt es ab sofort keine Beamten, Angestellten und Arbeiter mehr, sondern nur noch freiberufliche, selbständige und somit eigenverantwortliche Menschen, Arbeitgeber sowie Arbeitnehmer. Dies wird wohl überhaupt der größte Nutzen für den Menschen sein, doch es gibt auch noch einen positiven finanziellen und somit wirtschaftlichen Aspekt. Es erfolgt daraus eine vollkommene Flexibilität der Arbeitgeber, wie der Arbeitnehmer. Des weiteren Entfallen die Arbeitgeberanteile für Sozialleistungen, die sowieso zum großen Teil entfallen, denn wer jetzt, in diesem neuen System noch arbeitslos ist, der will nicht arbeiten. Und wenn ich die Lage nun nach Ablauf der vorgegebenen Aktivitäten auch nur großzügig einschätze, **leiden** wir spätestens in einem halben Jahr nach Annahme dieses Konzeptes **unter** einem akuten **Arbeitnehmermangel.**

Wenn ich jetzt in dieser neuen Situation Unternehmer wäre, würde ich mir sofort ausreichend Arbeitnehmer sichern. Denn ich weiß, das Jahr hat 365 Tage und jedes Lebewesen dieser Erde arbeitet an jedem Tag, denn Äsen ist Arbeit. Also wird dies auch der Mensch der Zukunft tun, denn auch der Mensch will ja wie das Tier auch an jedem Tag essen. Es muss natürlich nicht jeder Mensch jeden Tag arbeiten. Jedoch die Betriebe sind erst ausgelastet, wenn sie täglich in Vollzeit belastet werden und genau dadurch und dafür werden wir flexibel. Und wenn ich an dieser Stelle anrege, die Vorteile einer 7 – Tage – Woche aufzuzählen, so fallen plötzlich jedem so viele ein, dass er gar nicht weiß, wo er beginnen soll. Als Unternehmer und Arbeitgeber weiß ich jedenfalls, dass ich bei etwa gleicher Arbeitszeit pro Tag und Arbeitnehmer in Zukunft, wenn ich meine Möglichkeiten in der Welt voll nutzen will, statt bisher 100 Arbeitnehmer für eine 5 -Tage-Woche nun 100 : 5 x 7 = 140 Arbeitnehmer benötige. Dies sind gleich 40% mehr, allein aus diesem Aspekt. Milchmädchenrechnung? Ich weiß, ich weiß aber auch, dass jeder so denkt und gerade deswegen würde ich mich als vorausschauender Unternehmer jetzt sofort trollen, weil ich eben anders denke. Als Unternehmer bin ich informiert und auch ein guter Rechner. Ich weiß, es gibt in Deutschland etwa ????? Unternehmen jeder Art und ????? Arbeitslose. Wenn ich also weiß, dass je Unternehmen nur ????? Arbeitslose als zusätzliche, zukünftige Arbeitnehmer zur Verfügung stehen und wenn ich die neuen, niedrigen und weiter fallenden Lohnkosten berücksichtige, dann sichere ich mir meinen Anteil zukünftiger Arbeitnehmer und vielleicht sogar noch einige mehr. Denn ich weiß auch, dass die Ausländer alle nach Hause gehen und zu Hause bleiben, um nach unserem Beispiel ihr Zuhause aufzubauen und dort reich zu werden.

Den meisten Menschen sind ihre individuellen Fähigkeiten und Neigungen nicht bewusst. Die IDI offenbart ihnen diese damit sie in die Lage kommen auch ihre individuellen Möglichkeiten zu nutzen. Ich weiß also auch, dass jeder Mensch alles kann, was er gerne tut, was er sich zutraut, und ich bereit bin, ihm beizubringen und anzuvertrauen. Da ich das alles weiß, weiß ich auch, dass ein Unternehmen, das jetzt schläft, auch die Zukunft verschlafen wird.

Also bitte keine Angst vor der Entstaatlichung und Privatisierung, wir werden in kürzester Zeit alle eine Arbeitsstelle haben, denn es entscheiden nicht mehr irgendwelche Personalgötter oder sogenannte Manager in den Unternehmen, sondern ein Rastersystem der IDI. Es gibt kein Bewerben mit Zeugnisunterlagen, Bibbern und Absage mehr, sondern nur noch ein Anmelden und Abwarten. Stimmt Angebot und Nachfrage überein, ist die Einstellung erfolgt.

Auch bei der Industrie rollen somit die Wasserköpfe. Alle betitelten Möchtegerne werden wieder das Arbeiten lernen, damit sie auf diese Weise erfahren, wie man als Personal unter einer liebevollen, freundschaftlichen Führung empfindet. Vielleicht stumpfen ihre Ellbogen dann wieder ein Wenig ab, vielleicht wird ihre Einsicht erweitert.

Es kann nicht richtig sein, dass die sogenannten Manager der einzelnen Unternehmen miteinander in Wettbewerb treten, wer mit den wenigsten Mitarbeitern die höchsten Gewinne erzielt. Und dies womöglich sogar auf Kosten der Sicherheit von Leben und Gesundheit, wie zum Beispiel bei der Bundesbahn zur Zeit? Die Leitungen der Unternehmen werden von oben her bis auf das notwendigste Führungspersonal abgebaut. Es gibt also weder einen Vorstand noch einen Aufsichtsrat noch irgendeinen Präsidenten oder Minister noch sonst einen Missmanager. In den Abteilungen, die oberhalb von Planung, Konstruktion, Einkauf, Verkauf und Montageleitung angesiedelt sind wird verschwendet, was in den darunter liegenden und hier erarbeitet wird. Die oberste Instanz als Führung und Leitung aller Unternehmen ist die IDI, die jedoch nicht als hierarchische Befehlszentrale empfunden werden darf, sondern als Impulsgeber. Sämtliche finanziellen Abwicklungen laufen über die IDI. Aus diesem Grund bemerkt man hier jede Schwankung und kann bei Einbruch einer Schwäche sofort bei der Findung des Engpasses helfen und bei allen erforderlichen Maßnahmen zur Beseitigung des Engpasses Unterstützung leisten.

Die Bundeswehr?

Die Politik ist ein Machtorgan und die Politiker sind die Streiter um die Macht. Die Bundeswehr und alle Waffen der Welt sind zu nichts weiter nütze als zur Präsentation der Macht der Politiker sowie zum Schutz der Politiker und ihrer Interessen. Und da wir keine Politiker sind, sind für uns und unsere Einheit jegliche Soldaten wie auch Waffen lediglich eine Belastung.

Geld regiert die Welt

Geld ist die Wurzel jedes unkontrollierten Vorganges und somit auch nahezu aller Verbrechen. Und so lange und überall dort, wo es Geld gibt, wird es sogenannte Verbrechen und auch sogenannte Verbrecher geben. Verbrechen können jedoch nicht dort, wo und zu der Zeit, wenn sie verübt werden, auch nicht davor oder danach durch Bekämpfung verringert beziehungsweise ausgemerzt werden, sondern nur in dem man diesen den Grund und Boden des Gedeihens nimmt. Es gibt nur zweierlei Verbrechen, das, des Widerstandes und das, der Verführung. Zum Verbrechen des Widerstandes verleitet das Gesetz und zum Verbrechen der Verführung das Kapital. Schafft man die Gesetze ab, gibt es keine Gesetzes(ver)brecher mehr. Schafft man das Geld ab, nimmt man den Kapitalverbrechen die Grundlage. Auf diese Weise lösen sich unzählige Probleme von selbst. Nahezu alle Verbrechen werden unnötig und sogar die Schwarzarbeit wird somit unmöglich gemacht, ganz einfach vermieden. Man kann absolut nichts bekämpfen, weder Verbrechen noch Arbeitslosigkeit noch Sucht noch Seuchen. Man kann aber ausnahmslos alle sogenannten negativen Erscheinungen beseitigen, in dem man ihnen die Grundlage des Gedeihens entzieht.

Banken töten den Staat

Staatsverschuldung, wie sie niemand erkennt?
Es gibt Staatsschulden, die der Staat nicht als Schulden erkennt und darum auch nicht als solche offen darlegt. Es ist die direkte Verschuldung des Staates beim Bürger. Jede Investitionsanlage, ob dies eine Staatsanleihe, eine Obligation, oder wie auch sonst das sogenannte Wertpapier heißen mag, ist eine direkte Verschuldung des Staates beim Bürger. Jedes Wertpapier, gleich welcher Bezeichnung, ist nichts weiter, als ein gedruckter Schuldschein. Diese Investitionen der Bürger schaden dem Staat als Ganzes in doppelter Hinsicht. Einmal verschuldet sich der Staat und zum Anderen entzieht er sich selbst die Steuern. Es ist festgelegtes, der Wirtschaft entzogenes Geld. Die Banken arbeiten mit diesem schon einmal verdienten Geld und verdienen sehr gut. Der Staat bekommt zwar die Zinsen, aber es entgehen ihm um millionenfaches mehr an Steuern, weil dieses Geld der Wirtschaft nicht flüssig zur Verfügung steht. Der Staat entzieht sich selbst das Blut, das er zum Leben notwendig braucht. Das Blut hat unter Anderem die Aufgabe mit Hilfe des Kreislaufs, die Energie, die Wärme und die, durch die Enzyme im Verdauungssystem erzeugten Gase im ganzen Körper gleichmäßig zu verteilen. Stockt der Kreislauf, stirbt der Körper. Das Geld ist das Blut des Staates, in dem es im Kreislauf die Wirtschaft belebt. Wobei Staat und Wirtschaft identisch sind. Stockt der Geld-Wirtschaft-Kreislauf, stirbt der Staat. Durch Sparen, durch Geldanlagen und vor allem durch langfristige, beziehungsweise festverzinsliche Anlagen auch Sparbücher wird

der Staat getötet. Die Banken werden immer reicher und der Staat immer ärmer. So einfach ist das. Banken sind nichts weiter als Blutsauger, die durch private Einlagen der Bürger und das zinsträchtige Darlehen an die Bürger und an die Industrie der Wirtschaft, diesen das Blut absaugen. Die gesamte Welt gehört den Banken. Alle produktiv arbeitenden Menschen dieser Welt arbeiten nur noch ausschließlich für die Banken und alle anderen Spekulanten. Ob Arbeitgeber oder Arbeitnehmer, jeder ist in irgendeiner Form den Banken verpflichtet und ausgeliefert. Wie kann oder soll die Wirtschaft leben und überleben, wenn alles Geld der Welt den Banken gehört, beziehungsweise bei diesen deponiert ist? Das ist genauso, wie wenn man dem eigenen Körper jegliche Nahrungs- und Flüssigkeitsaufnahme verweigert.

Durch Rodung der Urwälder, durch Verpesten ganzer Landschaften während der Schürfung nach Edelmetallen in der Welt und durch anderweitige anrüchige Investitionen gerät der Deutsche und sein Staat mehr und mehr in Verruf, aber nur die Banken, einzelne Privatpersonen, Bankbesitzer und anderweitige Spekulanten werden als Investoren immer reicher. Dumpfes Kapital in produktiven Händen wird zur Armut der Massen. Wer das nicht sieht, schläft tief und fest. Die Banken mit all ihren Anlageberatern und Spekulanten jeglicher Art sind also Staatsfeindlich.

Übrigens, eine Frage an alle Anleger, Finanzfachleute und sogenannte Anlagenberater, was kauft man eigentlich beim Staat durch die Anschaffung von Staatsanleihen, Obligationen und Wertpapieren sonstiger Art? Ist es die Rendite aus dem Schuldenberg von 2,3 Bio. und der dadurch immer mehr stagnierenden Wirtschaft? Wie viel Schulden hat der Staat denn nun eigentlich? Sind es 2,3 Bio., wie offiziell bekannt, oder zusammen mit den Schulden bei den Anlegern 4,6 Bio., oder noch viel mehr? Wie viel Geld ist auf diese Weise angelegt? Müssen uns nicht endlich allen die Augen aufgehen? Wir müssen doch irgendwann einmal merken, dass der Staat sich auch mit jedem verkauften „Wertpapier" immer mehr verschuldet und sich somit immer tiefer in die Nesseln setzt.

Die Banken bezahlen ihre Mitarbeiter und arbeiten ebenfalls mit schon einmal verdientem Geld. Werden die Banken abgeschafft, **wird das Geld** durch die Verwaltung der IDI den Bürgern, wie auch der Industrie als Bargeldloses Zahlungsmittel **ständig und zinslos zur Verfügung stehen,** denn die IDI muss am Zahlungsmittel nicht auch noch verdienen. Und alle nicht mehr benötigten bisherigen Bankangestellten erweitern durch ihre zukünftige produktive Arbeit das Bruttosozialprodukt um ihren anteilmäßigen Prozentsatz. Siehe Beispielrechnung bei Versicherungen. Sie werden nicht mehr das von den Produktiven verdiente Geld als kostenverursachende

Schmarotzer verbrauchen, sondern sie werden selbst produktiv Geld verdienen. Da wir jetzt leben und auch nur jetzt leben wollen, wird absolut nichts mehr gespart. Alles Geld, welches die Bürger privat, beziehungsweise die Industrie nicht verbrauchen, wird zusammen mit all dem, was die IDI erwirtschaftet turnusmäßig (Jährlich?) an die einzelnen IDI Filialen pro Kopf verwalteter Bürger anteilmäßig überwiesen und steht somit den Gemeinden als Eigentum zur freien Verwendung zur Verfügung. Gemeint ist jede Gemeinde Europas und der Welt, nach einer mindestens einjährigen Mitgliedschaft in der Einheit.

Auf diesem Polster kann man Türme und Theater bauen! Durch diese Art von Zwang zur Investition sind die Unternehmen regelrecht gezwungen ständig zu expandieren und die Bürger, zu konsumieren. Sind dies nicht überzeugende, um nicht zu sagen überwältigende Aussichten?

Dies ist die Energetische Kybernetik, die sich selbst beschleunigende Wirtschaft. Oder auch das wirtschaftliche Perpetuum mobile. Wohin das führt? Ganz steil nach oben. Wie weit? So weit, dass sich innerhalb kürzester Zeit Europa und die Welt um uns vereinigt und wir auf diese Weise der ganzen Welt zu Wohlstand verhelfen. Ist dies nicht ein erstrebenswertes Ziel? Allein aus diesem Vorschlag müsste doch schon jeder Mensch das Gefühl bekommen, wir arbeiten nicht mehr für die Banken oder für sonst irgendeinen Kapitalisten, sondern ausschließlich für uns selbst, **Einer für Alle und Alle für Einen.**

Versicherungen enthemmen

Ob Renten, Kranken, Lebens, Kfz oder sonstige, sind alle Versicherungen ohne Ausnahme Beschäftigungsanstalten. Es sind wie die Banken auch Schmarotzer derer, die produktive Leistungen erbringen. Sie holen genau so, wie die Banken auch, der arbeitenden Bevölkerung das schon einmal verdiente Geld aus den Taschen, welches der Wirtschaft nicht mehr zur Verfügung steht.

Ich kenne die Gegenargumente der Versicherer und um jede Diskussion im Keime zu ersticken, stelle ich für diese gleich eine Milchmädchenrechnung auf, die alle Missmanager am Schweigen halten müsste. Angenommen 75% der Bundesbürger sind Versicherte und 25% sind Versicherer, zusammen also 100%. Diese 75% aller Bundesbürger erarbeiten das derzeitige Bruttosozialprodukt von 100%. Wie viel % Bruttosozialprodukt würden alle zusammen, also 100% Bürger schaffen? Dies ergibt 100 : 75 x 100 = 133,333, also gleich um 1/3 mehr. Setzen wir zum besseren Verständnis eine willkürlich gewählte Geldsumme in diese Aufgabe ein, so ergibt dies, 75% der Bundesbürger erarbeiten einen Wert von 150 Mrd., wie viel schaffen alle

100% Bürger zusammen? 150 Mrd. : 75% x 100% = 200 Mrd.. Also wirklich und wahrhaftig um 50 Mrd. mehr schon allein bei diesem kleinen Beispiel. Wobei dies tatsächlich nur eine Milchmädchenrechnung sein kann, denn wir lassen ja alle kumulierenden Folgen und Nebenerscheinungen außer Betracht.

Welche weiteren Schäden werden durch Versicherungen verursacht? Versicherungen nehmen dem Menschen jegliches Verantwortungsbewusstsein sich selbst und seinem Nächsten gegenüber. Er kennt keine Rücksicht mehr. Er verhält sich zum Beispiel im Straßenverkehr wie ein Vollidiot, denn er weiß, dass jeder Schaden, den er einem anderen zufügt, wie auch sein eigener von der Versicherung übernommen und beglichen wird. Er hat sogar schon vergessen, dass das menschliche Leid, welches anderen von ihm zugefügt wird, nicht mit Geld aus der Welt geschafft werden kann.

Die Versicherungen machen aus den meisten Versicherten Lügner, Betrüger, Diebe und Mörder. Durch die Versicherung hat der Versicherte die Möglichkeit mit Hilfe leichter Manipulationen, sich selbst zu bereichern und auf diese Weise, alle anderen Mitversicherten, die nicht ebenso egoistisch denken und handeln, zu betrügen und zu schädigen. Je mehr Versicherte von solchen Manipulationen hören, um so mehr beteiligen sich selbst, denn sie wollen nicht immer nur die Betrogenen sein. Mit Recht, nach dem Motto, die Anderen tun es ja auch.

Dadurch, dass die Haftpflichtversicherungen abgeschafft werden, und im Bewusstsein, dass jeder für s - einen vermeintlichen Schaden selbst aufkommen muss, lernen wir wieder, auf unsere Mitmenschen Rücksicht zu nehmen. Wir lernen aber auch Vorsicht durch das Bewusstsein, dass wir in Unachtsamkeit gegenüber anderen, selbst schnell zu Schaden kommen können. Mit Sicherheit lernen wir auf diese Weise auch, unseren Nächsten zu lieben und ihn zu fördern, statt ihn zu schädigen und zu fordern.

Ab sofort gibt es also keine Versicherungen als eigenständige Unternehmen mehr. Sämtliche **lebenswichtigen** Versicherungen werden in Zukunft von der IDI übernommen. Weil alles unter einem Dach und Fach ist, wird jede Versicherung wesentlich günstiger und die Arbeitgeberanteile bei den Sozialversicherungen können vollkommen entfallen.

Wie bereits erwähnt, werden die Überschüsse wiederum allen zu Gute kommen.

Schuldscheine sind Wertpapiere?

Ich sehe, dass und wie diese Welt nur noch durch die Kraft der Abhängigkeit einzelner Menschen, Unternehmen und Organisationen untereinander, also durch die Kraft der Schulden zusammengehalten wird. Die ganze Welt ist ein einziger riesiger Schuldenberg, der ganz allein von den Dummköpfen mit der Bezeichnung Wertpapierbesitzer getragen und gestützt wird. Und nur weil alle Schulden der Welt als Sparbriefe, Obligationen, Investmentfonds, Aktien, und so weiter bezeichnet und unter dem Oberbegriff Wertpapiere gehandelt werden, meinen wir in unserer Welt sei alles in bester Ordnung. Schon längst müsste uns die Scham das Gesicht röten, weil wir so blind sind? Weil nur noch Dummheit die Welt in Bewegung hält, und zwar in einer Rückwärtsbewegung. Unser Fortschritt besteht im Rückschritt, besteht darin, dass wir uns von einer gesunden Entwicklung fort, beziehungsweise weg bewegen. Und ich sehe, dass unsere Welt nur noch auf einem Fundament aus Lüge, Betrug, Selbstbetrug, Heuchelei, Dummheit, Misstrauen, Angst und Hass be – steht.

Aktien sind, wie alle anderen Wertpapiere auch gedruckte Schuldscheine, sind Verbindlichkeiten, beziehungsweise Schulden eines Unternehmens an die Aktionäre, für die das Unternehmen alljährlich Zinsen zahlen müsste in Form von Dividenden. Kapitalbeschaffung durch Aktien ist der letzte Ausweg eines konkursgehenden Unternehmens, eine Offensive aus dem Bankrott, denn dies ist nichts weiter als eine Kreditaufnahme bei den Bürgern, den Anlegern, den Aktionären, die niemals mehr getilgt werden kann. Gleichgültig, ob dies eine Kreditaufnahme von Existenzgründern oder von bestehenden, bankrott gehenden Unternehmen ist, es ist und bleibt eine Kreditaufnahme. In den Fachkreisen nennt man diesen Vorgang Kapitalerhöhung. Doch da ich kein Fachmann bin, ist dies aus meiner Sicht lediglich eine Lastverteilung für eine Startkapitalbeschaffung, beziehungsweise eine Pleiteverteilung auf viele Schultern. Diese Kapitalerhöhung hat für die Belegschaft nur den Vorteil, dass der Arbeitsplatzverlust befristet hinausgeschoben wird. Und zwar so lange, bis die Belastungen durch die Aktien die Kapitalerhöhung wieder aufgefressen haben. Aktien wirken auf die AG in mehrfacher Hinsicht negativ. Sie erhöhen die Preise der Produkte durch den Zwang der Ausschüttung, schmälern den Gewinn durch die Konkurrenzunfähigkeit des Produkts zum Einen und zum Anderen durch die Ausschüttung selbst. Die Führung steht unter einem ständigen Stress und macht dadurch laufend Fehler. Eine AG wird langsam aber sicher von den Aktien erdrückt, aufgefressen und ihr Wert schwankt mit dem Wert der Aktien.

Und wie saniert man eine AG? Ganz einfach, so, wie zum Beispiel die Holzmann AG flottgemacht wurde. Zunächst wird eine Kapitalminderung, ein Kapitalschnitt, beziehungsweise eine Absenkung des Grundkapitals vorgenommen, was auch eine Wertminderung des Unternehmens bedeutet, durch vernichten vorhandener, alter Aktien auf Kosten der Aktien-, beziehungsweise Wertpapierbesitzer und anschließend eine erneute Kapitalerhöhung, also eine Wertanhebung des Unternehmens, durch Herausgabe neuer Aktien. Es werden also alte Schuldscheine vernichtet und neue gedruckt und verkauft, was man herausgeben nennt. Man hat sich schlicht und ergreifend der alten Schulden entledigt und neue gemacht. So einfach und mehr ist das Ganze nicht. Und die Ausgeschmierten merken immer noch nicht, dass sie nur Schuldscheine besitzen, die jeden Augenblick an realem Wert verlieren, wobei deren Handelswert allein von den Schuldscheinbesitzern untereinander künstlich hoch gehalten und immer noch höher gejubelt wird.

Pfandbriefe, Sparbriefe, Obligationen, Investmentfonds, Aktien werden als Wertpapiere bezeichnet. Einen Wert besitzen diese Papiere aber nur für den Händler und nur in dem Augenblick, wenn er sie verkauft. Er erhält dafür nämlich tatsächlich einen realen Wert – Geld der jeweiligen Gegenwart. Für denjenigen, der die Papiere erwirbt, sind dies vom Zeitpunkt des Erwerbs an nur Schuldscheine, die stündlich an Wert verlieren. Nur die Händler werden schon von einem einmaligen Verkaufserlös und danach immer reicher, denn sie arbeiten mit dem Erlös und schöpfen in jedem Augenblick durch Verleihen des Geldes den jeweils gegenwärtigen Wert des Geldes und entsprechend der Zinsen noch mehr.

Und wenn Michael Opoczynski als Wirtschaftssachverständiger in den ZDF 19 Uhr Nachrichten, ich glaube am 03.01.2000 rät, man soll Aktien kaufen und dreißig Jahre liegen lassen, oder wenn Udo van Kampen am 31.12.1999 an der Börse in New York flattert wie ein Vögelchen, so dass er beinahe aus seinem Anzug fliegt vor lauter Begeisterung über das Klima an der Börse und die Trends der Aktienkurse, dann kann ich diese Menschen und auch alle anderen, die genauso denken nur noch bemitleiden und auffordern, ihre Einstellung noch ein Mal zu überdenken. Doch müssen sie sich deswegen nicht schämen, denn sie wissen nur das, was sie durch und in unserem, derzeitigen System gelehrt bekamen.

Was ist denn das Geld dieses bestehenden Systems in dreißig Jahren noch wert? Wir brauchen doch nur einmal zurück zu denken und zu vergleichen. Was konnten wir uns im Jahre 1970 für eine DM kaufen und was bekommen wir im Jahr 2000 dafür? 1970 kostete eine Semmel 10 Pfennige, heute 40. Dementsprechend müsste eine 1970 für 400 DM erworbene Aktie heute dem heutigen Geldwert entsprechend ohne jegliche Wertsteigerung 1600 DM wert sein. Nur, um das gleiche wie vor dreißig Jahren Wert zu sein. Und das Gleiche gilt für jede „Geldanlage". Also wenn ich 1970 – 400 DM auf das Sparbuch angelegt habe, dann müsste ich heute, um den gleichen Wert ohne Gewinn, also ohne Zins und Zinseszins wiederzubekommen 1600 DM besitzen. Ist mindestens dies der Fall? Pustekuchen! Ist uns nun der stündliche Wertverlust gleich welcher Schuldscheine oder sonstiger

Geldanlagen = Geldstillegungen bewusst?

Gib Dein Geld jetzt, in dem Augenblick aus, sobald Du es besitzt! Nur im jeweiligen Jetzt erhältst Du den größten Gegenwert für Dein Geld. Kaufe keine Schuldscheine, gleich welcher Bezeichnung mehr, lege Dein Geld in keinster Weise mehr an und spare auch nicht mehr! Nur so lebst Du allein für Dein sauer verdientes Geld und fütterst keine Schmarotzer und Missmanager mehr mit durch. Auf diese Weise zwingst Du alle Schmarotzer zum Umdenken. Und vielleicht werden dann die sogenannten Wirtschaftssachverständigen zu wirklichen Wirtschaftsfachleuten.

An dieser Stelle darf ich wiederholen, alles-, gleich auf welche Weise „angelegte" Geld ist dem Wirtschaftskreislauf entzogen. Auch und vor allem „Geldanlagen" fördern Arbeitslosigkeit.

Für mich persönlich wäre es ein beunruhigendes Gefühl, bei einer AG zu arbeiten auch wenn ich selbst Aktionär beziehungsweise Teilhaber wäre. Ein kleiner Vorteil wäre es, wenn die Aktien ausschließlich von der Belegschaft aufgekauft werden würden. Dann gehörte das Unternehmen allein der Belegschaft. Dies könnte ein erhabenes Gefühl sein. Dann wüsste die Belegschaft wofür sie arbeitet und würde sich auch vollkommen anders verhalten. Dennoch, gegen den Schaden durch Aktien wären sie nicht gewappnet.

Eine AG kann mit einem Spielkasino verglichen werden. Die Summe der durch die Kapitalerhöhung herausgegebenen Aktien einer AG ist ein zusätzlicher Schuldenbestand derselben. Diese Aktien sind mit den im Spielkasino ausgegebenen Chips vergleichbar. Die Aktionäre als Spekulanten sind die Spieler, welche auf ihre Gewinne und Verluste, wie auch im Spielkasino, bewusst keinerlei Einfluss ausüben können. Jeder, der Aktien kauft, ist genauso ein Spieler, wie ein Kasinosüchtiger. Spielen ist gleich Spekulieren und umgekehrt, ob im Spielkasino oder am Anlagenmarkt, an der Börse. Spieler tun nicht bewusst und absichtlich ein gutes Werk für ein Unternehmen oder eine Belegschaft, nein sie wollen schnell und auf den Schultern der produktiven Belegschaft reich werden. Wobei sie durch den Erwerb von Aktien und Wertpapieren lediglich ihre eigene sowie die Dummheit der Welt fördern und zu erkennen geben, in dem sie den Eindruck erwecken, sie kaufen und besitzen durch den Erwerb von Schuldscheinen einen bestehenden und sogar sich erweiternden Wert.

Damit ist jetzt Schluss. In Anbetracht der Tatsache, dass in unserem neuen System Arbeitgeber wie Arbeitnehmer steuerlich vollkommen entlastet sind, wird eine Kapitalbeschaffung dieser Art nicht mehr erforderlich sein. Es gibt keine Aktien und Wertpapiere mehr. Ab sofort sind die Aktien aller deutschen Aktiengesellschaften nur noch das Altpapier wert, auf dem sie gedruckt sind und jede Aktiengesellschaft geht über in den Besitz der IDI, in den Besitz der Bürger, der Allgemeinheit.

Spekulanten haben weder zu einem Unternehmen noch zu dessen Belegschaft ein persönliches Verhältnis. Sie verlieren also bei dieser Aktion lediglich ihren Spieleinsatz. Wer spekuliert, der spielt, wer spielt, der riskiert und wer im Spiel gleich welcher Art riskiert, verliert. Das weiß und damit rechnet jeder Spieler.

Alter ist kein Privileg

Es ist nicht zwingend, auf dieser Erde alt zu werden und zu sterben. Aus diesem Grund ist alt zu sein auch kein Privileg. Kinder sind zur Zeit noch das Gold für die Zukunft einer jeden Nation und die Alten im derzeitigen System sind die Goldverbraucher. Darum wollen wir nicht auch weiterhin Alter und Schwäche forcieren, sondern Jugend und Dynamik fördern. Die meisten Rentner sparen den Großteil ihrer Rente und geben das Geld ihren Nachkommen. Also brauchen sie einen Großteil der Rente sowieso nicht. Andererseits belastet ein Rentner die Krankenkasse um einiges mehr als ein junger Mensch. Das bedeutet, dass unsere Nachkommen in mehrfacher Hinsicht durch dieses System unnötig belastet werden. Sie leisten den Wehrdienst, sie finanzieren die Rente, die Altenpflege, aber auch die Krankenkassen überwiegend für die Alten und sie müssen sich privat und persönlich zusätzlich versichern, wenn sie selbst im Alter ausreichend versorgt sein wollen. Das kann nicht Sinn und Zweck einer sozialen Übung sein. Das Sozialwesen muss davon existieren, was von den im Leben stehenden jüngeren Generationen abfällt, und nicht durch Belastung derer. Alt zu sein ist kein Privileg und auch keine vorteilhafte Errungenschaft, und jung zu sein muss nicht länger strafbar bleiben. Also, Ihr Sozialdemokraten, wenn wir alle so denken, kommen wir auch sehr bald auf das richtige Maß einer sozialen Einstellung. Und bedenkt, sozial ist nur, wer selbst bereit ist zu geben. Asozial und ein Dieb ist, wer den Einen nimmt, um den Anderen zu geben.

Alle, oder zumindest die meisten alten Menschen sind zur Zeit, in diesem System einsam und isoliert von ihres Gleichen. Bereits aus diesem Grund wird oft ein Arzt gerufen, weil sie vor Langeweile beinahe sterben und darum eine Ansprache benötigen. Altenheime und alle anderen Unterbringungen zu Wucherpreisen, die zur Zeit so oder sinnähnlich genannt werden, verdienen keine bessere Bezeichnung, als Gefängnisse. Ab sofort werden die Alten und Gebrechlichen in dafür vorgesehenen, angenehmen Wohnheimen untergebracht und dort konzentriert, auch gepflegt und behandelt. Ich kann mir sehr gut vorstellen, dass und wie die nun leerstehenden Kasernen zu Altenparadiesen umgestaltet werden. Dort ist bereits alles für Körperertüchtigung und das Wohlbefinden vorhanden – Lazarett, organisierte Wäscherei, zentrale Küche, Kantine, Schwimmbad, Sportplatz, Sporthalle mit Parkettboden. In der Sporthalle kann nicht nur Sport betrieben werden. Dort können auch Feste jeder Art mit Musik, Tanz und auch sonstige Treffen und Veranstaltungen stattfinden und gefeiert werden. In jedem Gebäude gibt es einen Fernsehraum, der als Leseraum benutzt und zum Kaffeekränzchen umfunktioniert werden kann. Das Truppenübungsgelände wird zum Park verwandelt. Dies ist genau das, was die Alten brauchen, ein Ort der Begegnung und des Wohlfühlens unter Gleichen. Die Betreuung wird überwiegend von den Alten selbst organisiert und zusätzlich von den jungen Leuten beiderlei Geschlechts. Da die jungen Leute nicht mehr zum Wehrdienst, zum Töten für über ein Jahr, sondern zum Dienst am Nächsten für nur ein halbes Jahr verpflichtet werden, gibt es auch keine Dienstverweigerung mehr. Das sind sie, für die Geburt und die Erziehung, den alten ganz einfach schuldig. Aber auch nicht viel mehr. Und ich denke, die meisten können sich bereits jetzt, solche Oasen, zumindest vorübergehend als Altenheime vorstellen. Im Laufe der Zeit werden nach und nach alle bestehenden Unterkünfte abgerissen und durch wirklich altengerechte, angenehme, einladende Wohnheime ersetzt. Soweit und so gut, bis diese Anlagen der Bezeichnung Altenparadiese gerecht werden.

Wir wollen die Alten nicht isolieren, nicht abschieben, isoliert und abgestellt sind sie gegenwärtig, im derzeitigen System. Wir wollen sie auch nicht bestrafen dafür, dass sie alt sind. Nein, wir wollen ihnen ein angenehmes Leben gestalten bei gleichzeitiger Entlastung der jüngeren Generationen. Das Leben muss ganz einfach für alle Menschen aller Altersgruppen wieder attraktiver werden. Es muss den Anschein des Vegetierens wieder verlieren. Das Leben muss wieder lebenswert, liebenswert, ja es muss wieder erstrebenswert erscheinen. Das Leben muss wieder den Wert erlangen, Leben genannt zu werden. Dann, und wirklich erst dann können wir wieder sagen, wir wollen und können leben und leben lassen

Innovationsbremse Patentamt

Ideenreichtum ist das wichtigste Kapital einer Gesellschaft. Ideen und die Idealisten selbst müssen also auch dementsprechend gefördert werden. Es geht nicht an, dass ein Idealist wie bisher zum Hindernisläufer abqualifiziert wird, in dem er, wie in den meisten Fällen zum Teil unüberwindliche finanzielle und bürokratische Hürden zu überwinden und sonstige Schwierigkeiten zu bewältigen hat. Um am Ende doch noch von der Industrie betrogen und über den Tisch gezogen zu werden. Ein Idealist, ein Mensch, der eine oder auch mehrere brauchbare Ideen hat wird in Zukunft ab einer bestimmten Größenordnung der Erfindung, selbst zum Projektleiter seiner Ideen, unabhängig von seinem Alter, beziehungsweise seiner Jugend. Das Unternehmen, bei dem die jeweilige Idee zur Ausführung kommt sowie die Brauchbarkeit einer Idee bestimmen Spezialisten der IDI, also die Denkfabrik als Innovationszentrale der Organisation. Andererseits kann der Erfinder natürlich auch selbst entscheiden, welches Unternehmen er wählt, wenn er sich auskennt. Doch um sicher zu gehen, zu seinem eigenen Vorteil und Schutz sollte die Idee zunächst bei der IDI gemeldet werden und diese sollte auch zu Verhandlungen hinzugezogen werden. Jegliche Unterstützung der Erfinder ist selbstverständlich kostenfrei. Auf diese Weise kommt jede brauchbare Idee zur Ausführung, denn was motiviert einen Erfinder mehr, als die Selbständige Ausführung und die Beobachtung des Werdegangs seiner Idee. Wir lösen einen Ideenboom aus, wie ihn sich noch niemand vorstellen kann. Keine einzige Idee wird mehr in den Schubfächern der Unternehmen landen und verkommen, nur weil dieses Unternehmen verhindern will, dass die Idee bei der Konkurrenz landet. Auch das Patentamt dient nicht mehr als Innovation – Nachschub – Basis für ausländische Unternehmen, welche nicht unserer Organisation angehören. Patentlosigkeit schmälert die Chance zur Nachahmung in der Anlaufphase, senkt die Kosten des Produkts und verringert bei weitem den Zeitaufwand von der Idee bis zur Produktionsaufnahme. Bisher trachten unsere Produkte nach dem Kapital der Welt, in Zukunft trachtet das Kapital der Welt nach unseren Produkten. Es kann nicht anders sein.

Das Patentamt und alle dazugehörigen Anstalten werden geräumt, der gesamte bisherige Ideenbestand wird als überholte Vergangenheit vernichtet. Auf diese Weise wird **für jede Erfindung** der Weg frei, denn es entscheidet nicht mehr wie bisher jeder Dummkopf, der Druck von Zug nicht unterscheiden kann über die Brauchbarkeit einer Idee. Es wird aber auch der Weg frei für Erfinder, deren bereits vorhandenen Patente in den Schubfächern irgendwelcher Industriegiganten dahinfaulen, nur, um den eigenen Absatz zu sichern. Diese Erfinder können nun ihre Ideen bei der IDI melden und selbst als Projektleiter ausführen.

Gibt es eine größere Motivation?

Entsprechend dem Indischen Sprichwort: „Wer einen Elefanten verspeisen will, muss ihn in Scheiben schneiden." werde auch ich Euch alle meine Berge von Ideen nach und nach offenbaren, auch ohne darauf zu bestehen, selbst Projektleiter zu sein. Es gibt kein Copyright mehr auf Wissen. Wissen ist ein Allgemeingut und verpflichtet den Wissenden, es denen, die weniger wissen weiterzugeben. Doch all unser Wissen ist wertlos, wenn wir nicht in der Lage sind, Menschen, die ihr Wissen ungern hergeben ausreichend zu motivieren, damit dieses für alle nutzbringend angewendet werden kann. Tun wir dies, ändert sich unser Leben grundlegend.

Ein wesentlicher Faktor für die Sicherheit des Erfinders ist auch, jeder Betrug des Erfinders seitens der Wirtschaft ist ausgeschlossen, denn **die Wirtschaft ist die IDI und die IDI ist die Wirtschaft.**

Innovationsbremse TÜV

Das wohl größte Innovationshindernis nach dem Patentamt ist der TÜV – Technischer- Überwachungs- Verein. Wurde dieser so genannt, weil er die Innovation der Technik sowie die allgemeine Entwicklung überwacht und behindert? In vielen Fällen untersucht der TÜV eine Erfindung, eine Neuheit, die auf den Markt kommen soll so lange, bis diese von den Medien zerredet, im Ausland von Konkurrenzunternehmen hergestellt und vertrieben wird, so dass die Patentfähigkeit nicht mehr gegeben ist und der Erfinder leer ausgeht. Der TÜV ist durch seine, in den meisten Fällen übertriebenen Vorschriften, eine nicht unerhebliche Belastung für die Industrie und auch für den Bürger privat. Dadurch, dass der TÜV mehr Lohn und Gehalt zahlen kann, zieht er den Fertigungsbetrieben, Reparaturwerkstätten sowie allen anderen Industrieunternehmen auch, welche eigentlich für die Funktionstüchtigkeit der KFZ und all ihrer sonstigen Produkte verantwortlich sind, die besten Kräfte ab, obwohl diese Vereinigung selbst keinerlei Verantwortung trägt. Und wenn die Unternehmen schon selbst, auch für die vom TÜV übersehenen Mängel die Verantwortung tragen sollen, dann benötigen sie auch keine zusätzlichen Kostenerzeugenden und Zeitraubenden Organisationen. Man sollte davon ausgehen, dass in den Herstellungs- und Reparaturbetrieben erwachsene Menschen mit ausreichend Verantwortungsbewusstsein tätig sind, die selbst prüfen, die Plaketten vergeben könnten und somit kein Kindermädchen mehr benötigen würden.

Und wenn auf Grund einer Nachlässigkeit, gleich ob unbewusst oder grobfahrlässig einer, zehn oder auch hundert Menschen zu Schaden kommen, sollen Millionen und schon gar nicht auf Dauer darunter leiden. Wir wollen uns auf allen Ebenen entlasten, wo nutzlose Kosten, sprich Belastungen anfallen.

Durch Kinder eine eigene Zukunft

Wir wissen alle, dass unsere Kinder für uns, jedenfalls im Augenblick noch, gesicherte Zukunft bedeuten. Aber nur noch wenige Ehepaare wollen welche haben, weil Kinder eine Belastung darstellen. Damit die Ehepaare wieder Lust verspüren mehr Kinder zu haben, müssen sie für ihre Einbußen in der Freizeit und auch finanziell, in angemessener Form und ausreichend entschädigt werden. Darum müssen wir die Kinderlosen mehr zur Kasse bitten. Kinderlose finanzieren die Kinder - die Schulen, die Unterstützung alleinstehender Mütter, Kindergärten. Kommen aber auch für einen Kostenanteil für die Kinder im Urlaub auf. Dadurch sollen nicht Kinderlose bestraft, sondern Eltern entlastet und ermutigt werden.

Diese Regelung setzt jegliche erpresserischen Forderungen seitens der Kirche außer Kraft und sichert den Unterhalt für die Alleinerziehenden, gleich ob Mutter oder Vater. Abgabenfrei, aber auch empfangsberechtigt sind Personen bis zu einem noch festzulegenden Prokopfeinkommen.

Geschiedene Elternteile werden dabei **nicht mehr** belastet, als andere kinderlose Bürger. Nur so haben Sie im Falle einer neuen Bindung die Möglichkeit, unbelastet auch Kinder anderer Eltern zu versorgen. Es erübrigt sich somit die Schuldfrage, denn Schuld gibt es nicht. Es läuft ab die Perfektion, und wenn die Anziehungskraft zweier Partner erloschen ist, ist der Zeitpunkt für die Trennung gekommen. Es sei denn man zieht es vor, bis an das Lebensende nebeneinander herzufaulen, nur weil die heuchlerische Gesellschaft die Scheidung verurteilt. Wäre diese andererseits auch bereit, das Leid der zwei innerlich bereits getrennten zu teilen und mitzutragen? Nein! Und wer das Leid der anderen nicht teilen will, hat auch nicht das Recht über diese zu ur – teilen.

Das Haus, beziehungsweise die Wohnung mit kompletter Einrichtung bleibt im Falle einer Trennung dem Elternteil mit den Kindern. Allein die Kinder entscheiden, bei wem sie bleiben wollen. Es besteht auch die Möglichkeit, die Kinder kommen anderweitig ebenbürtig zumindest zufriedenstellend unter. Wer geht, geht mit leeren Händen. Allenfalls jedoch sollte man sich liebevoll und gütlich einigen. Es darf nie mehr so weit kommen, dass die Paare sich erst trennen, wenn sie beginnen sich zu hassen.

Energien der Zukunft

Wir greifen schon längst nach den Sternen und haben noch nicht einmal zu Hause Ordnung geschaffen und vor der eigenen Tür gekehrt. Es kann nicht angehen, dass wir alles Geld für die Erforschung eines Weltraums ausgeben, das es überhaupt nicht gibt und weiterhin fossile Brennstoffe und die tödliche Kernspaltung als Energiequellen nutzen. Dadurch verpesten wir unsere Umwelt und mit dieser unsere Gesundheit, unser Leben.

Wir sollten umgehend aufhören zu schwatzen, um weiter zu verschwenden und endlich damit beginnen, uns ernstlich mit alternativen Energien zu befassen. Aus höheren, beziehungsweise tieferen Dimensionen des Seins wurden uns einige Anhaltspunkte als Ideen übermittelt. Wir brauchen uns diesen nur noch zu stellen, sie anzunehmen und sie zu erforschen. In erster

Linie sollten wir uns tatsächlich zu den Urkräften der Natur zurückbesinnen und wieder lernen mit diesen Kräften zu arbeiten und zu experimentieren. Wir werden mit der Energie der Sonne und der Tachtrinos sowie mit der Schwingung des Tones arbeiten und Werke errichten, die den Göttern, also uns allen gefällig sind.

Vorschläge zur Energiegewinnung wären also zunächst einmal:

1) Die offensichtlichste Energiequelle ist die Sonne, deren Licht ist noch so gut wie ungenutzt.

2) Durch das Zusammentreffen der Kalten Luft mit der heißen entsteht der Donner. Gelingt es uns den Donner in einer Lautstärke unter 20 Hertz zu erzeugen, sind wir auch in der Lage große und kleine Tonkraftzentren zu errichten sowie unsere Bratpfannen in den Kraftfahrzeugen zu ersetzen.

3) Das Perpetuum mobile, welches bereits zu gebaut wurde, von dem es bereits wieder eine konkrete Vorstellung gibt.

4) Nicht die Kernspaltung, sondern die Kernfusion ist die Energie der Zukunft.

Die Werbung

Jede Werbung ist ein Kostenfaktor und darum überflüssig, wenn das Produkt stimmt. Bisher finanziert der Steuerzahler, also die Gesellschaft die Werbungskosten eines jeden Unternehmens sogar vielfach. Der Bundesbürger zahlt für die Werbung gleich mehrmals. Als Steuerzahler zahlt er, was der Unternehmer als Werbungskosten von den Steuern absetzt. Als Kunde zahlt er die Werbung im Kaufpreis mit, teilweise mit den Rundfunkgebühren und nochmals mit der Abfallbeseitigung. Je mehr ein Produkt einem Kunden aufgeschwatzt, aufgedrückt werden muss, um so umfangreicher muss auch die Werbung sein, um so weniger kann es taugen. Dies sollte der Vergangenheit angehören. Werbung gleich welcher Art, ob nervenraubend im Fernseher oder als Papierabfall, ist in jedem Fall eine Belästigung und sollte unterbleiben. Ein dem Wunsch der Zielgruppe entsprechendes Produkt bedarf keiner Werbung. Außerdem kann jedes Mitglied der Einheit im Computer nachschauen, wo er was zu welchem Preis kaufen kann. Du hast keinen Computer? Dein nächster ist Dein Nachbar hinter Deinem hohen Zaun. Und wenn Du Deinen Zaun abreißt, siehst Du vielleicht auch Deinen Nachbarn wieder.

Seit dem die Medien von diesem Artikel wissen, werben sie für die Werbung.

Entwicklungshilfe

Entwicklungshilfe ist nichts weiter, als Bestechungsgeld, welches von Politikern der kapitalistischen, beziehungsweise kommunistische Staaten an Politiker der sogenannten Entwicklungsländer gezahlt wird, damit diese sich nicht dem jeweils Anderen zuwenden.

Wer unsere Hilfe braucht, schließt sich uns an und benötigt keine weitere Hilfe.

Der Zoo

Der Mensch hat nicht das Recht, wilde Tiere einzufangen, sie ihrer Freiheit zu berauben in dem er diese in Käfige einsperrt, um sie dort zu begaffen. Das tun die Tiere mit dem Menschen auch nicht, obwohl er scheinbar noch ein Tier ist. Sonst würde er derartiges nicht tun. Nun Schützer von allem Möglichen, wo bleibt Eure schützende Einstellung als Tierschützer diesen Tieren gegenüber, wenn Ihr mit Euren Familien oder auch allein in den Zoo geht? Ist es nicht ein fürchterlicher Anblick, wenn ein Tiger ständig in Panik in seinem Käfig rastlos hin- und herhastet, ein in seinem Stall angeketteter Elefant nur noch wie ein Blöder hin- und herwackeln kann oder ein Affe vollkommen apathisch in einer Ecke seines Käfigs sitzt und die Menschen um ihre Freiheit beneidet? Jeder Mensch, der solche Dinge sieht muss doch empfinden, wie ihm selbst in einer solchen Situation zu Mute wäre. Oder muss man erst selbst im Gefängnis gewesen sein, um darüber empfinden zu können? Sind wir wirklich noch vollkommene Tiere, die für das, was sie sehen nicht das geringste Verständnis aufbringen?

Ich schlage vor, die Zoos werden Aufgelöst. Tiere, welche von Menschen verspeist werden können, sollen den Schlachtern übergeben, die anderen getötet und verbrannt werden. Es darf auf keinen Fall auch nur ein Tier in private Hände gegeben werden, denn dort kann bei aller Tierliebe das Gefängnis kein anderes sein. Die Gelände werden wieder in brauchbare Landschaften beziehungsweise zu Parks umgewandelt.

Artenschutz, Denkmalpflege?

Wenn wir realistisch sein, beziehungsweise werden wollen, dürfen wir jetzt, nach dem Artikel „Der Zoo" nicht überreagieren, sondern sollten uns vollkommen nüchtern folgenden Fragen stellen. Nationalparks, Naturschutzgebiete, Tierschutzgebiete, wie viele gibt es, wie groß sind diese jeweils, wo befinden sie sich, wie ist die Bodenbeschaffenheit, wie könnte dieser Boden genutzt werden, welche Tiere werden geschützt, wovon ernähren sie sich, wer hat einen Nutzen beziehungsweise Schaden und in welcher Form.

Wenn Du sogenannter Schützer, von gleich was, Dich allen diesen Fragen ehrlich stellst, wirst Du selbst dahinterkommen, dass mit Deiner Denkweise etwas nicht stimmen kann. Weil meine Ein – Sicht eine etwas tiefere ist, wage ich dies zu behaupten. Du nimmst den Menschen, oft auch hungernden und obdachlosen Menschen Lebensraum und beschützt innerhalb dieses Territoriums Tiere, die zum Teil diesen Menschen als Nahrung dienen könnten, aber als Urtiere längst nicht mehr in unsere Zeit gehören. Ich denke da zum Beispiel an die Flusspferde, Krokodile, Nashörner, Elefanten, Giraffen, Wale und so weiter. Wenn Du mir nicht glaubst, dass die Zeit dieser Tiere abgelaufen ist, will ich Dir ein Beispiel als Beweis liefern. Wale stranden, weil sie die Orientierung verlieren. Und warum verlieren diese die Orientierung? Weil die Schwingungsfrequenz unseres Lebensraumes mit der und durch die Erweiterung unseres Bewusstseins ständig beschleunigt, beziehungsweise angehoben wird. Wir Menschen merken diese Beschleunigung bereits an der Beschleunigung der Zeit. Wir wundern uns nur, dass uns die Zeit davon rinnt? Es stimmt, wir erkennen dies schon richtig, unsere Seele, das Gefühl betrügt uns nicht. Mit der Schwingung aller Teilchen dieser Ebene, wird auch unsere Zeit schneller. Die Urtiere kommen mit dieser Teilchenbeschleunigung ihrer Teilchen nicht mehr mit, sie sind total verwirrt. Verwirrung erzeugt Panik und diese wiederum Orientierungslosigkeit. Die Wale stranden und die anderen Tiere machen irgendeinen anderen Mist, der für ihre Verhaltensweise ungewöhnlich ist. Nun Wissenschaftler hast Du auch die Erklärung für das Massensterben der Urtiere, zum Beispiel der Saurier, die Herdenweise in einen Abgrund gestürzt sind. Dieses sogenannte Drama vollzieht sich zu jedem Zeitalterwechsel in unterschiedlichster Weise. Es läuft ab die Perfektion, die wir, als wir noch bewusst Götter waren, selbst eingeleitet haben. So etwas nennen wir heute wohl auch Selektion, beziehungsweise Auslese. Nur wer, beziehungsweise was zum Überleben geeignet ist, kommt weiter. Und alle Menschen, die Etwas schützen, pflegen und erhalten wollen, die glauben, sie müssten helfend eingreifen, sind sehr konventionelle Menschen. Sie hängen an allem Alten. Oft kramen sie uralten, schon längst vergessenen Krempel erneut hervor, um diesem wieder einen neuen Wert zu geben. Diese Menschen zeichnen sich meistens durch einen Vornamen aus, in dem der erste Vokal ein i ist, wie Michael, Ignatz, Irene, Isolde Dieter, Christian und so weiter, und so weiter. Die Vorsitzenden von herkömmlichen- und Schutzvereinen haben meist einen Vornamen mit dem ersten Vokal o, weil diese Tiere und Natur über alle Maße lieben und zu dem auch noch dominant sind. Überprüft Euch und Ihr werdet Euch selbst erkennen. Vornamen mit dem Vokal i, Ihr habt Euer Herz auf der Zunge und auch offen in der Hand, Ihr seid liebevoll und gebefreudig. Aber gerade dieses Streben nach liebevollem und gutmütigem Verhalten erzeugt in Euch tiefe Gefühle, zum Beispiel des Mitleids. Und genau dieses Mitleid trübt Euren Blick für das Wesentliche.

Regelung der Nationalität

Jeder Mensch ist Träger des Göttlichen, ist ein Gott. Und jeder hat sein Schicksal selbst gewählt. Genau deshalb ist niemand verpflichtet, die Last eines anderen, geschweige denn, einen anderen wie auch immer zu tragen. Ich habe absolut nichts gegen auch nur einen Ausländer, im Gegenteil, ich liebe die Ausländer genau so, wie die Inländer und ich reise auch gerne in fremde Länder. Aber ich habe etwas dagegen, dass wir auf Dauer so viele Ausländer hier in unserem Land beherbergen und ernähren. Wir haben sieben Millionen Ausländer bei fünf Millionen Arbeitsloser, und dagegen darf ich durchaus etwas haben.

Wir lassen uns auch nicht mehr von irgendwelchen Heuchlern ein Gewissen einreden, welches diese selbst nicht haben. Gewissen ist Heuchelei und Heuchelei ist verantwortungslos. Alle, innerhalb der Einheit befindlichen Ausländer, einer nicht zur Einheit gehörenden Nationalität, haben das Territorium innerhalb eines noch festzulegenden Zeitraums in Richtung Heimat zu verlassen. Jeder Ausländer, der sich nach Ablauf dieser Frist noch ohne Aufenthaltsgenehmigung hier aufhält, wird aufgegriffen und in einem Sammeltransport in seine Heimat gebracht. Jeder Ausländer, der seine Heimat nicht angibt, wird in ein großes Transportflugzeug verladen und aus zehntausend Metern Höhe über dem Nordpol abgeworfen. Dort werden sie nicht verwesen und die Eisbären haben etwas zu fressen. Es ist absolut alles zu vermeiden, was den Menschen innerhalb der Einheit sinnlos Geld kostet oder Ärger bereitet. Es finden keine langwierigen und kostenaufwendigen Verhöre und Gerichtsverhandlungen mehr statt, schon deshalb, eil es diese nicht mehr gibt. Die Ausländer werden darüber aufgeklärt, was sie erwartet, wenn sie nicht freiwillig heim gehen und jeder wird nur ein einziges mal nach seiner Heimat gefragt.

Ausländer sind:

1) Alle illegal Eingereisten.
2) Alle, auch Deutsche, die einen zweiten Pass besitzen und auch behalten wollen. Es sei denn dieser wird beruflich, beziehungsweise geschäftlich benötigt.
3) Alle, die unsere Kultur und unsere Bräuche ablehnen, beziehungsweise ignorieren und uns ihre eigenen Aufzwingen, zum Beispiel durch den Bau von Religions- und Gebetshäusern. Sollten wir solche benötigen, werden wir diese im jeweiligen Land aufsuchen.

4) Alle, die ihre Kinder auch auf unserem Boden ihren Fundamentalismus lehren.
5) Alle, die nicht wissen, wie man sich in einem Gastland aufführt, verhält.
6) Alle, auch Deutsche, die ihr Geld innerhalb der Einheit verdienen und ins Ausland verschicken, beziehungsweise im Ausland deponieren. Wenn sie nicht bereit sind, sofort alles Geld bis auf den letzten Pfennig wieder ins Landesinnere zu holen, gelten sie als Schmarotzer und somit als unerwünschte Ausländer. Kein anderes Land der Welt soll und darf in Zukunft mit nicht verdientem Kapital aus der Einheit Gewinne erzielen. Nur noch durch Handel und Wandel darf Geld aus der Einheit in ein nicht zur Einheit gehörendes Ausland gelangen.

Ausländer – Menschen, welche ihr Heimatland, ihre Landsleute, ihre Brüder und Schwestern verraten und verlassen, um sich hier bei uns oder auch irgendwo als Maden in den Speck einzunisten, sind Schmarotzer und werden hier als solche nicht mehr geduldet. Den zu Hause gebliebenen Ausländern gegenüber ist es vollkommen unverantwortlich von uns, dass wir so viele ihrer Landsleute langfristig im Land behalten. Das erzeugt Neid und Hass.

Zunächst wird innerhalb der Einheit Ruhe, Ordnung und Wohlstand geschaffen. Und wenn wir dann feststellen, dass wir zusätzliche Arbeitskräfte benötigen, dann holen wir uns eine festgelegte Anzahl für eine festgelegte Dauer ins Land. Nach Ablauf des vereinbarten Zeitraums gehen diese nach Hause und es kommen andere. Jeder, zumindest sehr viele müssen die Gelegenheit erhalten, in den Genuss unseres Wohlstandes zu kommen. Schon aus dem Grund, damit sie sehen und erleben, was hier abläuft, wie wir leben, um ein nachahmungswertes Beispiel mit nach Hause nehmen zu können.

Als Deutsche gelten nur solche Ausländer, die im Rahmen der Familienzusammenführung mit ihren heimgekehrten Angehörigen ins Land gekommen sind, wenn sie die zuvor aufgeführten Aspekte ohne Ausnahme erfüllen.

Es **können** nur solche Deutschen gegen diesen Erlass protestieren, die einen Arbeitsplatz haben. Und von diesen Deutschen **dürfen** nur diejenigen dagegen protestieren, die bereit sind, ihren Arbeitsplatz an einen Ausländer abzutreten, um selbst zu verschwinden, denn wie wir wissen, gibt es Almosen mit der bisherigen Bezeichnung – Sozialhilfe nicht mehr.

Es mag in Euren Ohren und in Eurem Bewusstsein sehr hart und vielleicht sogar grausam klingen, was und wie ich das vorschlage, doch sollte inzwischen eigentlich schon jeder bemerkt haben, dass ich nicht zu meinem eigenen, sondern ausschließlich zum Wohle der Allgemeinheit, der Einheit,

Deutschlands, Europas und der Welt denke und handle. Und alles, was am Anfang hart und vielleicht sogar grausam erscheint, entpuppt sich am Ende, beim genauen Hinsehen als Vorteil für alle Beteiligten.

Recht, Gesetz, Moral?

Was ist Recht? Was ist Gesetz? Was ist Moral?
Recht ist das, was man sich selbst einräumt?
Gesetz ist alles das, was einem andere vorschreiben, also zum Dogma machen? Moral ist Recht und Gesetz in Einklang zu bringen? Alles Quatsch!!!
Recht, Gesetz und Moral sind örtliche Zeiterscheinungen, wie die Mode auch. Also kann doch ein Rechts-, Gesetzes- und Moralbrecher nur jemand sein, der etwas tut, das anderen nicht Passt. Wer macht all die Vorschriften, nach denen der Mensch sich und andere richten soll. Es sind Menschen. Menschen, welche für sich ein ganz besonderes Recht in Anspruch nehmen. Es sind Menschen, die sich über andere Menschen erheben. Wie ist das Ganze, also Recht, Gesetz und Moral in Einklang zu bringen? Solange es Menschen gibt, die sich über andere erheben überhaupt nicht.
Liebe Deinen Nächsten, als Dich selbst, ist das Gebot der Stunde!
Was bedeutet aber, sich über andere zu erheben? Wann kann man sagen, jemand erhebt sich über einen oder die Anderen? In jedem Fall, wenn Einer das, von einem Gesetz festgelegte, Recht eines Anderen verletzt. Wenn Einer dem Anderen das eigene Recht aufdrückt. Das beste Beispiel praktizieren wir Deutschen unter einander selbst. Die Ossis haben etwa 44 Jahre lang hinter einem eisernen Vorhang Recht, Gesetz und Moral des Kommunismus gelehrt bekommen. Jeder hat versucht nach bestem Wissen und Gewissen in diesem Regime zurecht zu kommen, nicht anders, als wir im Westen auch. Hat nur alles das getan, was von ihm erwartet wurde und was er im Rahmen seiner Möglichkeiten innerhalb dieses Regimes für erstrebenswert hielt. Darum wurde er zum Verbrecher in den Augen der Wessis. Wir Wessis haben uns ebenfalls, nur unserem Regime entsprechend verhalten und waren für die Ossis die Verbrecher. Oder kann mir jemand, zum Beispiel im Geheimdienst zwischen Ost und West, einen Unterschied sagen?
Aber da die Ossis nach dem Grenzfall zu uns gestoßen sind und unser Regime annehmen müssen, weil sie in der Minderheit sind, sind wir ganz eindeutig klar im Recht. Im Recht des Stärkeren, das wir uns nehmen. Und darum richten wir über die Ossis wegen ihrer Vergangenheit. Hätten die Ossis das Recht des Stärkeren auf ihrer Seite, würden diese nun ebenfalls über uns richten? Ganz sicher, denn beim Stärkeren trägt immer der Schwächere die Schuld. Jeder also, der sich anmaßt über andere zu richten erhebt sich über diese. Auch wenn er selbst noch so blind ist, er nimmt sich ganz

einfach das Recht des Stärkeren und je blinder er ist, um so mehr. Auch dafür sind wir Deutschen als Beispiel geradezu prädestiniert. Wir selbst sind zu blind um zu erkennen, dass wir nicht regiert, sondern durch die Demokratie nur beschwatzt, zerredet, irregeleitet, also manipuliert werden. Wir wollen aber allen anderen Politikern der Welt und vor allen anderen den Chinesen vorschreiben, wie diese ihr Land zu regieren haben. Dies ist das Recht der Besserwisser. Jeder, der die Welt aus einem bequemen Federbett, über einen gefüllten Teller hinweg betrachtet, sieht diese subjektiv. Er sieht sie aus seinem Empfinden, aus seiner Einstellung heraus, kann also niemals moralisch sein. Wenn wir von Freiheit und Gerechtigkeit reden, dann nur solange unsere Moral dies zulässt. Wenn ein Mann sich nackt in der Öffentlichkeit zeigt, wo andere angezogen sind, wird dieser als Flitzer eingefangen. Über die Einstellung der Moral gegenüber nackten Frauen sind mir noch keine ähnlichen Erfahrungen bekannt. Diese liegen nackt in Parks und sonnen sich, wo andere Menschen in Kleidung spazieren gehen.

Moral ist das, was wir an den Anderen dulden und vor wiederum anderen vertreten können? Moral ist also das Wohlwollen der Anderen bei dem, was wir bei einem Ereignis empfinden? Und unsere einzige Unmoral dabei ist, dass wir glauben, zu wissen, was Andere über uns denken? Haben wir nicht alle die gleichen Wünsche und schämen uns derer nur weil wir glauben, vor den Augen der Anderen nicht bestehen zu können? Man könnte aber auch sagen, Moral ist das, was unser Gewissen zulässt. Was aber ist dann unser Gewissen? Ist es nicht ebenfalls eine Entstellung unserer Einstellung durch andere, durch sogenannte Moralapostel, denen gegenüber wir uns in unserer Handlungsweise verpflichtet fühlen? Sind diese selbst moralisch? Und wer hat den Moralpredigern gesagt, was Moral ist? Es sind wir selbst, unsere Erwartungshaltung den Anderen gegenüber. Diese Apostel kennen unsere Erwartungshaltung, denn es ist ja auch ihre eigene, machen diese zum Gesetz und predigen sie uns. Nur darum gefällt uns die Moral so sehr, weil wir uns selbst darin erkennen. Doch sobald wir uns selbst und daraus resultierend unser Verhalten als undurchsichtig und somit als blind entlarven, werden wir auch erkennen, dass Recht, Gesetz und Moral nur etwas sein kann, das wir selbst schaffen um uns selbst einzugrenzen, zu begrenzen, zu beschränken. Durch unsere eigenen Rechte, Gesetze und Moralischen Vorstellungen haben wir uns selbst beschränkt, denn Recht, Gesetz und Moral sind unsere eigenen Dogmen. Wir müssen lediglich die Zusammenhänge erkennen. Unsere eigene Beschränkung, unsere Moral zwingt zum Gesetz gemacht zu werden. Das Gesetz fordert sein Recht. Das Recht erzeugt Widerstand und macht so die Moral zur Unmoral. Der Kreis ist geschlossen.

Und die Moral von der Geschicht, wer Recht nicht kennt, der richte nicht!

Ist nicht alles aus dem Einen? Ist nicht alles in der Ordnung des Einen? Erlebt nicht jeder nur das, was er sich vorgenommen hat zu erleben? Hat nicht alles, was ist einen Sinn so, wie es ist? Will das Ego des Menschen sich anmaßen, über das Göttliche Selbst zu richten? Wie kann Gott wachsen, wenn der Mensch sich weigert zu leben, zu erleben? Wollen wir nicht endlich die Augen öffnen um zu sehen, was uns schadet? Um daraus resultierend vielleicht zu erkennen, was uns gut täte? Und noch etwas, wir sollten lernen Mitgefühl zu haben mit den Menschen, die andere ermorden oder totschlagen. Diese Seelen müssen sich durch eine schreckliche Gefühlsverwirrung hindurcharbeiten, wenn ihre Tat vollbracht ist und brauchen oft Jahrtausende dafür. Die Seele des Ermordeten findet in kürzester Zeit einen neuen Körper. Die des Mörders vergisst niemals.

Generalamnestie

Sämtliche Gefängnisse werden, nach einer Frist von einem Monat nach dem Verteilen eines, von der IDI herausgegebenen, Schreibens an alle Insassen, geöffnet. Diese Bauten und Räumlichkeiten dienen den Insassen ab diesem Zeitpunkt bei Bedarf nur noch als freie Unterkunft mit Verpflegung, und zwar so lange, bis sie eine Arbeitsstelle und eine Unterkunft gefunden haben. Denen, die bleiben wollen wird nachgeholfen. Jeder, der mit diesem Schreiben in der Hand erscheint, ist bei Arbeits- oder Wohnungssuche bevorzugt zu behandeln. Die Gesellschaft hat diesen Menschen Leid angetan, also hat sie ihnen nun auch entgegenzukommen.

Eines sei jedoch von vornherein klar, keiner hat auch nur den geringsten Anspruch auf eine Entschädigung, denn an der Gestaltung dieses bescheidenen Systems waren alle gleichermaßen beteiligt.

Nach dem es nun keine Verfassung und somit auch keine Gesetze mehr gibt, kann es auch keine Gesetzesbrecher mehr geben. Alle Menschen, die in irgendwelchen Gefängnissen dieser Welt einsitzen, sind Opfer ihrer eigenen und der allgemeinen Blindheit, denn sie wissen nicht, was sie tun, in dem, was sie tun. Sie sind vor allem Opfer derer, die sich trotz des Gebotes „richtet nicht, auf dass Ihr nicht gerichtet werdet", anmaßen, sie dürften, ja sie müssten sich über ihre Mitmenschen erheben und über diese richten.

Richtende Menschen wissen über das Leben und das Sein absolut nichts. Sie wissen nicht, dass Opfer und Täter Vertragspartner sind. Sie wissen nichts vom Ablauf der Perfektion – der Mensch denkt, dass er denkt, doch das Selbst, die Seele lenkt. Sie wissen nicht, dass alles, das ist, in der Ordnung (Kosmos) ist, sonst gäbe es das nicht. Sie Wissen nicht, dass Leid genau so wichtig ist, wie Glück, und dass das eine ohne das andere nicht sein könnte. Doch auch diese Menschen haben sich im sinne unserer Denkweise nicht schuldig gemacht, denn auch sie wussten nicht, was sie taten.

Und in genau diesem Sinne bitte ich alle Betroffenen auf jegliche Rachege-lüste zu verzichten. Ich bitte Euch, haltet Euch stets vor Augen, dass Eure Peiniger, gleich in welchen Etagen sie auch sitzen mögen, genau so blind, wenn nicht sogar noch blinder sind , als Ihr. Sie wissen nicht, was sie tun, in dem, was sie tun. Handelt lieber nach dem Gebot „Liebe Deinen Nächsten als Dich selbst!", denn Dein Nächster bist Du und Du ist Dein Nächster.

Schlusswort

Willst auch Du Dich aktiv an der Gestaltung Deiner neuen Welt beteiligen? Dann empfehle dieses Buch allen Deinen Verwandten, Freunden und Be-kannten in Deutschland, in Europa und auf der ganzen Welt. Bringe die Lawine ins Rollen! Gib weiter, was Du erhalten hast! Mit jeder Wahrheit, die Du aussprichst, erkennst Du zwei neue, und für jede Frucht, die Du Dei-nen Mitmenschen am kahlen Strauch zeigst, schenkt das Universum Dir einen blühenden Baum.

Und bitte sei Dir dessen bewusst, Du tust absolut nichts für mich. Weder erweist Du mir eine Gefälligkeit durch Handlung noch fügst Du mir einen Schaden zu durch Unterlassung. Alles, was Du tust oder nicht, ist für Dich selbst, für Deine Kinder und für Deinen Nächsten. Ich zeige Dir Deine Chancen und sorge dafür, dass Du die erforderlichen Informationen erhältst. Also, hilf Dir selbst und anderen, so hilft Dir Gott! Denn Gott, bist Du es?

Empfindest Du es als eine Anmaßung, wenn ich mich bemühe, mich für Dich gegen die Dummheit der Welt stark zu machen? Wenn ich mir für Dich ein besseres Leben vorstellen kann, als das meine war? Dann trete beiseite, damit ich mit den Meinen an Dir vorbei kann, ohne, dass Du Scha-den nimmst.

Wenn es Dir jedoch recht sein sollte, dann schließe der Bewegung Dich an! Die neue Sicht genießt nur der, der sich von seiner alten Brille trennt.

Drohungen, welcher Art auch immer, haben keinen Sinn, denn ich bin taub, stumm, blind und dumm. Ich verstehe diese Gesellschaft nicht mehr.

Doch ich kann mich für sie verständlich machen. Und wer mich fragt, erhält eine Antwort.

Gesammelt, kombiniert und teilweise in einigen Variationen verschickt seit 1996. Seither ständig überarbeitet und ergänzt.